「蟻の街の微笑み」正誤表

2016. 3. 3

箇所（頁：行）	誤	正
P92：5~6	アンジュラス	アンジェラス
P113：3	一人てある	一人である
P115：5	心を酷くめました。	心を酷く痛めました。
P190：8	一番上の階はチャペルで、	上の階はチャペルで、
P200：3	就業	終業
P219：7	覚悟かある	覚悟がある
P232：1	エヴァンジュリスタ神父	エヴァンジェリスタ神父
P244：9	「偽りのない本こそ、	「偽りのない本」こそ、
P265：5	シスターは彼女をわきへ	その修道女は彼女をわきに
P265：6	シスターは「微笑は神に	彼女は「微笑は神に
P292：4	出来ませんてした	出来ませんでした
P307：7	聖ユスティー	聖ユスチノ
P301：最終行	色蕉	芭蕉
P312：奥付・訳者	雛波　佑子	難波　佑子
P24：13	東京のデータ	東京のデータ
P124：2	乞食タチヲ	乞食タチヲ
P124：16	アナタ	アナタ
P126：8	アナタ	アナタ
P164：6	シスターに	シスターに
P175：8	イースター	イースター
P186：15	バタ車	バタ車
P203：2	タオル	タオル

蟻の街の微笑み

蟻の街で生きたマリア北原怜子

パウロ・グリン 著

大和幸子 編

※本文中に差別用語と思われる言語を使用している箇所がございますが、当時の時代背景を汲んだものによる表現ですので、敢えて使用させていただきました。

推せんのことば

元駐日オーストラリア大使　ジョン・メナデュー

日本では、まだまだキリスト教信者の数は少ないとはいえ、世界に多くの立派なキリスト教信者を送り出してきました。十六世紀後半、長崎では二十六人の殉教者が、棄教を拒んだために十字架につけられました。権力を継承する将軍たちは、日本のキリスト教信者が異国の権威者に心服することを懸念していたのでした。

パウロ・グリン神父は、別の著書「長崎の歌」で、私たちに永井博士を紹介していますが、博士は故郷の町が原爆の投下を受けた後、並々ならぬ勇気と慈愛を示したキリスト教改宗者です。原爆は、彼を信仰に導いた妻の命をも奪っていたのでした。今回パウロ・グリン神父は「蟻の街の微笑み」の中で、北原怜子さんの英雄的な、胸を打つ話を私たちにもたらしてくれます。彼女が東京の隅田公園で暮らした驚くべき九年間に、身をもって示した献身的な行いと穏やかな態度が、いかに多くの人を変え得たかを私たちに伝えています。その中で注目すべきことは、彼女が人々に人間としての尊厳を取り戻させたことでしょう。

怜子さんは、キリストを見出すことによって、自分自身をも見出したのでした。行く道は決して容易なものではなく、キリストが共にいて下さると信じる以外は、何の保証もなかったのです。怜子さんは「魂の闇」を味わいました。彼女は仲間の松居さんの口からも次のような挑戦を受けました。「あなたは、まさかクリスマスや復活祭に自分のいらないものを貧しい人たちに配ることで、キリスト者だと思いこんではいないでしょうね」道楽半分に善業を行っていた金持ちのお嬢さんは、聖霊に導かれて自分の持ち物のすべてと自尊心を捨て去って屑拾いになりました。彼女は後先を考えずに貧しい人々の生活の中に身を投じたのです。神は貧しい人々の嘆きをお聞きになり、のちに「蟻の街のマリア」として知られるようになった怜子さんをお遣わしになったのです。怜子さんは自分に関わった人々すべてを勇気づけました。「蟻の街」の子供たちは、貧しさにもめげず、世間からつまはじきにされた人々、宿無しの人々を助けるまでになりました。利口な人たちや金持ちは見て見ぬふりをして通り過ぎたのでしたが、隅田公園の腕白小僧たちはそうはしませんでした。

ごみ集めや仕分けが、いつの日にか世界で大きな問題となり、それ自体が一つの事業になろうとはだれもが予想できなかったことです。しかし、怜子さんや子供たちが稼いだわずかなお金は、彼らとその家族を養い、掘っ立て小屋を直し、食堂、風呂場、そして質素ながら教会建設に役立ちました。

怜子さんは、日々、新しいやりがいのあることに挑戦する中でキリストと出会いました。彼女によって、教会は本来貧しい人々と共にあるべきことを目覚めさせられました。彼女は内に秘められた信仰の力を示し、外面的な規律や形式にとらわれませんでした。永井博士と同様、自身の教養から滲み出る感受性と美しさを通して信仰を表しました。怜子さんは、西洋的なものを背負ったままのキリスト教信者ではありませんでした。東京のスラム街で病のため若くして亡くなりましたが、その死は、輝かしい人生に相応しいものでした。生きている時も死後もキリストが存在することを信じて疑わなかった彼女にとっては、死はほんの短い旅にすぎなかったことが分かります。

今、私たちは五十年前の出来事―真珠湾攻撃―とシンガポール陥落、そしてダーウィン空爆を思い起こしています。この本は国家間の和解の物語ではなく、か弱い若き女性に触発されて、異なった社会的宗教的背景を持つ人々が和解していく素晴らしい物語なのです。

十三世紀のハンガリーに、貧しい病人のために命を燃やし尽くした聖女がいました。怜子さんは、その人の名エリザベトを自分の洗礼名に選びました。「蟻の街のマリア」が灯した火は今も燃え続けていますが、この本は更に灯し火を広めるものです。このように類稀な女性を私たちに紹介してくださったパウロ・グリン神父に感謝の意を表明します。

シドニーにて　一九九二年三月二十五日

〔駐日オーストラリア大使　一九七七年～一九八〇年
カンタス航空最高経営責任者　一九八六年～一九八九年
ニューサウスウェールズ州学芸委員会会長　聖ヴィンセンシオ・ア・パウロ会員〕

目次

まえがき

私が、尊者北原怜子さんの生涯について調べていたときに、光栄にも当時のカトリック教会東京大司教区のペトロ白柳枢機卿様と親しくお話しする機会に恵まれました。枢機卿様は、あらゆる観点から、北原怜子さんは確かに聖女である、と語られました。そしてローマにおいて聖者として認められることを願い、いつの日にか彼女を祝って、日本のカトリック信者が特別のミサを捧げられることを希望している、と述べられました。

パウロが、ガラテヤの信徒へ送った手紙の五章二十二節から二十三節（新共同訳）には、次のように書かれています。「霊の結ぶ実は愛であり、喜び、平和、寛容、親切、善意、誠実、柔和、節制です」その中で柔和は、優しさを表していますが、漢字の「優しさ」は、同時に「優れる」と同じ漢字を使います。この二つを併せ持つ方こそ、日本の天皇陛下、皇后陛下に他ありません。皆さんは、お二人が平成二十三年に起きたあの大地震の後、東北を訪ねて、生き残った人々を慰めておられるお姿をテレビではっきりご覧になったと思います。そのお顔は気高く、優しさにあふれていました。いみじくも英語で「紳士」とは、気品に満ち、尊敬に値する人という意味です。怜子の生涯は、正に、その模範だったと言えましょう。

フランシスコ教皇様は、言うまでもなく、優しさと気品にあふれた方です。その教皇様が、尊者エリザベト怜子の生涯に目を止められ、ご自分が常日頃説いておられるように、あるべき人間の姿を、怜子の中に見出してくださるよう切に願います。真の宣教者は、貧しい人々と共に生きることです。怜子は、疎外され、蔑まされた人々の中で、心から喜んで暮らしました。その意味で、真の宣教者であったと言えましょう。

怜子は福音書を読む中で、ナザレのマリアに出会い、勇気づけられました。カトリック信者でもない報道関係者たちが、彼女を「蟻の街のマリア」と名付けたのも、そのことを理解しての上だったのでしょう。新聞紙上で、あるいは、映画、宝塚歌劇団でも怜子の生涯が取り上げられたのも、単にカトリック信者やクリスチャンのみならず、多くの人々の共感を得たからではないでしょうか。この本を通して、大勢の方々にエリザベト北原怜子の生きざまを知っていただき、一日も早く福者、そして聖人として認められる日が来ますよう皆様と共に祈っております。

Vox populi, vox Dei!　民の声は神の声!

シドニーにて

マリスト修道会司祭　パウロ・グリン

第一章　混沌の淵

地は形なく空しいもので、やみは深淵をおおい……

創世記一―二

ドゥーリトルと東京ローズ

怜子や東京都民にとって、日本の軍部が太平洋戦争の計画において多くの誤算をしたことは、たいへん大きな不幸でした。計算違いのひとつは、アメリカ軍の空襲に対して備えができていなかったことです。東京、いや日本全土が、過酷な空襲から充分守られていると軍部は考えていたのです。ロシアとの不可侵条約は、北方空域を中立にすることを宣言していましたし、日本の満州占拠は北西部を守り、一方朝鮮半島、ビルマ、東シナ、南シナに侵出した軍は西側面を守っていました。太平洋上に広く張り出した軍により、北東、東、南西の空から攻撃されることは、不可能ではないにしても、ほとんどあり得ないように思われていたのです。アメリカの航空母艦が日本を攻撃できるところまで近寄って来られないほど、日本艦隊は力強いものでした。当時日本の航空専門家たちは、敵機は四〇〇マイルまで近付かなければ日本を爆撃できないと計算していました。しかし、それは間違っていました。アメリカがそのころ開発したB29の着弾距離を知らなかったのです。航空科学者であると同時に大胆かつ熟練パイロットのドゥーリトル大佐は、一九四二年四月十八日、東京の東五五〇マイル離れたホーネット航空母艦の甲板から、十六機のB29を率いて飛び立ちました。そのうち十三機は東京を爆撃し、ほかの三機は名古屋、大阪、神戸を爆撃しました。

その空爆による物質的損害はたいしたことはありませんでした。アメリカは自国軍の士気を高め日本の人々を心理的不安に陥れたいと願っていましたが、予想に反して損害が軽くすんだことが、かえって日本人を勇気づけ、空爆なんて怖いものでないと信じさせてしまいました。日本政府は、屋外で空爆にあったときに逃げ込むための穴を掘るよう、こともなげに市民に命じました。家にいて空爆を受けたときには、急いで消火するよう、また爆撃の振動を和らげるために寝具を積んで部屋のバリケードにするよう通告しました。ロンドンの地下鉄と異なって、日本の地下鉄は浅いので空から降って来る爆弾を遮蔽する避難所とすることはできませんでした。

一九四二年六月三日から五日にかけて、史上最大の海戦のひとつといわれるミッドウェー海戦で、日本は瞬く間に四隻の航空母艦を失いました。よろめく三百機の飛行機と経験豊かな海軍飛行隊員は、海の藻屑となって沈んでいきました。アメリカ情報部では敵国日本の暗号を解明していましたので、日本軍を巨大な鉄の罠におびき寄せることができました。このミッドウェーでの敗走で、前年十二月八日（アメリカでは十二月七日）真珠湾で勝利を納めた日本海軍の、西太平洋における支配力は壊滅したのです。

その年十一月、ポートモレスビーとオーストラリアに南進していた日本軍機動部隊の進攻が止まりました。ガダルカナルの三日間の海戦で、日本は戦艦二隻、巡洋艦一隻、駆逐艦三隻、輸送船十一隻を失ったのでした。ガダルカナル及びニューギニアの北東海岸に包囲されている駐屯軍へ向かう輸送船は、八千人の将兵が、およそ一万トンの糧食と共に沈んでいきました。アメリカ海軍もその戦闘でほぼ同数の戦艦を失ったのですが、日本と違って、強大な生産力によって、その損失を補うことができました。どんどん数を増すアメリカの潜水艦に執拗に攻撃され、また陸からも航空母艦からも繰り返し繰り返し攻撃されたので、日本海軍は最南端の基地を維持できなくなりました。そこで一九四二年の終わり頃には、すっかり傷つき痩せ細り、マラリアにかかった日本兵が、ニューギニアの南東部の高地から出て来ました。そしてその一ケ月後、彼らはガダルカナルから撤退し、こうして苦難に満ちた本国への退却が始まったのでした。怜子は、その当時、十三歳でした。

一方、一九四三年までにアメリカの造船所は一ケ月に一艦の割合で航空母艦を進水させていました。航続距離も伸び、改良された飛行機や潜水艦や戦艦が増産され、訓練キャンプを卒業してきた熱意ある兵隊が乗り組みました。他方、日本の造船所や飛行機工場では原料がなかなか手に入らなくなり、そのため日本軍は制約を受けるようになりました。アメリカ軍がどんどん迫って来るのを見るにつけ、日本側の不安はより現実のものとなってきました。今や東京のどの家庭でも庭に防空壕を掘るよう命じられましたが、それは狭く時として屋根すらかかっていないものもありました。怜子の家でも防空壕を掘りましたが、それがどんなに効果がないものであるか、ましてや危険であることすら知る由もありませんでした。

一九四三年も終わりに近いころ、アメリカの信頼すべきグループとイギリスの首脳がカイロで会談しました。ヒトラーの第六軍隊の強大な軍事力は、スターリングラードで総崩れとなりました。マッカーサーの太平洋反撃作戦が着々と進んでいましたが、時間がかかり過ぎると批判されていました。そこでカイロ会談を計画した者たちは、フィリピンの東、赤道の北の太平洋上のギルバート諸島、マーシャル諸島、カロリン諸島、マリアナ諸島から飛び立つB29爆撃機によって、日本の本土を麻痺させることにしたのです。その同じ頃、戦争とか空襲とかには全く関係のない三つの学位を受けている温厚な大学教授である怜子の父は、東京の城西方面、杉並地域の警防団の責任者に突然任命されていました。やがて彼はミクロネシアの島々でなされようとしていることの恐ろしい意味を知るようになるのです。そして広島や長崎の人々も、また然りだったのです。

これら前哨地である島々の駐屯部隊は頑丈なコンクリートの掩蔽壕を築いたのですが、アメリカ海軍の情け容赦ない空爆は、それらを規則正しく次々に大きく吹き飛ばしていきました。最後の一人に至るまで日本人がどんなに「狂信的に」戦ったかをアメリカは詳細に発表しました。実際、海軍も陸軍も援軍を全然送ってこなかったため、日本の形勢は巨大な怪物の前に連鎖的に状況不利となりました。一九四三年の終わりまでに、タラワ島はアメリカの手に落ちました。一九四四年六月（フランスではD—デイ）には、アメリカの大軍がサイパンに向けて前進していました。サイパンはたった二十五マイル・六マイル四方しかない小さな島ですが、日本にとっては本土への空爆を防御するために絶対に手放せません。もしそうなったらB29爆撃機は、サイパン

東京西部地区の警防団役員に任命された北原教授

から東京まで一気に攻めることができるのです。一九四四年六月十一日、二百十六機が空母から飛び立って、サイパン、テニアンを襲い、旧式な戦闘機で立ち向かって来る日本機を撃ち落としただけでなく、飛行場に待機していた百機以上をも潰滅させました。それに続いてアメリカの戦艦二十一隻、小型軍艦二十二隻は反撃されることもなく移動し、すさまじい爆撃を日本軍に浴びせました。翌日はさらに八隻の軍鑑、六隻の装甲巡洋艦、五隻の軽巡洋艦もが加わったのでした。六月十四日の晩、主に海兵隊の軍勢十二万八千人が装備の最終の調整を行っていたとき、突然、東京ローズの声がラジオに飛び込んできました。カリフォルニアのロサンゼルス大学を卒業した二世の彼女は甘い声で、「皆さんのために、すてきなレコードをおかけしましょう。生きている間、楽しんでくださいね。あなたがたが明朝六時にサイパンを襲撃するとき、わたしたちはあなたがたをお待ちしています」彼女は魅惑的に、かつ彼らをいらいらさせるように話しかけました。しかし、この哀愁に満ちた宣伝活動が行われた時には、日本軍はちょうどそこを離れてしまったところでした。

鳶が鷹を生んで

一九四四年六月十五日、アメリカ軍はサイパンに上陸しました。一対四と人数において絶望的に劣っていた日本軍は命を顧みず互角に戦いましたが、空からも陸からも援軍は全然来ませんでした。

援軍としてやって来ようとした二隻の空母は、三百六十四機のアメリカ軍戦闘機に攻撃され、やがて沈没したのです。こうしてアメリカ軍の海と空からの攻撃で守備線に穴があきましたが、全駐屯部隊の三万人のほとんどが殺される以前に、日本軍はアメリカ軍一万四千人の戦闘能力を失わせました。市民の三分の二にあたる二万二千人が亡くなりましたが、その多くは降伏するより自ら死ぬことを選んだのでした。多数の母親は赤ちゃんを背中におんぶして、ほかの子供たちは自分の体に紐で結び付けて、マッピ岬から岩のゴツゴツした海岸に決死の飛び降りをしました。

話を東京に戻しますと、怜子と女学校の仲間は政府から奨励されている竹槍の訓練を開始しました。サイパンは小さな島でしたから、猛攻撃にいともたやすく侵略を許してしまったのです。怜子たちはサイパンの同胞を思い、力の限り戦うなら、山が多く起伏に富んだ日本本土は絶対敵に征服されることはないと確信していました。このことは多くの西欧人には理解しがたいのですが、こういった心理はこの物語には欠くことのできない要素なので、いくらかの説明を必要とします。

日本には七百年に渡る武士道の歴史がありますが、怜子の世代はこの影響を大きく受けていました。源頼朝が征夷大将軍になって鎌倉幕府を開いた一一九二年に武士道は始まったのですが、その心は主君に絶対的な忠誠を尽くすことでした。十九世紀末の明治維新以来、主君は天皇でした。主君とその名誉のために献身することは、何にもまして絶対で、敵に降伏するなどということはあり得ないことでした。怜子や中学校の生徒たちがよく読んでいた、十四世紀に書かれた『徒然草』には、理想的な武士道について次のように簡潔に述べられています。「兵士は尽き、矢種が絶えて後でも敵には降らず安らかに死について、そこではじめて名誉をあらわすことのできるのが武士道である」（佐藤春夫注）日本の兵隊や一般市民ですら「生きて虜囚の辱めを受けるなかれ」という先陣訓を暗記していました。サイパンでもほとんどすべての兵隊と多くの市民がこれに準じました。具体的な例として、怜子とほぼ同じ年頃のサイパンの若い婦人が、降伏以前の日本の人々がどんなに深く武士道に影響されていたかを明らかにしてくれています。この若い婦人の行った自己犠牲的理想主義は、怜子の胸に深く秘められました。これら、とりわけ日本独特の理想を理解することは、以後の怜子の生涯を理解するのに参考となります。ピューリッツァー賞を受賞した「THE RISING SUN」に、その婦人の話が詳しく出ています。

十八歳の三浦静子は、鉄の戦いの前兆ともいう灰色の戦艦が島の水平線のかなたに集まって来るのを、神経を高ぶらせてじっと見ていました。真っ赤に熱したアメリカ製の鋼が雨嵐となって彼女の周りに降って来たので、急いで身を掩護するものを手に取り、爆発して炎上しているガラパンの町を走り抜けて丘の洞穴に避難しました。浜に上陸して来るアメリカ海兵隊に向けて、哀れな日本の戦車部隊の列がのろのろと動いているのを、彼女は洞穴から見ていました。軽量戦車はまるでベニヤ板で作られているかのように、いとも簡単に倒されていきました。彼女の兄がその戦車のどれかに乗っているはずだと思うと、さらに恐怖が募り、「おにいさーん、さようなら」と叫んで、心に固い決意をしました。洞穴からすばやく走り出た静子は、起伏のある地形を横切って島の反対側のドンニイにある軍の病院まで行きました。「病院は？」そこには何の建物も残っていません。傷つき呻いている兵隊たちが、何列も何列も地面に横たわっているだけです。負傷者は千人もいたに違いありませんが、医者はたった三人、彼らを世話する看護兵もたった七人しかいません。そこで彼女は看護師として手伝わせて欲しいと申し出ました。その場を取り仕切っていた医者は彼女をすぐ仕事に就かせました。医者が兵隊の背中から榴散弾の破片のかたまりを取り除くのを手伝った時、一度も看護師の経験のなかった静子は震えてしまい、次に麻酔なしで足を弓のこで切断している間、足を支えているよう命じられたときには、その臭いに吐き気を催しました。一枚の汚れた写真を握りしめ、ほとんど衣服をつけていない血だらけの中尉の上に身をかがめて、彼女は「兵隊さん、私に看病させて下さい。私の兄は戦車の中で死んでしまいました。せめてみなさんの看護ができたらと、自分から申し出たのです」と、言いました。それを聞いた彼の頬に涙が伝い、着物を着た若い女性の写真を彼女に見せました。「奥様ですか?」と尋ねると中尉は頷きながら、「撃たれたとき、心に思い浮べたのは彼女のことだけだった。僕は彼女のために生きたかったけれど、死んでしまうだろう」と言うのでした。そんなことを信じたくなかった彼女でしたが、十五日後には、看病の甲斐もなく彼もほかのたくさんの傷病兵も亡くなってしまいました。

六月三十日、アメリカ軍が通称「死の谷」と呼んでいた谷をついに突破して来たので、野戦病院も襲われる危険におかれました。夕闇が迫ったころ軍医は小高いところに登り、司令官から届いた伝言を足元に横たわっている傷病兵に知らせました。「我々は北方九キロのところにある村に退却する命令を受け取った。傷を負っていても歩ける者は一緒に行くことになっている! だが遺憾ながら、そのほかの者は置いていかなければならない。……おまえたちは手榴弾を渡されているだろう。日本兵らしく、名誉の死を遂げてくれ」これを聞いて静子は驚きのあまり立ち上がり、彼女も歩けない人たちと一緒に死ぬと言い張りましたが、軍医は彼女に歩ける傷病兵に付き添って行くように命令しました。

最後の二週間を自分たちのために惜しみなく尽くしてくれた、この震えている若い娘さんに短い別れの言葉を述べようとして、過酷な運命にある男たちは這い出て来ました。みんな母や妻、姉や妹のことを思い出していたのでした。彼女は心を込めて一人ひとりの言うことに耳を傾け、もし彼女が生き延びれば、彼らの最後の言葉を家族に伝えることを約束しました。死の床についている一人の若い兵隊が、ためらいがちに彼女に「九段の母」を歌ってくれるよう願い出ました。それは、戦場での息子の勇敢さを称え、死後授与された勲章をしっかりと握りしめて、田舎から靖国神社にやって来た、かよわい母のことを歌った情に訴える歌です。静子には彼がこの歌を頼んだ気持ちがよくわかりましたので、ためらわずに歌い始めました。彼女の歌声は、五百人の母からの最後の祝福のように戦場に響き渡りました。

……………………

とびがたかの子うんだよ
　いまじゃ果報が身にあまる
金鵄勲章がみせたいばかり

逢いに来たぞや九段坂
（石松秋二作詞〔九段の母〕より）

歩けない兵隊たちからの「ありがとう」「さようなら」のコーラスを背に、軍医は三百人の歩ける傷病兵と医療関係者を引き連れて出発しました。一行が戦場のはずれまで来たとき、「さようなら、おかあさん」と叫んでいる声が聞こえました。続いて、手榴弾が次から次へと爆発する音が…。家事をしている間も、背中に赤ちゃんをおんぶして話しかけたり子守歌を歌ったりする日本の母親は、生涯を通じて子供の魂のよりどころとなるのです。

平櫛参謀少佐は傷ついて気を失っているところをアメリカの衛生兵に発見された経験の持主です。彼は一九四四年七月七日、日本軍駐屯地に最後まで残って自決する覚悟を決めていました。夜明け前のこと、彼は浜辺に降りて行き軍服を脱ぎ、砂洲で和らいだ磯波の中に身体を浸しました。日本人は、海を浄化とか生命に満ちているというように、海に対して特別な思いをもっています。海は幾つもの意味を象徴しますが、その中に母も含まれています。少佐は死の準備として身体を清め始めました。きれいな海水がこれまでの疲労を洗い流し、目をひりひりさせました。雲が月の光に照らされて、「背中で気持ち良さそうにしている子供をおんぶしている母親のよう」に見えた時、突然心が突き動かされました。その瞬間、彼の心は悪臭を放つサイパンの地獄の洞穴を離れ、日本で母親と共にいる少年に戻っていきました。次第に雲は形を変え、妻に似た姿に見えました。しかしそれを払いのけ無理やりねじ曲げて、厳しい自分の本分に引き戻そうとしました。彼は波打ち際から走って帰ると、自決するために、汚れた軍服をもう一度身につけたのでした。

　すみやかに訪れる熱帯の夜明けと共に、今や月は青白んできました。オブライエン大佐は愛する祖国アイルランドの素晴らしい「柔らかな光の朝」から何年も遠ざかっていました。疲れきって薄汚れた状態で充血した目をこすったとき、自分で目にしたことをほとんど信じられませんでした。赤い旗が地平線上の青い空にはためいて、その後ろにおよそ千人程の日本軍の兵隊たちが叫び声をあげてやって来たのです。さらにその後ろに二倍の人数の一般市民が続いています。アメリカ軍陣地に向かって突進して来るにつれ、彼らが各種の銃、刀、棍棒、槍などを振り回しているのが見えました。ある者は厚く包帯が巻かれ、ある者はよろよろ足を引きずって歩いているのでしたが、そのままアメリカ軍の危険な発砲の中に突入していくのでした。何百人と倒れたにもかかわらず彼らの戦列はくずれることなく、アメリカ軍の前方の陣地を横切っていきました。その突撃で六百五十人のアメリカの死傷者がでましたが、オブライエンもそのうちの一人でした。彼は撃たれて倒れるまで発砲し続けたのです。

　その同じ夜明け、静子は地獄谷の壕から用心深くじっと見ていました。そこには野戦病院に残っている人々が集められていました。軍医は、攻撃を受けたときには兵隊としての義務を果たし自決するつもりであること、そして彼女には白い布を高く掲げ降伏の意志を示すようにと話しました。そのとき突然アメリカ軍の手榴弾が日本軍の陣地に雨のように降ってきて、アメリカ兵がこちらに向かって突進してきました。軍医はピストルをさっと取り出し、自分に向けて発射しました。介しゃくは軍医の喉を一突した後、静子につまずいて転びました。手榴弾を手にとった静子には全身に恐怖が走り、「おかあさーん」と声に出そうとしましたが、恐ろしさのあまり、喉が絞めつけられて声になりませんでした。それでも彼女は手榴弾の栓を引き、その上に身を投げ出そうとしました。悶え苦しむ体と体がもつれあい、彼女は爆風で気を失って倒れてしまいました。かなり経って気がついた時には、彼女を気遣ったアメリカ人将校が日本語で話しかけていました。彼女がこれらのことを話したのは、傷が癒えて戦後日本に帰ってからのことです。一九四四年七月八日、サイパンは陥落しました。アメリカ軍の犠牲者も一万四千人を数えるほど多く、そのほとんどは海兵隊でしたが戦果は計り知れないほどでした。二六〇〇メートルの仮設滑走路アイレイフィールドが、島の南東防御地区の低地に築かれることが可能になったのです。特別に開発されたB29は、これまで最大の爆撃機で、空の要塞スーパーフォートレスと名付けられ、その長い滑走路を使うことができるようになったのです。アメリカの技術者がこの滑走路を敷設したために、東京は新しい爆撃を被ることになってしまうのです。さらに爆撃によってドックは沈没船で満杯となり、ほとんどの工場や生産施設を徹底的に潰滅させせました。そして怜子に悪夢のような生活が控えていたのです。しかし、それに先立って、フィリピンに駐屯していた強力な日本軍守備隊と、シンガポールから台湾に至るまで致命的打撃を受けた日本艦隊の生き残りが、制圧されたのでした。

日本軍最高司令部は、アメリカはフィリピン諸島の最南端の島ミンダナオ島から攻撃して来ると想定し、そこに主力部隊をおきました。後年朝鮮戦争の時、仁川でも繰り返し用いた大胆な戦略で、マッカーサーはフィリピン諸島中部のレイテ島を攻略しました。およそ六百隻の進攻艦隊は二十万人を越す戦闘人員を輸送したのですが、彼らはほとんど抵抗にあうことなくレイテ湾に上陸し、島の奥深く切り込みました。それは一九四四年十月二十日のことでした。

フィリピンが陥落すると、日本本土に迫るには台湾、硫黄島、沖縄が残るだけとなりました。日本軍の戦略家は、直ちに「最後の守備戦」に向けて計画を練りました。シンガポール、カムラン湾、台湾から集まってきた帝国海軍は、アメリカ艦隊をレイテから追い出すべく攻撃しました。日本軍は慢性的に戦闘機が不足しているにもかかわらず、史上最大の海戦でアメリカに体当りして全滅も同然な負けを喫しました。四日間で日本は、航空母艦四隻、戦艦三隻、装甲巡洋艦六隻、軽巡洋艦三隻、駆逐艦十隻を失いました。一方アメリカの戦略家たちは日本本土を爆撃して降伏させるべく計画をたて、今やその準備は整っていたのでした。一九四四年十一月一日、マリアナ基地から一機のＢ29が飛び立ち、東京上空にやって来ました。北原教授と同僚の警防団の人たちは、爆弾を落とさずに通り過ぎていったあの大きな銀色の飛行機は何だったか心配げに話し合っていました。サイパンに戻ったアメリカ軍戦略立案スタッフが、Ｂ29の乗務員が持ち帰った東京のデータを検討していることを、もしこの人たちが聞いたなら、茫然としたことでしょう。

江戸の花々

一九四四年十一月になると、かつて菊が咲き乱れていた怜子の家の近くの公園も、今ではただ黒い土と収穫された後の稲の刈株があるだけでした。日本の田でとれた米のほとんどが広大な戦地や軍の倉庫に行ってしまい、食糧事情は差し迫っていました。都市部の公園は稲田となって耕されていたにもかかわらず、お米の配給は市民が必要とする三分の一程しかありませんでした。主なる蛋白源の魚は、ほとんどの台所から消えていました。日本海軍を敗走に追いやったアメリカの潜水艦や航空母艦が規定航路を押えてしまったので、危険を冒してまで遠くに出た漁船や停泊中の小さな船は、アメリカの飛行機に計画的に沈められてしまいました。東京で捕虜となっていたフランスのジャーナリスト、ロベール・ギランは、次のように書いています。市民は二日か三日に、たった一匹の鰯の干物を配給されるだけです！冬のシベリアから吹いて来る北風のため、ようやく育った青い野菜は凍ってしまい、食べることができません。怜子たち東京の人々は、新しく主食の代用品になったさつま芋に、ほとほと飽きてしまいました。

あちらこちらの隣組は、厳しいスローガン「欲しがりません勝つまでは」を持ち出して、士気を何とか維持しようとしましたが、大方の人は耐えられませんでした。赤ちゃんの死亡率は、今やイギリスやドイツの三倍以上にもなりました。飢えのため、結核、腸の異常、あらゆる型のウィルスや病気に対する抵抗力が低下してしまったのです。女たちは戦力になっている男たちに取って代わる労働力となり、何万人もの女が炭鉱で働きました。十六歳の怜子は、東京の中島飛行機工場で旋盤の仕事に就かされました。一九四三年九月以来、軍部による政権は海軍の敗北とアメリカの北進下に動揺して、一日二十四時間の超人的シフトを組んで全力を挙げて飛行機作りをするよう、工場に命令を出しました。そのため生産力は倍加しましたが、それは働く人の健康に痛ましい犠牲を払った上のことでした。怜子にもやがて肺の異常を示す最初の兆候が現れました。既に彼女の学友たちもたくさん肺結核で亡くなっていました。

東京は、かつて東洋の中でも最も色彩豊かで興味をそそられる都市でしたが、今では何もかもくすんで冴えません。男たちは黒っぽい粗末な合成繊維の国民服を着、同じく冴えない兵隊帽をかぶっていました。女たちは着物を黒に染めかえ、足首のところでキュッとしまった質素なモンペをはいていました。無駄な軽々しい言動には眉をひそめられ、汽車やバスや電車の旅はほぼ全面的に軍事機関に不可欠なものだけに限られました。公共輸送は全く劣化し、備品は壊れたまま、割れた窓は修繕されないままでした。ガソリンが手に入らないので、車はほとんど利用されません。ゴムタイヤやチューブは取り替えがきかないので、市民たちは永久にパンクしたタイヤのまま自転車に乗っていました。石鹸や文房具、あるいは糸のような細々した日常品は、店の棚から見えなくなりました。暖房に必要な燃料も消えて、近年にない最も寒さの厳しい冬が始まりました。翌月にわたって四十五日も、氷点下の気温を記録したほどでした。怜子は美的感覚の鋭い人でしたので、色彩に富んだ着物を着られないことや、好きな音楽や舞台を見られなくて淋しく思いましたが、一言の不平ももらしませんでした。そんなことをすれば愛国心のないことになり、前線で命をかけて戦っている兵隊さんたちへの裏切りになってしまうからです。

頻繁に地震が起きる日本では、石の建造物は危険と思われていましたので、木造家屋に住む東京の人々はいつも火事のことが心配で頭から離れません。人口が密集した町では、この三百年の間に恐ろしい大火が幾つもありました。まだ江戸と呼ばれていた頃の一六五七年、十万八千人もの大勢の人が一回の火事で亡くなりました。怜子の両親が東京に移り住むようになってからも、三回の恐ろしい火事を経験しました。一九二三年の地震はちょうど昼食時間の前に起きたので、炭火にかけていた鍋がひっくりかえり、広範囲にわたって大火事となり、実に何万人もの命が奪われたのでした。その後、東京の人々は藁や杉の皮でふいた伝統的な屋根の代わりに、瓦屋根を使うようになりました。それでも尚、一九二五年と一九三二年に大惨事を引き起こした火事をくい止めることはできませんでした。ウイットに富んだ斬新な言い回しをすることで知られている東京の人は、火事のことを「江戸の花」と呼びます。江戸は、京都に対して東の都の意味合いで、一八六八年明治天皇が東京と名前を変えるまでは首都の名称でした。今、江戸っ子は「ワシントンの花」を受け取らなければならないことになっているようです！

一九四四年の七月と八月に、人口密集地帯の家並みは防火帯とするため引き倒されたのですが、今回B29がアルミニウムの壺に入れて落としたナパーム弾の花に対して、防火帯はほとんど役にたたなかったことをその辺りに残っている醜い傷痕が物語っていました。

専任の消防士は大勢軍に取られてしまい、代わって若い婦人たちが消防の任務に就きました。彼女たちは申し分のない勇気をもって消防に取り組みましたが、いかんせん装備が全くお粗末でした。竹ばしご、本管から水を汲みだす老朽化した手押しポンプ、焼夷弾を消すための砂が入ったブリキ缶、水をたっぷり吸った畳、そしてバケツリレーをする主婦たちの名簿など！

一九四二年のドゥーリトルの侵略以来、東京には全然空襲がありませんでした。アメリカの爆撃機は、北支那から飛んで来て長崎や小倉など西日本の都市を襲撃しただけで、東京まではやって来ませんでした。一九四四年十一月一日、マリアナ諸島に新しく建設された基地から飛び立った一機のB29が、東京上空をゆったり飛行しました。三万フィート上空でしたので、零式《ぜろしき》式戦闘機から反撃される恐れは全くありません。B29は爆弾を落とさず、ただ航空写真を撮るだけで役目を果たしたようでした。何百万という不安に満ちた目が、小さな庭や歩道に作られた防空壕からそれを見上げていました。人々は、銀色の巨体が真っ青に晴れた空に映え、息を飲むような美しい光景だった、と恐ろしさを忘れて話し合いました。その後B29は連日現れる

戦時中・防火訓練：男性と肩を並べて則武女子消防団・名古屋市中村区（毎日新聞社提供）

ようになり、不規則に伸びた首都の詳細な写真をたくさん撮って戻って行きました。その間、政府は国民に対して同じ指令をただ繰り返すだけでした。空襲中は急いで火を消して、家に近い防空壕にいなさい、と。わずかながら防火ビルが建てられ、空襲装備が増え、訓練が定期的に行われるようになる一方、多くの子供たちは疎開させられました。

突然、本物の爆撃機がやって来ました。十一月二十四日、百十一機の超空の要塞B29が、マリアナ空軍基地から東京の武蔵野飛行機工場をめがけて飛び立ったのです。そのうち三十五機しか、目標付近に爆弾を落とすことができませんでした。何機かは途中でエンジントラブルを起こして引き返したり、あるいは関係のないところや田舎の方に落としたりしたのでした！　空襲は不首尾に終わり、東京に住む人々は安堵の溜息をつきました。しかし三日後、八十一機のB29が武蔵野と中島飛行機工場を爆撃するために戻って来ました。十六歳になったばかりの怜子は、中島飛行機工場の旋盤に向かって飛行機の部品を作る作業をしていましたが、その時の空襲では、この工場は被害を受けないで済みました。その二日後、B29はまたもやって来ましたが、この時は攻撃に無用なものをそぎ落とした零式戦闘機の攻撃に遭いました。零戦《ぜろせん》は三万フィートも高度を上げることができ、何機ものB29に激しくぶつかりました。日本の新聞は、この荒鷲の英雄的な行為と技を熱狂的に称賛しました。B29はその後、横浜と名古屋も爆撃しましたが、被害はわずかなものでした。

カーチス・ル・メイ将軍は、マリアナ基地のB29を統括するために中国北部から転属して来ましたが、ニミッツ海軍大将は仕事の内容を簡単に述べただけでした。それは飛行機工場と滑走路をたたきつぶせということです。ニミッツの部隊は、新しい現象――つまり神風特攻隊が突然現れ――部隊を恐怖に陥し入れていたからです。ル・メイは命令に従って、二月二十五日、B29百七十二機に艦載戦闘機と爆撃機の援護をつけて、東京の飛行機工場の爆撃に向かわせました。数をもって攻撃したにもかかわらず、空襲はまたまた失敗に終わりました。怜子と職場の友達は、B29について冗談をとばすようになりました。

ル・メイは、この状況について真剣に検討し始めました。十一月二十四日から、八百三十五機の爆撃機が二三〇〇トンもの高い爆発力をもつ爆弾を落としたのにもかかわらず、飛行機工場をたった一つ破壊しただけだったのです。あんなに度々目標として狙った武蔵野工場は、たった四パーセントの被害にとどまっていました。今やワシントンから皮肉をこめたコメントが届くに至って、ル・メイはその原因を挙げてみました。まず、高度三万フィート。それは対空砲の射程距離よりも五千フィート高く、ほとんどの日本の戦闘機の射程距離を超えている。しかしながら、その高度で飛ぶ場合、爆弾搭載を著しく減らさざるを得ないのと、その辺りでは風速毎時二〇〇キロメートルかそれ以上の風が吹き、正確な爆撃を不可能にしている。その上、アメリカの情報機関は、日本の有名な「家内工業」が生産を分散していることをつかんでいまし

飛行機工場で働く怜子の同級生

た。東京中の小さな町工場は、三十人かそれ以下の労働者に部品を作らせ、大きな工場は単にそれらを集めるのに過ぎないのです。ドイツのように工場が密集している場合には有効だった高い位置からの爆撃は、日本ではうまくいかないことが分かりました。ワシントンはル・メイに釈明を求めました。なぜ百機以上もの誇るべきスーパーフォートレスB29を失いながら、日本の軍需工業にわずかな被害しか与えられなかったのか、と。

彼はひとつの簡単な決断を下すに至ります。三月九日にスーパーフォートレスB29の乗組員たちを集めると、新しい計画を示して彼らを驚かせました。サイパン、テニアン、グアムなど隣接した島々から、同じ日の日没前に一斉に飛び立つというのです。以前彼らは、町全体を見渡すことのできる昼間に東京を爆撃したことはありました。しかし往復四八〇〇キロメートルということは、短くて危険な滑走路に暗闇の中で離着陸することを意味し、墜落の危険度が増すことになります。マリアナ基地には、三百三十三機すべての戦闘機が最大限積むのに十分な新しいナパーム弾が届いたところでした。また特殊な照明弾投下誘導機は、真夜中の東京にM47焼夷弾を投下してXの字を印し、目標地域を明るく照らすことになります。日本の高射砲の射程距離は一万フィートから二万五千フィートの間ですが、今夜B29は、すべて五千フィートから八千フィートの高度で飛行するので、対空砲も役に立たないはずです！　日本は夜間戦闘機をもっていなかったので、それぞれのB29は、先端、上部、胴体下部の機関砲と砲手をはずしても、後部の機関砲だけで防御には十分なはずです。三人の砲手と重い機関砲と弾薬をはずしたので、飛行機にはもはや高度三万フィートにいくための余分なガソリンを積まなくてよくなったために、焼夷弾を六五パーセント増して積めるようになったのです！

空軍兵士たちは唖然としました。四八〇〇キロもの旅に援護が全然つかないということになります。危険を伴う命令を受けて、彼らは信じられないといったふうに首を振っていました。外見は確固たる自信を誇示していたものの、ル・メイ自身も不安でした。大きな危険を敢えて犯そうとしていたのですから。もし彼の直感が間違っていたら、多くの飛行機は墜落し、乗組員たちは危険にさらされ、さらに彼の経歴にも傷がつくことになるのです。

東京大空襲の夜

怜子の父は警防団の役員をしていました。正規の陸軍将校にその役を充てるわけにいかなかったからです。その日、三月九日は陸軍記念日にあたり、彼は実に大変な日を過ごしました。その朝のラジオで、松村少将が東京都民は関東平野でアメリカ軍と戦う事態になるかもしれないという不吉な演説をするのを聞いたのでした。東京にある多くの小規模工場が猛烈な勢いで手榴弾を作っているとの情報を耳にしていたので、侵略の時が来たら、これらはみな軍の監督下にある工場で火薬が詰められ、市民に配られるのだろうかと思いました。

朝早くから北風が吹き始め、夕方にはラジオのアンテナを倒し、トタン屋根をめくるほどの強風になりました。十一月二十九日以来B29による夜間爆撃が頻繁になりました。そのため人々は凍るように冷たい防空壕の中にぎゅうぎゅう詰めになり、時には膝まで水につかったりしながら、つらい思いをしていました。風邪やインフルエンザ、睡眠不足が多くの人々の健康を蝕んでいました。こんな風の強い晩にB29「BEES」が大挙して襲って来たらどうなることかと、警防団員の教授は身震いしました。夜十時の天気予報にダイヤルを合わせると、「風は毎時九六～一一二キロメートル」と報じていましたので、娘の怜子に空襲の場合には、幼い妹の肇《ちょう》子を連れてすぐ防空壕に入るように言いつけました。怜子はその声に何か恐怖を感じとりました。空襲警報が発令されたらすぐ飛び出せるよう、家族全員、寝間着に着替えず、ふだん着のまま寝ました。

夜半過ぎ、偵察機が時速四八〇キロの低空飛行で気づかれることなく飛んで来ました。高度の技術を身につけた大胆なトップクラスの空軍兵士たちが、木場の貯水場地域にM47焼夷弾をばらまき落としました。地上三〇メートルで一〇〇ポンド爆弾が破裂し、小さなナパーム弾がシャワー状に炸裂し、燃えるジェリー状のガソリンをあらゆる方向に飛び散らせました。戦闘機は目標地域上を正確に交差して、さらに南からやって来る三百機以上の爆撃機の目印として、巨大な燃えるXの印を残しました。十分後に最初に現れた一団は、十二時半迄に四十万人の人々が住むその地域を完全に消してしまいました。渦巻く強風が炎を巻き上げ、大火の海となりました。

フランスのジャーナリスト、ギランはこの大火災を複雑な気持ちで見ていました。アメリカが日本の軍事機能を潰してくれれば彼は本国に帰れるのですが、Ｂ29が彼の今住んでいる地域を爆撃しているかもしれないと思うと身震いしました。彼の著書〝I SAW TOKYO BURNING〟の中で日本人の特徴について次のように語っています。「その夜からしばらく、まさに地獄の様相の中に、よく指摘されている日本人の不思議な意識が前面に出ていると思われた。まわりの日本人はみな、家から出て庭や防空壕の中から外を覗き、ほとんど劇的ともいう壮大な光景を見て、感嘆の叫び声を上げていた――これこそ典型的な日本人だ」それが美しい光景であっても、悲惨な場面であっても、ことに自然の領域で凄い光景であったなら、たいていの日本人は「ああ！」という声を上げるのです。ギルバートとサリバンが日本人について言っていることは的を得ています。素晴らしいカティシャは、歌劇〝ミカド〟の中で、「爆風の下には美があった。強風が巻き上がる中には華麗さがあった」と歌います。俳人の言水はこの不思議な感覚を十七文字に表しています。

「こがらしの果てはありけり海の音」と。

トーランドもこれと同じような人間現象を認め、その典型として東京の女性の発言を書き留めています。「巨大なＢ29は、真珠色の魚の群れのように宇宙の海を進んで飛んでいった……焼夷弾がリズムに乗って音を出しながら地面でパーッと破裂して散る有様は、砕け散る波のよう……アメリカは来るたびに違う種類の爆弾や砲弾をもって来て……耳慣れない爆音は恐怖とスリルを増した」

この種の発言は郊外の安全な所にいる人々のもので、爆撃の主な目標地であった隅田川下流岸に住む人々は、爆弾が炸裂する下で、その状況を感嘆する余裕などあったはずはありません。防空壕にいる間も、いつでも飛び出して家の中に入り消火しようと構えている中、突如、自分たちの家がみなやられてしまったことを知りました。火の壁が音を立てて近付き、彼らにも危険が迫って来ました。みな隅田公園のような広い場所に向かって走って行きましたが、やがて熱い煙で喉が詰まりそうになりました。ぶら下がった電線からも身をかわさなければなりません。歩道を走っている人どうしがぶつかり合います。時々炎の舌は道路を飛び越え、揉みくちゃになって逃げる人々の髪や衣服を燃やします。母親たちは背中に負ぶっている赤ちゃんのおくるみが燃えているのに気がついて、突然叫び声を上げるのでした。

隅田公園に押し合い圧し合いつめかけた群衆は、川の中に押し出されていました。多くの人々は四つん這いになって、犬のように喘ぎながら焼け野原や空き地に這い出て煙による窒息死を免れました。隅田川にかかる十一の鉄橋は大勢の人々で埋まり、多くは煙で息が詰まり目が眩んで川に転げ落ちました。工場の密集した深川ドックや本所、向島地域は、火災でめちゃくちゃになってしまいました。浅草の西側近郊、下谷、神田や日本橋の周辺はあっという間に火の海に消えていきました。

浅草の慈母観音の広い境内は一九二三年の大震災のとき、何千人もの人々の避難所になった所ですが、大勢の群衆は再びそこに安全な場所を求めて集まりました。しかし容赦ない炎は荒れ狂い、聖なる地にいた人々をも焼き尽くしました。ナパーム弾が爆発して火の玉となり、辺り一面を跳ねまわって、人々を焼き尽くす様は、地獄絵さながらの様相でした。火の嵐は突如つむじ風を引き起こし、百フィートも高く巻き上がり、薄っぺらな家々を人間共々吸い上げ、燃えた畳や真っ赤に焼けた戸板をぶちまけていました。

　大群衆は超近代的な明治座に避難しようと押し寄せましたが、雨あられと降った焼夷弾で屋根が焼け落ち、火は壁に燃え移り、そこにいた人々はみな蒸し焼きになって死んでいきました。須崎の遊郭の名声や富も迫り来る炎の勢いには何の役にも立たず、芸者さんの高く結い上げた髷や幾重にも重ねられた着物は、悲惨なことに火葬の薪になったのでした。浮島の不夜城といわれる吉原の鉄の門は、遊女たちが逃げ出そうとするのを防ぐために、空襲が始まったとき門がかけられました。女将やポン引き、パトロンや芸者、遊女、みんな非業の死を遂げました。すべて見分けのつかない黒焦げの固まりと化したのです。

　B29の波状攻撃は続き、燃える町からは熱せられた空気の上昇気流が何千フィートも吹き上げていました。最後のB29が午前三時頃、火で耕したようになった東京南東部の地に焼夷弾をばらまき、去って行きました。

　夜が明けると、火傷を負った何千もの被災者たちが呻き声をあげて倒れていました。風や火もおさまりました。それは、あたかも外国の空軍兵士が、ねじ曲がったりむきだしになった体や夜間行った騒ぎの跡を朝日の中で見て、そのショックと罪悪感でこっそり去っていったかのようでした。人々は隅田川の岸に沿った排水管から這い出たり、生暖かい浅瀬から河原へ死体をよじ登って出てきました。空き地の隅から、また焼けつく道路からよろよろと歩き出した人々も、足が火傷で大きなテニスボールのように三倍も腫れ上がっていました。

翌日、被害状況を調べに来た警防団員たちは、この恐ろしい光景を見て衝撃のあまり呆然となりました。黒焦げになった赤ん坊の盾になって炭になってしまった母親や、抱き合ったまま焼け焦げたたくさんの夫と妻の遺体がありました。水で膨らんだ何千という死体が隅田川に浮かび、風と潮がグロテスクな材木置き場の丸太のような死体を岸に積み寄せていました。生き残った人々は目が見えず、手探りで歩いていました。昨晩の煤を含んだ熱い風が目に入ったため、結膜炎を起こして目やにが目をふさいでしまったのです。

何週間か後に、市当局は最初の空襲で死んだ人数は十三万人と発表しました。後にこの大惨事を研究したある人たちは、もうすこし少ないと見ましたが、それでも十万人は越えていました。地域の戸籍簿が焼けてしまったので、その数字も様々になったというわけです。家族全員が亡くなり、その死を報告する人もいないということもありました。隅田川に入って来る潮流のため、たくさんの死体が海に流れ出ました。この最初のル・メイの空襲で、二十六万一千戸があった東京の東から北東十六マイル四方は焼け野原になり、実に百万人の人々が家を失ったのでした。

ほとんどの人間にありがちなように、ル・メイは悦に入っていました。彼は部下たちに十月までに日本全土を焼き尽くすと語り、その次の日の晩、ナパーム弾を搭載した三百十三機の爆撃機を名古屋に送って、同じような被害を与えました。続いて大阪や神戸にも大空爆を行い、三月十七日までの一週間に日本の都市の四五マイル四方をB29による焼夷弾爆撃で一掃しました。

連合国の中にはこの都市の絨毯爆撃について、真剣に考え直しをしている国もありました。ドレスデンは軍事的価値がなかったのにもかかわらず、愚かな復讐による忌まわしい火災で十万人もの市民が死んだのでした。また日本が中国の一般市民を爆撃し、ナチスがコヴェントリー（英国中南部の都市）を跡形もなく消してしまおうとしたのも事実だった、と評論家も認めるところです。しかし罪のない市民を巻き込む報復爆撃は、連合軍を破壊戦争という非情な罪悪に加担させたのではないでしょうか。アメリカのイエズス会の週刊誌「アメリカ」は、都市への大空襲は「神の掟や大義の崇高性」に矛盾しないかと疑ったのですが、絨毯爆撃を主張する人たちは、大量破壊こそ日独伊枢軸国によって勃発した世界大戦を止める唯一の方法だ、と熱っぽく反駁するのでした。戦争が終わってずっと後に、きのこ雲の陰がまだしつこく消えないで残っている頃、分別ある多くの人々は、戦争による第一の損害は真実を失うこと、第二に道徳を失うことを挙げました。兵士たちは長い間前線にいると、かつては敵の振る舞いを見て野獣の行為と呼んでいたのに、それとまさに同じことを行えるようになるのです。

三月九日から十日にかけて火災のあった夜、東京都民はほとんど寝ていませんでした。十日の朝遅く、北原教授は骨の髄まで疲れ切っていましたが、警防団の人と連れ立って爆撃された東部地域を調べに出かけました。すさまじい光景と悪臭に胃がむかつき、一行の一人は胆汁を吐いてしまいました。それでも墨田区緑町の総武線が川を横切っている付近まで来ました。かつてそこは自転車屋があったところで、捩れ曲がった自転車の枠がその被害を物語っていました。石の壁に寄り掛かった三体の黒焦げになった遺体は、その昔ポンペイでヴェスヴィオ火山の噴火後、熔岩に埋まって残ったグロテスクな死体についての記述を思い起こさせました。背の高い黒焦げの遺体はこの店の主人で、あとの二つは性別は定かではありませんが彼の子供であろうと、北原教授は推測しました。小さいほうは四歳ぐらいでしょうか、父親の膝にしがみついていました。おそらく十歳ぐらいの上の子供は父親の胴にしがみついて、その炭になった体は、何と父親のと一緒に溶けてくっついていました。教授は自身と重ね合わせ、傍らに怜子がそして膝には肇子がしがみついたまま焼け死ぬかもしれないという、不吉な予感におびえるのでした。

焼け落ちたビルや黒焦げの死体が高く積まれた異臭が漂う道路の、不気味な月面のような光景の中を彼は震えながら黙って歩いて行きました。電車で二十分とかからない家に戻って、玄関先で、妻にお帰りなさいと迎えられたとき、妻と子供たちを北海道の広大な所有地に疎開させなければと強く感じました。雪に閉じ込められた山小屋ならB29の爆撃から逃れられると思ったからでした。

慰めも空しく

フィリピンに災害をもたらした台風は、怜子にとって無縁のことにみえていましたが、怜子が耳にしたこの新しい台風は、そうではありませんでした。怜子の父は、子供が質問すれば必ずニュー

特攻隊・初桜隊・長官幕僚と別れの盃を交す（毎日新聞社提供）

スを解説してくれます。父は怜子に、一九四五年二月五日のマニラの陥落は、日本を守る巨大な防衛陣地が無くなってしまったことを意味するといいました。

検閲されている報道は、レイテ湾での戦いの詳細を伝えませんでしたが、北原教授は日本海軍が手痛い被害を被ったことを、正確に推測していたのでした。そうでないなら、米軍はどうやって日本軍の抵抗を打ち破って、マニラに到達できたと言うのでしょうか。

一九四四年十一月に出現した「神風」という新しい航空戦術の技術と、乗員の英雄的行動をラジオのアナウンサーは熱をこめて報道しましたが、これも教授の確信をいささかもゆるがすことはなかったのです。このような捨身の戦術は、かえって米軍の優勢を伝えるに過ぎませんでした。

一九四五年二月十五日の硫黄島侵攻は、教授や怜子に、その恐れが現実のものであることを見せつけました。硫黄島は、長さがたった八キロ、幅が四キロの不毛の地で、戦略的には、さして重要とは思えませんでしたが、米軍にとっては代え難い拠点でした。東京からわずか一〇五六キロ、沖縄からは更に近く、米軍が日本最後の障壁である沖縄を攻撃するには、願ってもない基地だったのです。

二万一千人の日本軍守備隊は、栗林少将の指揮の下、米海兵隊を追い返そうと猛然と戦いましたが、思うがままの米海軍の艦砲射撃と、マリアナ群島から発進する米軍機の爆撃と機銃掃射によって、日本軍の士気は剝奪されました。日本兵は食糧、水、弾薬がなくなるまで戦い、島南部に作られた蜂の巣状をした最後の陣地には、もはや満足な体をした者はいない有様でした。

栗林少将は、米軍の上陸が開始される前に、妻や子供たちに宛てて優しいが決意を込めた別れの手紙を書いています。そして、東京の大本営宛てには、米軍を食い止めることができなかったことを詫びる最後の挨拶を無線で送りました。彼は部下の兵士を称えて次のように打電しました。「わが将兵の英雄的行為には鬼神も泣くであろう」と。武士道にのっとって、永遠の別れを告げる短歌三首を戦いの最中に詠み、その中で、君主である天皇のために進んで死を受け入れることを表明したのでした。三月二十七日、重傷を負った栗林少将は、やっとのことで不動の姿勢をとり、跪いて北の方角にある皇居に向かうと三拝し、短刀で下腹を刺しました。一方、すりばち山頂に誇らしげにはためく星条旗の陰では五千のアメリカ兵家族が死者を悼んでいました。

硫黄島の陥落は、日本全土に衝撃を与えました。怜子が通っていた学校の校長は、四散している生徒を呼び集め、重々しく告げました。「栗林少将と部下は、勇敢に戦って死んでいかれました。少将が大本営に宛てた最後の連絡の中には、このような立派な言葉があります。『私は、母国から授かったすべてのことを考えると、何も思い残すことなく死んでいける』皆さん、これこそ大和魂です。大和魂こそ我が国を混ざりもののない国に保ってきたのです。この魂と天から贈られた神風が、十三世紀に侵略しようとしたモンゴルを追い払ったのです。硫黄島の将兵は、自分の命を我々に捧げてくれました。我々もまた、純血の祖国を救うために喜んで己を投げ出す覚悟をしましょう」

怜子や級友たちは、米軍の上陸に備えて定期的に竹槍の訓練を始めていました。その夜、怜子たちは自宅の神棚の前に正座し、竹槍で聖なる祖国のために戦い、喜んで命を捧げることを神と先祖に誓いました。しかし、彼女には唯一の願いがありました。それは、家族の命だけは助かることでした。

桜花散って

敷島の大和心を人問はば
　朝日に匂ふ山桜花
　　神道歌人　本居宣長

沖縄は九州の南約六〇〇キロに位置しています。夏の終りから秋にかけて天気予報に沖縄が出てくると、日本人はそこで生まれた台風は本土を荒廃させる勢いで直撃するのではと心配するのです。怜子はその地で、もっと恐ろしいともいえる嵐が吹き荒れていることを耳にするようになりました。それは赤熱の鉄魂を雨のように降らせているのです。彼女はアメリカが日本侵略を企て、すべての男子を殺し大和魂を永久に滅ぼそうとしている、それも私生児の類を造り出すために婦女子を犯すことによって、というしつこい噂に、増して行く苦悩を感じながらも耳を傾けるのでした。

一九四五年四月一日、沖縄への侵攻が開始されました。数週間に及ぶ海と空からの爆撃の後、千三百機の輸送機、航空母艦、及び戦艦を擁した十八万のアメリカ軍団が七〇キロの細長い島に激しく迫って来ました。

日本軍の司令官、牛島陸軍中将は、どこからみても職業軍人そのものでした。彼は自分の軍隊が海岸線でアメリカ軍に遭遇した場合、必ず敗れることが分かっていました。彼は十一万の兵隊を狭い海岸線地帯の後方に配し、頑強な囲いを造り、より大きい大砲を要塞トーチカなどに備え付けました。彼の背後にはアメリカ軍の砲撃や爆弾で破壊するには深すぎる程の天然の洞窟が数マイル続いていました。彼の部下たちはその中に後退することができ、敵の方は彼らを捕らえることが如何に困難であるかを知るというわけです。

六万のアメリカ軍が沖縄の「D―デイ」といわれる四月一日の夕暮れ時、海岸線に上陸して来ました。著名な従軍記者であるアーニー・パイルが「銃撃されることなく、足を濡らすこともなく」と報道したとおりでした。アメリカ人も驚きましたが、それ以上に本土の日本人は茫然となりました。東京にいた軍国主義者たちは、彼らの怒りを時の首相、小磯を退けることによって鎮めました。

北原教授は、東京の多くのインテリたちと同様、軍事力の尽きた日本が、戦争に負けることは分かっていました。しかし同時に、軍国主義者たちが降服することを拒むだろうということも分かっていました。日本は侵略され壊滅状態になり、全国民はゲリラ戦に引きずり込まれて戦いは終結するであろう。こういう想いは常に彼の脳裏にありました。ですから彼は、新しい首相が元大将の鈴木貫太郎であると知って多少安心したのです。彼は七十八歳で腰が曲り、ほとんど耳が聞こえず、人の信頼を集めることも難しい感じでした。しかし、彼は強固な意志を持ち、調和を計ることのできる人でした。そして何よりも、軍国主義者ではありませんでした。彼は、一九三六年二月二十六日に軍国主義者たちが撃ち倒したいわゆる「不純な」政治家の一人でした。彼は四発の弾丸で撃たれ、実際一発は心臓を貫通していたにもかかわらず、なお生きのびたのでした。

鈴木は東郷茂徳を外務大臣に指名し、天皇と数人の政府要人から内々に励まされて、直ちに和平工作に取組みました。しかしながら、軍国主義者たちが依然として陸・海軍及び警察を指揮下に置いていたので、降服についての如何なる話題も反逆罪とみなされ、沖縄に於けるアメリカ軍陣地に対して、神風特攻隊による全面的逆襲攻撃が命令されたのです。

日本海軍に残されたのは、六万三千トンの戦艦大和、一隻の軽巡洋艦と八隻の駆逐艦だけでした。沖縄への片道分だけの油を積んで十隻の軍艦が、四月六日夜、空からの援護もなく瀬戸内海を出発して行きました。彼らは敵の船に正面攻撃をかけて沖縄から遠ざけ、多くを撃沈して、あわよくば自分たちが上陸して、前後にいるアメリカ軍に砲火を浴びせたいと願っていたのです。戦艦大和の巨大な大砲の射程距離は四十キロにも及ぶものでした。

昼頃になって、アメリカ軍機が神風特攻隊の編隊を発見したのは沖縄から数百キロも手前の所でした。三波に分かれてやってきた数百もの爆撃機に二時間以上にわたる攻撃を受け、さしもの戦艦大和も沈んでいったのです。直接には数多くの爆弾と、少なくとも十二個の空中魚雷によるものでした。艦長有賀は、生存者全員に再び戦うためにも艦を離れるよう命じ、自らは操舵室に駆け込み艦と共に沈んで行ったのです。三千三百三十二名の乗組員のうち生存者は二百六十九名だけでした。巡洋艦と四隻の駆逐艦は大和と共に海の藻屑となったのです。ひどく焼け焦げた小さな残骸だけが、やっとのことで日本へ戻って来たのです。

日本の陸海軍の飛行部隊は、その同じ日、沖縄に対して共同連続攻撃をかけました。四月六日から七日にかけて、三百四十一機の通常爆撃機と三百五十五機の神風が、アメリカの戦艦六隻を沈め、十隻に大打撃を与えました。神風特攻隊は零戦の翼の下に一一三、四キログラムの爆弾を塔載していました。「桜花」は、六メートルの片道用木製グライダーで、その機首に一二〇〇キログラムの爆弾を積み、後尾には火薬で点火するロケット弾を付けていました。三菱の爆撃機が、それを腹の下に抱えて、ダライダーのパイロットが攻撃するのに充分な距離と判断した時点で切り離すのです。爆撃機が「桜花」をいつでも発進できる状態にした時、パイロットは自分のロケットに点火し、弾丸のようなスピードでアメリカ戦鑑に機首を向けたのでした。

アメリカ軍が沖縄を征圧するのには、たっぷり三ケ月かかりました。その間、九州の神風特攻隊基地では侵略者に対して十回に及ぶ大爆撃を加えました。彼らは二十六隻の船を沈め、更に五十隻に大打撃を与えたのです。四千名近い日本人飛行士が沖縄で死んで行きました。そのうち、千四百五十人は神風のパイロットでした。そしてその神風の大多数は十八歳から二十歳、数人は十七歳という若さでした。綿密な歴史的調査に基ずく"The Rising Sun"（陽はまた昇る）の中でトーランドは、西洋人が神風の論理を理解することは無理だと書いています。トーランドに言わせると神風については、理論の混乱と流言があるようです。彼らはフード付きの僧服を着た聖職者のように戦に加わって行ったとか、薬を飲まされていたとか、また彼らはコックピットに縛りつけられていたとか、若い頃から自殺する訓練を受けていた等というものです。「真実ではない」とトーランドは書いています。「彼らは標準的な日本の若者で、皆志願兵だった。彼らの目標は、日本がアメリカに対して生産力の劣性を克服する唯一の方法がこれであると確信して、意味のある死を遂げたのだ」

異常な程の神風特攻隊による攻撃は、一時的にせよ東京への空襲を止めさせました。神風による攻撃で、物質的にも心理的にも打撃を受けている戦況に不安を感じたニミッツ海軍大将は、東京などの都市へのＢ29による爆撃を中止し、神風特攻隊の基地がある九州の鹿屋、知覧、宮崎、志布志や宇佐への重点爆撃を命令したのです。この神風はまた、怜子と彼女の世代にはかり知れぬ影響を与え、彼らを日本特有の理想主義とロマンティシズムにさえも駆り立てたのです。この神風の叙事詩は、日本国民つまり怜子を語る上での重要な部分なのです。西洋人に彼女のことを説明しようとする時、必ずこの日本独特の現象に注意を払う必要があります。神風特攻隊に付けられた一つの名前「菊水」は、西側の多くの人にとって東洋的神秘を紐とく鍵となるものです。

当時の日本人は皆学校で、水面の菊の花を意味する菊水とは英雄楠木家の家紋であることを習っていました。一三三三年、初代足利将軍は後醍醐天皇を都であった京都から追放しました。根っからの尊皇派であった楠木正成は、迷うこと無く、敵の圧倒的強さをも無視し、天皇の名に於いて出陣して行きます。聡明な戦略家であった彼は、天皇擁立を口実に、一三三六年神戸の湊川の戦で、数の上では圧倒的優位に立つ相手に打倒されるまで戦いました。自分の弟と共に農家に逃げ隠れた正成は蓑を脱ぎ、十一ケ所の傷を見せます。兄弟は、反逆者が征服した地で生き長らえるより名誉ある死を選ぶことを決意しました。彼らは互いに刺し違えて命を絶ったのでした。

正成には若い息子、正行《まさつら》がいましたが、彼には「母の面倒を見るために」死と隣合わせの戦地から離れているよう命じてありました。テニスンの詩の中に登場するガレットが、アーサー王の円卓の騎士となるべく己を鍛えたように、正行は、天皇と父親の名誉を回復するという「厳粛な任務」を果たすために必要な軍事技術を全て身につけていました。一三四八年、二十三歳で兵を起こした彼は、千名の尊皇派を率いて強奪者足利とその大軍に対し天皇の御旗をかかげたのです。彼は奈良の北方の山にある自分の小さな城への攻撃を撃退し、吉野にいる天皇を守るため南下して行きました。テニスンが描いたリネットと、女官弁内侍も対比できます。弁内侍は楠木が山賊の手から救い出した人でした。天皇は楠木に彼女との結婚を勧めました。しかし、彼は自分が死をもって天皇に忠誠を捧げる覚悟をしていましたので、彼女のためにこの勧めを断りました。彼が断ったことは正しかったのです。四条畷の戦いで傷つき敗れた彼は弟と共に逃れました。彼と弟は憶病者の汚名を着て逃げ続けるよりはと、彼らの父や伯父がしたように自分たちの刀で刺し違えて果てることを選びました。

楠木家の父と子はこうして、日本の庶民の心情の中で国家の二大英雄となったのでした。彼らは二人共戦いでは徹底的に打ち破られた「敗者」でした。しかし彼らは、全く忠実に「誠」を守ったのです。この誠を英語に訳すことはできません。権威ある研究者の辞書ではこれを、「誠実、忠義、正直、真の（いちずな）心、貞節、不変、献身」などと定義しています。誠の人が如何なる術策をも用いないのに対し、誠実でない人は現世における成功を得るために妥協を示します。誠の人は、私益に捕らわれず、彼らが最も高尚と見なす大義に自分自身を捧げるのです。日本人の考えでは、彼らの目的がたとえ実行不可能であれ、全く望みが無いと思われることであっても、そのこと自体がかえって自分たちのヒロイズム（英雄的資質）を高め神聖な思いにまで至らしめるのです。

時には「高潔な敗北の礼賛」とまで見なされるこの日本特有の現象については、随筆や本等に書かれて来ました。半ダースもある有名な英雄的失敗の例の中で最たるものは、楠木家の二人と、怜子の祖先が千年以上前、共に追放されたといわれる菅原道真です。怜子は彼らを崇拝していました。楠木家の菊水の紋章が最も高貴な動機を導き出すために再び誇らしげに翻った時、心底感動しました。若い楠木と同じように、神風特攻隊員が恋愛や結婚を犠牲にした結果、「誠」の精神と日本民族が生きのびることができたのかもしれません。彼らのひたむきな行為は、怜子に愛国精神を燃え立たせ、同じ目的のために命を捧げる決意をさせたのです。

多くの人がそうであるように、神風特攻隊員が生きていたいと思っていたことは、あなたが東京の靖国神社にある彼らの最後の手紙や、彼らについて書かれた沢山の書物を読めばよく分かるでしょう。神風特攻隊員の多くは大学の文系の学生であったことは、工学部の学生を犠牲にしたくなかったからだと思いますが……。彼らが最後に飛行をする時は、よく自分の好きな文学書や詩などを飛行服の片方のポケットに入れ、もう一方には母親の写真を入れていたものでした。ほとんど全員が、今でも読む人の心を動かす別離の手紙を残しています。象徴的な例としては、山口てるお少尉が父親に宛てた別れの手紙があります。——彼は幼い頃に母親を亡くしていました。「自分の番が来たことを知り、私は眼を閉じてあなたとお母さん、それにおばあさんの顔を思い浮かべました。…気高く、尊いものを守るために自分の命を捧げることができるとは何と名誉なことでしょうか。…私の最期、敵艦への突入の際にはきっと、あなたが私にして下さった全てのことを思い起こし、例えあなたには聞こえなくても、父上！と叫ぶでしょう」

ある手紙の中では、桜の花の散る様を、自分の死と重ね合わせて親たちを慰めてくれるものもありました。「春の桜の花のように、清く速やかに散り行くこと」が神風特攻隊のモットーになっていきました。桜の花にちなんで「桜花」と呼ばれたダライダー爆弾の空色の機首には、よく桜の花びらが描かれていたものです。

　四月上旬の毎日新聞に載っていた一連の写真は、怜子や多くの友人らの心を深くゆさぶりました。それは神風特攻隊員たちが九州南端に近い知覧航空基地から飛び立つために移動している場面で、桜の小枝を振りながら死出の旅に発つ彼らを見送り、頭を下げる女学生たちが写されていました。

特攻隊の出撃に桜花をかざして見送る女子整備員　1945年4月
（毎日新聞社提供）

軍国主義者たちは、もし沖縄が陥落した場合、最終的行動を実施しようと決めていました。アメリカ軍の九州と東京湾への上陸に備え、訓練機を含む一万の飛行機が神風特攻隊に編成されて行きました。四百万の援軍が、あらゆる身分や職業から新兵として補充され、二百三十五万の兵士たちが配置されました。四月十三日に徴兵制度が法律となり、十五歳から五十五歳の男性全て、又十六歳から四十五歳の女性は皆徴用されることになったのです。その中の何人かは、さきごめ式の小銃や昔の侍の弓矢、あるいは竹槍だけしか持っていませんでした。北原家は、幼い肇子を除いて全員が今や戦闘員となりました。

　この無謀な狂気の沙汰に教授は内心苦悶していましたが、憲兵隊と警察を恐れ、あえて口には出しませんでした。しかし怜子は、このように多くの神風による「純粋な」犠牲が日本への天の恵みを勝ち取り、究極の勝利をもたらすと信じていました。古代の武道であるなぎなたで鍛えられていた彼女は、竹槍でうまく自分を守ることには自信がありました。彼女は熱心に柔道の基礎訓練に参加し、自分に襲いかかった暴漢を如何にして投げ飛ばすかを習っていました。父は、彼女のやせた身体と青白い顔、眼の下に現れているくまを見て涙を禁じ得ないのでした。

沖縄へのアメリカ軍の侵攻が徐々に進んでいました。日本軍は自分たちが教え込まれていた程、敵が「手ぬるく」はないことを認めざるを得ませんでした。六月末になると牛島大将は、敗戦を悟りました。彼は辞世の句を詠みました。「秋末だ遠し、されど草すでに枯れ、我等が母国、来る春を待つのみなり」

七月二日、日本軍最後の銃声は鳴り止みました。それはアメリカ軍一万二千五百人の死者と三万人の負傷者を代償にしたものでした。神風特攻隊の戦果記録によると、彼らの約二分の一は海軍出身でした。十一万の日本軍兵士と沖縄市民七万五千名が死亡しました。市民の多くは崖から飛び降りたり、輪のように群れをなし、手榴弾で爆死したのです。北原教授は、アメリカ軍が次に何をしかけて来るか推測するのにあまり手間取りませんでした。アメリカの爆撃機は復讐に出て、何千トンもの焼夷弾を落として行きました。一九四五年五月二十五日には東京の五・六マイル四方が焼土と化し、それは大都市の丁度半分以上の広さでした。彼の家はまだ攻撃を受けてはいませんでしたが、隣家には小さい男の子くらいの爆弾が撃ちこまれ不発に終わっていました。

横浜、神戸、そして大阪など、どこの町のどういう状況を見ても実に全てが東京と同じ運命を被っていたのです。六月初めには二百万の日本の建物は破壊され、千三百万人が家を失っていました。軍国主義者たちは、それでもまだ内閣を牛耳っており、国民に対し最後の勝利を手にするには「全国民が光栄ある使命に忠実であれ。天皇陛下万歳！」と言って肩を張っていたのでした。

耐えがたきを耐え

怜子の健康状態は、特に彼女が中島飛行機工場で旋盤工として長時間働くようになってから、危険な状態まで悪化していました。彼女は東京駅から西へ十二キロ行った杉並の郊外、松の木のある立派な二階建ての家から通っていたのです。広々とした土地には樹木や灌木、花などがとても沢山植えられていたので、その地域の人たちは「庭園」と呼んでいました。しかし、この美しい風景は巨大な爆弾や焼夷弾に対してあまりにも無防備でした。怜子はこのところ、幼い肇子と一緒にほとんど夜は防空壕で過ごし、日中いっぱいは直射日光にさらされた中島飛行機工場で働いていたのです。そこにはきちんとした避難場所もなく、労働者たちは竹藪に掘った穴に飛び込まなければなりませんでした。アメリカの爆撃機は今や機銃掃射で町を攻撃するようになっていました。ある時、サイレンが鳴り響く前に、工場のすぐ上に低空爆撃機が来ていました。彼女は、まさに弾丸が工場の床に縫い目を走らせる直前、旋盤の下にもぐり込んだのです。その鉄の旋盤が、怜子を死から救ったのでした。彼女は這い出して、熱い弾丸が旋盤を焦がした所から立ち上ぼる黄色い煙をじっと見つめていました。辛く酸っぱい臭いが、墓前に置かれ枯れたままになった花が放つ悪臭のように彼女の記憶に残りました。

怜子の兄、哲彦は大学生でしたが、最終学年は軍需工場でフルタイムで働いていました。当番が終わるといつも家に駆け戻り、ヘルメットにユニフォームを着て航空監視員事務所にいる父親の手伝いをしました。哲彦は「喜んで戦いの臭いを嗅ぎ」、B29に突っ込んで行った「隼」やアメリカの戦艦に体当たりして行った神風についての記事を興奮して読むのでした。硫黄島や沖縄の陥落も、アメリカは決して日本を占領できないという彼の信念をくじかせるものではありませんでした。彼らは上陸はするかもしれないが、一二八一年のフビライ・ハーンの大群がそうであったように必ず撃退されるであろう、と。しかしながら、八月六日と九日にマリアナ諸島から飛びたったあのB29が、運命の新型爆弾によって広島と長崎を荒廃させた時、日本の軍国主義者たちの運命は決定的となったのです。天皇陛下は鈴木首相との相談を経て、独り寂しく決断を下しました。一九四五年八月十五日正午、天皇は初めて、国民に向かって放送を行いました。哲彦や日本の大人たち全員がラジオの前に群がって、菊の玉座からの「忍び難きを忍び」という調子の高い声の玉音放送に聞き入りました。無条件降伏！哲彦は激しく泣き崩れました。

彼は父と一緒に町の中心部に出かけて行き、絶望的光景を黙って眺めていました。東京都民の四六パーセントが家を失っていました。彼は一万人以上の人々が、焦げた梁やブリキの破片を立て掛けた所で、まるでねずみのように暮らしているのを見ました。ほとんどの人は毛布も、調理道具や食器もなく、壊れた陶器や空き缶で食べたり飲んだりしていたのです。父と子は家へ帰ると、まず哲彦が沈黙を破りました。「我々皆が苦しんだ結果がこれだ！　僕は戦場で殺された方がましだった！」怜子は彼を何とか慰めたかったのですが言葉が見つかりませんでした。

▲玉音放送に聞き入る人々　1945年8月15日
（毎日新聞社提供）

▲終戦・宮城前で土下座する人々
（毎日新聞社提供）

米の配給は一日に小さい茶碗二杯分にも満たないものでした。敗者としての辛抱も限界に来ていました。今や道徳は地に落ち、秩序は乱れていました。盗みが横行し、闇市が立ち始め、この若者の嘆きは深まって行きました。九月になって突然、寒冷前線が日本中を襲いました。教授と息子は肺炎で倒れた大勢の中の一人でした。哲彦は生きる意欲を失い死んで行ったのです。

怜子は身体的には貧弱でしたが、心理的、精神的には兄よりずっとしっかりしていました。彼女の強さは日本の歴史や自分の家系を意識することから出たものです。彼女は、教授である父が、たびたび熱っぽく語ってくれた北原家の千年以上に及ぶ、時には苦々しい歴史の中で、いかに祖先が生き延びて来たかという話によく聞き入ったものでした。

怜子の父、金司は祖先をたどると菅原道真の時代までさかのぼることが出来ます。道真について日本の子供は皆、中学校で習います。彼は勉学の中でも特に書道に於ける守護神なので、学生たちは受験の際、加護を願って一万二千もある天満宮のいずれかで彼に祈るのです。菅原氏は九世紀後半、京都の宮廷に於ける最も有名な学者で、文学、漢詩そして書道の達人でした。天皇の命により、彼は二百冊に及ぶ「類聚国史」を著し、日本の詩選である「新選万葉集」を編纂しました。彼は日本が、西暦八九四年、唐代中国から文化的に独立する際のいわば責任者だったのです。中国の漢詩や仏教が西暦五五〇年頃に百済を経由して日本に紹介されるという歴史的時期以後数世紀の間に、日本の学者や僧侶たちは、彼らの文化的、又宗教上の母といえる中国へと海からの道を辿ったのでした。彼らは日本人独特の判断力、適合性、吸収力をもって新しい大和文化を築き始めました。菅原道真は、中国との最初の接触から三百五十年経った今こそ自立する時だと確信していました。日本式書道の師として彼は、他の人々にもそれを取り入れるよう奨励しました。驚くべき文学的開花がもたらされ、その中できわめてまれな表われは、女官の中にすばらしい作家たちが生まれたことです。その内の二人、紫式部と清少納言は、世界的古典文学となった「源氏物語」、「枕草子」を書き著しました。これは西洋の女性がこの類いのものを書いた時期より約千年も前のことでした。

菅原氏は有能な役人であったため、天皇の目にとまって信任を得、やがては大臣になりました。

ほとんどの妃が藤原家出身だといわれる程勢力を誇っていた藤原一族は、彼が自分たちの地位を脅かす存在となって来たと決めつけました。典型的な内部工作をもって彼らは、菅原氏に「醍醐天皇を倒す意図があった」として、遠隔地九州の太宰府へ流刑に処したのです。藤原家出身であり、且つ神主であった一人の忠実な家来が、道真に付いて共に流されて行きました。汚名を着せられた主人との連帯を示す確固たる態度で、彼は藤原の家を捨てて姓を改めたのです。この神主が、千年も続いた神道の誇りある家系の元祖です。怜子の祖父、芳松はこの伝統を破りました。九州の西、熊本にある天満宮に勤めていた彼は、明治天皇ご即位直前の戦いで積極的役割を果たしていました。彼は自分の神社に傷ついて戻り、日本の将来と自分自身の行末について思い悩むのでした。

二百六十五年に及ぶ徳川幕府を倒した明治維新は、神道の神話と天皇崇拝をもたらしました。仏教や長崎で復活したキリスト教は、外国からの輸入だとして弾劾されました。国中の神社は政府の監督下にあり、右翼的民族主義の機関である国家神道の元に置かれました。北原芳松は神社を捨て、神主をやめて未開発の北海道の地で自分を試すことにしました。この日本最後の開拓地で、新しい自由を謳歌し、彼は土地の投機を行って広大な不動産を有する資産家になったのでした。

怜子の父、金司は北海道で一八九九年三月二十六日に長男として生まれました。彼は神道の祖先から勉学への情熱を受け継いでいました。何世紀もの間彼らは、地域の子供たちが仮名や日本のいろは、中国の表意文字と詩、又、仮名と漢字で書かれた豊かな文学を学びに通える神道の学校を続けていたのです。初めての息子であった金司の勉学への情熱は、初秋から晩春に至る五・六ケ月の間、雪に閉ざされる静かな北海道の自然環境の中で、更に強く燃え上がるのでした。第一次世界大戦が終わり、金司も高等学校を終える頃、父は彼がいずれ引き継ぐことになる広大な土地の管理を一緒にして欲しいと言い出しました。金司は東北帝国大学の入学試験を受けようとしていたので、静かに断りました。父は怒って「おまえの勉強は終わったのだ。おまえはこれから長男として又後継者としての勤めを始めるのだ」と怒鳴りましたが、息子は大学へ行く決意を繰り返し述べました。父親は今まで何の問題も起こさなかった本の虫が、このようにおおっぴらに反発したのに激怒し、大学にずかずか乗り込んで試験官に金司を落とすよう頼んだのです。

しかし、大学の教授たちはしっかりした開拓精神の持ち主でした。彼らは文化の香りの高い日本本土と決別し、北海道という開拓地にやって来なければならなかった人々だったのです。東北帝国大学農科大学（今の北海道大学）は、一八七六年にマサチューセッツ農業大学の意志強固なウィリアム・スミス・クラークが、その建学の精神の下に創立した札幌農学校に始まりました。彼は、今でも日本の大学生の間で好んで引用される「少年よ、大志を抱け」という名言を残した人です。金司を試験で落としてくれるようにと頼んだこの父親の高圧的な要求は聞き入れられませんでした。息子は農学部に入学しましたが、怒った父からは直ちに勘当されてしまいました。

彼の将来は不安定に見えましたが、それは利口な仲人が松村家に対して大胆な申し出をするまでのことでした。松村家の長は未開の地、北海道の魅力に勝てずに当地にやってくる迄は、京都で収入の安定した弁護士をしていました。彼は妻と子供たちを連れて移り住み、樹木に覆われた山を購入したのです。鉄道や辺境の町の建設に材木が使われたので値段が急激に上がり、松村家は財をなしました。松村家には元気の良い姨という次女がいました。仲人は彼女に、九世紀に栄えた京都の藤原家を先祖にもつ才能豊かな学生の金司と会うよう勧めました。この二人は、一九二二年一月三十一日めでたく結婚しました。二十歳の姨は健全な天賦の才を持っていました。彼女は細かい針仕事が得意で、それが主な収入源となり、それが又金司に勉学を続けることを可能にしたのです。二人の最初の子、和子は、金司が農学博士号を受ける直前に生まれました。しかし彼は、まだ職につくつもりはありませんでした。博士号を取得した彼は、法学部に移籍し、一九二八年には法学博士になりました。金司の母親が亡くなり、父の二人目の妻は、夫が自分の息子を後継者として家に戻すまで働き続けました。金司は、今やっと彼の目標であった東京帝国大学で学ぶ自由を得たのです。一九二八年の春、彼は経済学部に入学しました。怜子が生まれたのは一九二九年八月二十二日で、一九三一年に金司は三つ目の博士号を与えられ、大学教授として輝かしい経歴の緒についたのです。

彼の父が亡くなり、残された遺産で裕福になった彼は、六百万に人口がふくれ上がった東京に家を買いました。世界大恐慌が東京での商売の多くを破産に追い込んだのもこの頃です。第一次世界大戦では同盟国であったアメリカとイギリスが、日本に対して貿易制裁を始めた時、ほとんどの日本人がそうであったように彼も怒りました。西欧諸国が、日本が世界情勢の中で、最初の非西欧的経済勢力となって行くのを阻むため慎重な政策を取ったことに、若い経済学者であった金司は衝撃を受けました。超人口過密な島に住む日本人が、人口の少ない西洋の地へ移住することを規制する新しい法律は、彼の目には人種的偏見と映りました。しかし、彼は行動に移しませんでした。政党に係わって行く替わりに、彼は好きな書物に没頭して行ったのです。

農民学者

一九三五年、東京の西部近郊に広い土地を買った北原家は、立派な二階建ての家を建て、庭を樹木と灌木と花で埋め尽しました。晴れた日には富士山が西の地平線に「月のように美しく」見えたものです。怜子はその年に小学校に通い始めましたが、ある日登校途中市電を避けようとして道からそれたバスに引き倒されてしまいました。バスの運転手は飛び出してきて、その小さな子を腕に抱きかかえ大急ぎで家に運んで来ました。もしこの事故が報告されると彼は職を失ってしまう――というのは、まだ不況から完全に脱していない日本では恐ろしい事だったのです。怜子の両親は彼女があまりひどい怪我をしていなかったので、事故については届けませんでした。運転手は、度々立ち止まっては深く頭を下げたので、門まで長い時間がかかってしまいました。大分後になって学校の定期検診のレントゲンで骨折が発見されました。事故による傷は思ったより重かったのです。多分それが原因で、怜子は他の子供たちほど活発に遊べなかったようです。彼女は同じ年頃の友達が活発に遊びまわるのをよそめに、小さい子供たちの世話を楽しんでいました。事故の日以来、リムジンが毎日彼女を学校まで送り迎えするようになりました。

彼女の家の者は皆学ぶことに熱心でした。怜子には二人の姉があり、何歳か上の姉は、妹が学校に上がる前から漢字を教え始めました。その姉が亡くなった時――幼児死亡率は日本でまだ高かった――悲しみに暮れる小さな怜子は、自分の練習帳を取り出し、姉の位牌の前でまじめに漢字の練習をするのでした。位牌には金の文字で姉の新しい名前が書かれています。何のことかわからなかった怜子は、それが死者を迎える浄土での姉の名前だと知らされました。

怜子が六歳になり学校に行き始めると、両親は家に教師を来させ、日本で学問をするのに欠かせない中国の表意文字（漢字）の書き方を特別に教えてもらうように計らいました。彼女自身の名前も父親が慎重に選んだ漢字でした。忄は「心」を、令は「権威と秩序」を表します。この組み合わせは、教授が知性の礎とみなしていた法と秩序への情熱を意味します。この点を強調するために彼は、漢字を知らない西洋人を混乱させるという特権を利用し「レイ」と普通に発音するのを避けて「サト」という、禅の言葉で真理をつかむという意味をもつ「悟り」を意識して選んだのでした。怜子の「子」は日本女性の名に多くつけられ、子供を意味しています。

彼女が小学校の六年間を一日も休まず皆勤賞をもらって終えた時、両親は怜子に学費の高い私立の中学校、桜蔭高女を選びました。この学校は、当時日本で最高の女子学校だった公立の御茶ノ水の卒業生たちによって始められた学校です。創始者たちは、向学心を起こさせるような規律をもつ私立の学校創立をめざしていました。最初の校長に選ばれたのは、皇后陛下が子供の頃の家庭教師であった女性でした。

誰かが、日本のわずかな天然資源は、あくまでも水、肥沃な山の土と学問するという伝統であると言っています。読み書きを重要視し始めたのは中国の漢字が紹介された時期、つまり十四世紀に溯ります。その古代に於ける日本の独自性は、学問が男性貴族社会の特権ではなかったということです。七五〇年頃初めて出版された最も古くて人気のある歌集、万葉集は、貴族や女官たちの歌と並んで、一般庶民、農夫、又階級のない兵士などの歌をも含んでいます。一四六七年から一六一五年の間、国中で戦いが続いていた動乱の最中に、沢山の侍の妻たちは読み書きに長け、自分の小さな子供たちを寺や神社が開いている塾に入れる前から、いろはや漢字の基礎を教え込んでいました。

一八六〇年代に明治維新が強制的に実施したしっかりした教育制度は、今日迄あらゆる階層に浸透し、これが日本の最大の活力となっています。普通の日本人で文盲の人は、ほとんど全くといってよいほどいません。日本語を修得することは、それほどたやすいことではありません。ウェブスター英語辞典は三万五千語ありますが、同じような日本語の辞書は四万五千語もあります。ユネスコによると日本人は現在のどこの国より一人当たりの新聞発行数が多いということで、これはこの国の経済力や文化を生み出す力を理解するために大いに役立ちます。

怜子の両親は漢字学習を、学問、詩そして美学への扉であると共に、それ自体に芸術的価値を見出していました。彼らは怜子が有名な桜蔭高女に入った後も、必ず書道の補習を続けて受けるようにしました。北原家は裕福ではありましたが見栄っ張りではなく、賢くお金を使っていました。ドイツ製の高価なピアノは見せびらかすための物ではありませんでした。怜子が十歳になった時、林という良い先生のもとで正式に習い始めましたが、間もなくどうしようもない恋に落ちました。先生とではなく、彼が導き入れた新しい世界とだったのです。

一九三九年になり中国で全面戦争が始まって二年経っていました。どんな犠牲を払っても絶対に勝つ決意をしていた日本の軍国主義者たちによって東京は生気のない戦乱の町と化していました。狂信的な超国粋主義者たちが、演劇や音楽会、映画などは、軽薄で非愛国的であるという烙印を押したため、ほとんど姿を消していました。怜子にとって、音楽は首都を荒廃から明るく活発な将来へ導いてくれる金の糸となっていました。

高女を終えた一九四〇年の終りに近い冬、怜子は音楽学校に入りたいと思うようになりました。彼女はすばらしい演奏家になろうと考えたのです。彼女の子供っぽい想像では、コンチェルトを弾き終えた自分が、静まり返っていた聴衆から熱狂的な拍手を浴び、満員のコンサート・ホールで万人嘆賞の的となっているのでした。しかしながら、彼女が音楽に夢中になっていることが両親を不安にさせました。父にとって、学術の道に進むために父親の計画に逆らって北海道の地主の生活を投げ打ったということは良かったかもしれませんが、女の子の怜子が、因習を無視し、プロの音楽家として大成するのは千倍も難しいことと思われました。両親は娘が音楽をこよなく愛していることを喜んでいましたが、彼女が妻として、又母として日本女性の伝統的役割を果たすことが真の幸せを見出す道であると確信していました。それ故彼らは音楽学校志望については許可を与えず、桜の木が淡いピンクの花を散らす一九四一年四月初めに、彼女は桜蔭の高等学校に進学したのです。
さて、五年後の一九四六年二月、両親は彼女にどこの大学を受験したいかと聞きました。彼女は「哲彦兄さんは肺炎で死にました。私は病人を救う方法を勉強することでお兄さまに敬意を表したいのです。昭和女子薬科大学を受けてみたいと思います」と答えました。両親はその選択をとても喜びました。彼女は試験に受かり、一九四六年四月から大学で勉強を始めたのです。

何年か後に北原教授が書いた本の中で、当時の市街地の様子を記した箇所が幾つかあります。「一九四五〜六年、貧しい東京では死傷者が溢れていました。そこは信じられないような灰の砂漠でした。家族全員と身近な親類を失い、『戦争を生き抜いて来て果して自分は幸運だったのか不運だったのか』と声を出して考え込んでいる人たちに会いました。多くの大学生たちは棄て鉢な気分と戦いながら授業に出席していました」

教授は、大学に入りたいという強い希望を持ちながら手段を見出だせない若者たちを助ける方法を考え始めました。彼は自分が経験した若い頃の苦闘を思い出し、どれ程理工科系高等教育が優秀な若者にとって必要であるかを理解し、それこそが日本を焦土から立ち上がらせる唯一のきっかけになると信じていました。もっと多くの大学が非常に必要とされていたので、彼も大学新設計画を推進する委員会からの誘いを受け入れて、メンバーに加わりました。それはまず二年間の経済学、食品技術、そして日本文化の勉強に始まる大学です。彼と妻はこの冒険的事業に、かなりの額の金を投じる覚悟でした。

このように多額の金を賭けるのには他に個人的な理由がありました。それは京都で妻と小学生の一人息子と暮らしていた公務員の叙情詩のような物語りに端を発しています。

この父親はアマチュアの画家で、市内から西に一時間以内で行ける美しい嵐山へよく出かけて行きました。小さな息子は父と一緒に行くのが大好きで、父親が有名な桜の花や秋のかえでなどを描いている間、自分は帳面に絵を描いて楽しんでいました。その子供が事故で死んでしまったのです。喪が明けた後も長い間、父親はくよくよしていました。妻は夫のことを心配し、なだめすかして又絵を描くようにし向けました。その結果、静かな山に慰めを見出だせるようになったのです。はじめは自分の心を癒すために自然の風景を描き、今度は「息子のために」別の絵を描くのでした。それは彼の息子への激しい想いの発露でしたから、知らず知らずのうちに日本中でその絵画が展示されるほど偉大な画家になっていったのです。彼はそれらの絵を自分の絵というより、息子の絵と見なしていました。北原教授と奥さんは、若者を心をこめて教育することこそが自分たちの息子の霊を慰める一つの方法であり、ある意味では援助した学生たちの中に彼を生かし続けることになるのだと信じていました。

怜子の大学はB29の爆撃でひどく破壊されました。一九四六年四月に彼女が授業を受け始めた時には、水道管やガスの本管、電気回線はほんの一部が修復されていただけで、テーブル、机、試験管、ビーカー、ブンセン灯などや、基礎化学薬品類はみじめなほど不足していました。学長は当時の学生たちが良く知っていた二宮尊徳について話をしました。戦前の多くの小学校の庭には彼の銅像あるいは石像があり、貧乏な百姓が重い薪を背負って歩きながら決然として本を読む！という姿を表していました。二宮はへんぴな村に住んでいたため、教育を受ける機会に恵まれなかったので、寸時を惜しみ、山から薪を下ろす時でさえ独りで勉強していました。一八五六年に死ぬまでにこの元百姓は、日本で最も影響力のある思想家の一人になっていたのです。今や、と大学の学長は続けて、彼を見習う絶好の機会であると学生たちに言ったのです。

昭和女子薬学専門学校教師や学生たちは実際、彼の勉学に対する情熱と努力を鑑としました。彼らは実験に必要な薬品を製造している工場に、遠くまで歩いて行き、卸値で買って来ました。机や器具を買う金を稼ぐために教師と学生たちは、空き時間に石鹸やベルツローションを作って郊外で売り歩くことも始めたのです。怜子は自分が戦争中もそうであったように、共同の目的に対しては個人的関心を最大限に示すという日本人独特の能力をもってこの事に精力を注ぎ込みました。次第にそこは大学としての形が整いはじめ、器具の不足もまじめな学生の勉学の妨げにはなりませんでした。

怜子は父の出生地である北海道から来ている同級生と親しくなりました。この女子学生は子供の頃みなしごになり、その寒い開拓地の例にもれず、あまり裕福でない親類に引き取られていきました。彼女の保護者たちは聡明なこの子を高校に通わすためのお金を何とか工面してくれました。高校で成績も良かった彼女は、勉学のメッカである東京での大学入学試験を受けさせて欲しいと頼んだのでした。そして、怜子と同じ昭和女子薬科専門学校の試験を受け、合格していたのです。

彼女を育ててくれた親戚は彼女の決意と能力に感心はしましたが、東京で暮らす彼女を経済的に支えることはできないと打ち明けました。もし彼女が行くなら自分で独り立ちすることになります。彼女は頭を深く下げ、自分を家に迎え入れて大学に入る機会まで与えてくれたみなさんのことを決して忘れない、きっと学位を取って戻ってきます、と約束しました。親戚の人たちは東京までの船と汽車賃を彼女に渡した上、少しの調理器具と何週間か暮らすのに充分なお金を持たせてくれたのでした。

彼女は大学からさほど遠くない所に安い部屋を見つけるとすぐに街へ出て、家庭教師を探していそうな家々を訪ね歩きました。日本には猛烈に競争の激しい学校制度があり、所によってはそれが幼稚園から始まります。生徒たちはより高い点を得ることによってのみ良い小学、中学校そして高校へ入学できるのです。一番良い大学に入ることが究極の目的であり、そこを卒業することで大体その人の一生が保証されるというわけです。ですから多くの親たちが子供を塾に通わせたり、家に来て教えてくれる家庭教師を雇うことになるのです。

一九四六年四月の荒廃した東京では、北海道の訛りがひどく、仕草も田舎じみた十八歳の「先生」はあまり歓迎されません。彼女が稼ぐわずかな賃金では辛うじて部屋代、学費と教科書代しか払えませんでした。食べ物を買うお金はほとんど無かったのです。

怜子は、その子の無愛想で妥協をいさぎよしとしない北海道のやり方に引き付けられました。二人が堅い友情で結ばれるようになって怜子が彼女の下宿を訪ねてみると、驚いたことに部屋はがらんとしていました。一学期が始まった頃は血色がよく元気だったこの新しい友人が、何故今青ざめた顔色をしているのかが怜子には分かりました。そこでもっとお金を多く払ってくれる後援者を見つけるまでの「数週間だけ」その子を家に住まわせてくれるよう両親を言いくるめ、栄養のある食物を食べさせたのです。不運にも良い後援者はまれだったので、約束の数週間は三ヶ月になったのでした。

更に多くの北原家の親戚がやって来ました。満州から引き揚げてきた斎藤一家です。解放された満州、朝鮮、そして台湾から戻って来た他の何十万もの引き揚げ者と同じ様に、彼らはほとんど着の身着のまま逃げなくてはなりませんでした。怜子の父は、その女子学生に出て行ってもらわなければならない事情を話すことを躊躇していました。怜子は、自分は必要以上に食べているので政府配給の半分で充分やって行けるとまで言って、父に懇願しました。しかしながら、引き揚げ者の親戚には、彼らがようやく手に入れた全ての米粒までも必要としている栄養失調の子供たちがいたのです。北原家は北海道にも土地を持っていましたが、そこでも、他のどこでもそうであったようにお金が足りているわけでもなく、その当時、土地を売るのはとても損になることでした。怜子の父が共同で設立しようとしていた大学にも、彼が都合のつく限り調達した金を使い果たしていました。怜子があからさまに悔しがるのを目にしたこの若い同級生は、自分の質素な下宿に帰らなければならなかったのです。

戦争裁判

旅に病んで夢は枯れ野をかけめぐる
　　　　　　　　　　　　　松尾芭蕉

　怜子は北海道の貧しい学生たちのこと、その実験設備と食糧不足のことで、ずっと心を痛めていました。この頃ではそれよりも更に気にかかる事態が起こりはじめていました。

　怜子が戦争中慰問袋を送り続け、彼らの死ぬまで戦う信念に自分も従う覚悟を持ち続けていた「英雄的で純粋な」日本兵たち、とりわけその指導者たちが裁判にかけられたのです。怜子の大学入学と時を同じくする一九四六年五月に、元陸軍大将東条英機ほか二十七人の日本軍指導者たちがA級戦犯として法廷に召喚されました。彼らの運命はアメリカ、イギリス、中国、インド、ソ連、フランス、オランダ、フィリピン、カナダ、オーストラリア、ニュージーランドの十一ケ国の連合国からなる高等裁判官によって決定されることになりました。皮肉なことに審問は軍事政府本部であり、かつ日本の軍機能の中枢であった東京にある三階建ての大きな建物で執り行われたのです。それは皇居から一キロ以内の市ケ谷の丘の上に位置していましたが、強固な構造物であったため爆破を免れていました。現在では自衛隊本部として使われているところです。

　最初怜子は、戦禍を受けた大学になんとか落ち着く居場所を得ることに気をとられていて、この戦争裁判に注意を払っていませんでした。そんな怜子の事情をよそに、原告側と被告側は本格的審議を始めるにあたり、そのかけひきに数ケ月という月日を要したのでした。二十八人の戦犯容疑者たちには優秀な弁護団が提供されました。それは三人の日本人弁護士と三人のアメリカ人弁護士により構成されており、更にアメリカの費用で来日した十五人の弁護士が助手をつとめました。これら被告側の弁護団は即座に奮闘を開始し、彼らの供述書を準備する時間を要求しました。裁判長ウェブは要求を入れ、裁判は一時休廷となりました。この裁判が一九四六年五月三日から一九四八年十一月十二日まで続行されたことは、徹底的な審議のやり取りがあったことを示しています。

マッカーサーは日本の新聞に裁判の行程をすべて報道し、続々だされる報告書の全文を紙上に載せるように命じました。一九二九年から一九四五年までの間行われた信じがたい日本軍の残虐行為の証拠が実に厭になるほど報道されました。法廷となった講堂には、もともと二百の観客席があったのですが、大勢の日本の学生が傍聴者として席を占めていました。大学に戻ると、怜子と仲間の学生たちは、「アジア植民地開放のために戦う」という聡明かつ勇敢な天皇の命令に戦時中の日本兵たちは忠実に従っていたものと信じていました。ところが日本の最高の地位にあった人が、軍は天皇や側近の顧問や政治家たちの切なる願いに背き、むこうみずで無謀な戦争に追い込んでいったという証言をしたのです。この証言は、怜子たちに恐るべき衝撃を与えました。例えば総理大臣を二度、海軍大臣を二度務めた七十九歳の元海軍大将岡田は、軍閥に対して次のような痛烈な証言をしました。それというのは軍閥は天皇の意を侮辱し、平和主義者である政治家たちを沈黙させるために暗殺という手段をとったというものでした。岡田大将はこの証言により軍閥への仕返しをしたのです。軍閥は一九三六年二月二十六日に起こった有名な血生臭い二・二六事件において平和主義を擁立した時の総理大臣岡田を暗殺しようとして、間違って彼の義兄弟を暗殺してしまったのでした。

岡田は、一九二八年に満州において日本軍閥が張作霖を殺害した経緯を戦争裁判の判事に伝えました。岡田は又、若き裕仁天皇がいかにこの事態を聞いて立腹し、怒りに燃えて殺害者たちを厳重な懲戒処分にするように時の田中総理に命じたかを供述しました。彼はおごり高ぶった軍閥がこれらの明確な命令に背を向ける一方で、国民には天皇への「純粋な」献身に基づく行動であると訴え続けていたこと、急激に力を増した軍が、ついに一九三一年の「満州事変」という反逆行為を引き起こすに至ったこと、この事変により六千万人の日本の民を、四億人を抱える中国との戦争に引きずり込み、終局的には西洋との戦争へと向かわせたことなどを述べたのです。陸軍大将たちは被告席から岡田を侮蔑するようににらみました。それに気付いた元大将は、このような証言をあえてするのはひとえに国を愛するが故だと冷たく言い放ちました。彼は軍閥が天皇やその国民に逆って犯した重大な過失を告発することを義務と感じていたのです。

起訴文の中では、時の内大臣で、天皇の腹心でもあった木戸侯爵が記した、すでに没収済みの日記が発表されました。これにより岡田の証言が裏付けされたのです。この日記には天皇が軍閥を制御しようとした時、軍閥が「憤慨」したと記されています。軍閥は、彼らに反対するすべての政党を崩壊させ独裁支配体制を布きました。国を支配し、戦争へと追いやったのは議会でも天皇でもなく軍閥だったのです。弁護団の必死の弁護には殆ど説得力がなく、報道陣の予想も次第に将校たちの死刑執行説へと傾いていきました。この重大な時期にニュルンベルグ裁判の判決は下されました。審問された二十二人のナチスのうち、十二人には絞首刑、七人には投獄の判決が下りました。東京側の被告の家族たちは、この報に呆然とし、弁護士に、より一層努力してくれるよう要請しました。

弁護側の弁護士たちに能力がなかったわけではありません。彼らは法律上可能な限りの弁明をして、法曹界で賞賛を得たほどでした。軍閥の犯罪の重みは決定的なものでしたが、これと並んで起訴事実には目立った矛盾がありました。この点を弁護側は激しく追及したのです。裁判にかけられていた二十八人の日本人は、「挑発的な戦争」を開始し、他国を侵略した罪に問われていました。しかし西洋諸国も、日本とタイを除くアジア諸国を植民地化する際にこれと同様のことをしたのでした。実際この戦争裁判を行った裁判官の中の幾人かは、あくどい植民地主義を今なお遂行している西洋諸国からきていたのです。インド人、インドネシア人、ベトナム人、そして多くの南北アフリカ人がこの反論に拍手喝采しました。そして十一ケ国からなる同盟国の裁判官の一人、インドのラダビノト・パルも同調者だったのです。戦前彼は、世界法律協会の会長をしたこともあり、大学の法学部講師やコルカタの最高裁判所の所長を務めた人でした。

もう一つ矛盾は、ロシアの裁判官I・M・ザラヤーノフが裁判官の席にいたことです。ロシアはヒトラー治下のドイツと条約を結び、ポーランドとバルト諸国を無情にも分割しました。ロシアは又、一九四一年に日本と不可侵条約を結んだにも拘らず、この条約を破り、広島と長崎の原子爆弾投下の合間に弱体化した日本を攻撃したのです。ロシアは満州へ軍を侵攻させ、およそ五十万人以上の日本人を戦争捕虜として捕らえると、シベリアへ送りました。大多数の人々はシベリアで強制労働者として酷使され、その多くは零度以下の厳寒の地で衣食糧不足と重労働に耐えきれず死んでいきました。ロシア占領下の東側諸国においても、ロシア軍は自由選挙を暴力により抑圧しました。そして今だに占領している状態です。ロシアの裁判官の存在そのものが東京裁判を茶番劇にしたのではないでしょうか？　日本軍の指導者たちの罪を問うことは、皮肉にも破廉恥な二重構造の実体をさらけだしたのではなかったでしょうか？

そんなことはどうであれ、証拠につぐ証拠、署名宣誓された膨大な文献は、軍国主義者の残虐行為を明るみに出し始めていました。「南京大虐殺」のはらわたがよじれるほどの残虐行為の証拠についで、七十二に及ぶ新たな大虐殺の告発がありました。

毎日行われるこれらの恐るべき告発は、怜子を失意の底に陥れました。彼女は日本の国への信頼と、伝統を重んじる父や桜蔭高女の教師たちに教え込まれた「大和魂」を信用できなくなり始めました。

裁判長ウイリアム・ウェブ卿は、一九四八年十一月十二日に賠審員の評決を発表し、二十八人全員は有罪となりました。千一頁におよぶ賠審報告書を総括したウェブ卿は、自分たちは日本国民を裁いたのではなく日本の軍閥を裁いたのであることを強調しました。権力をふるった軍の増強に関して日本国民そのものを責めるわけにはいかないと述べたのです。しかし、それは怜子を失意から救うものではありませんでした。繁栄した国の歴史には、常に暗部が存在するものだという歴史の必然性を認識するほど怜子は大人ではなかったのです。もし彼女がウェブ卿の母国オーストラリアに住むアボリジニに、北・南アメリカのインディアンに、アフリカ人に、そしてアメリカの黒人にこのことを尋ねたならば明白な証言を得たことでしょう。朝鮮を支配し、中国との戦争を開始した時に日本の暗黒時代は始まっていたのです。しかし、若い怜子には未だ歴史に対する洞察力が具っていなかったのでした。彼女が目の当たりにしたのは、自分の愛する国が世界の裁判にかけられ、恐るべき罪を告発されているという事実でした。彼女は裏切られたと感じました。彼女は軍国主義者の宣伝を信じてきたのでした。彼らの空威張りに拍手を送ってきたのでした。半分の配給量で満足して生きてきたのでした。飛行機製造工場で働くために学校生活を断念したこともありました。更には竹の槍で死ぬまで戦う覚悟もしていたのでした。彼女は結核や空襲で死んだ多くの友人のことを、又アジア大陸や太平洋諸島で戦死したたくさんの兵士や市民たちのことを思い浮かべました。特に「英雄」として命を散らせた若き「神風」のことを考えるのは悲痛なことでした。彼らは最も気高い目的のために死ぬのだと信じていたからです。しかし、それは略奪者のような支配者がでっち上げたもののための死だったのです。三百万人の日本人と無数の外国人が虚偽のために死んでいったのです。

怜子は兄の怒り、幻滅、苦悩が手に取るようにわかりました。なぜ彼が生きる意欲を失ったかを理解できました。この苦痛とみじめさによって、怜子は今まで味わったことのない耐え難い空しさを感じました。これがサルトルの「実存主義的失望」なのであろうか。これがある意味で日本のサルトルともいうべき太宰を睡眠薬に頼らせ放蕩に追いやり、一九四八年というその同じ年の六月に、ついには自殺にまで追い詰めたのであろうか。

多くの高等女学校の生徒と同様に怜子は詩を好みました。芭蕉は十七世紀後半の最も偉大な俳人ですが、怜子が一番好きな俳人でもありました。彼は独自の感受性と情緒、繊細さと深さを類い稀に融合し得た詩人です。怜子は、彼の俳句は奥が深く、希望に満ちていて人を勇気づけるものであると思っていましたが、あの絶望的とも思える最後の句もまた彼の作品でした。生涯を通じて旅人であった芭蕉は、生涯の大部分を野辺で過ごし、田園や季節の移り変わりに、そして日本各地の史跡に霊感を探し求めていました。彼の最後の句は、旅の途中で病に倒れた後に書かれたものです。おそらく彼は、死にゆくことを感じつつこの句を書いたのでしょう。「旅に病んで夢は枯れ野をかけめぐる」これが生涯を通じて真実と美を探し求めた末に到達した心境であったのでしょうか。我々の人生とは、誰にも癒されることなく、道無き寂しい荒野に立ち、風の中に消える絶望の叫びのようなものなのでしょうか。怜子の青春の美しい夢は、単なる幻影だったのでしょうか。彼女はサルトルや太宰のように「宇宙の悪夢」にとりつかれたのでしょうか。怜子は両親、とりわけ父とこのことについて語り合いたかったのですが、一人息子を失って大変苦しんでいる両親に暗い疑問を投げかけるのは、一層の重荷を背負わせることになり、しのびないことでした。

彼女にはこの苦悩を分かち合える大学の友人は幾人かいました。代々木公園のように静かな場所を選んでは、長時間歩きながら語り合いはしたものの、その結論は人生に絶対的意義を見いだすことは不可能に近いということでした。彼女たちの母国と、その未来はわびしく暗いものでした。日本はほとんどの船舶と工場の大半を失っていたのです。原料のない日本は、いったいどうやって立ち直るのでしょうか。

「斜陽」があれ程多くの大学生に読まれたのは、太宰治が、この暗い小説の中で、現実を敢えて隠さずに暴き出したからではなかったでしょうか。太宰は心中することによって生涯を終えました。彼の死の道連れの女性は酒場で偶然出会ったというだけのものでした。彼は妻と二人の子供を残し、そして妊娠していた愛人もあとに残して逝ってしまいました。日本はまともな人間性や希望を全く失って荒廃の地と化したのでしょうか。

薬専入学前の怜子（中央）

第二章　動く神の霊

……神の霊が水の面を動いていた
創世記一―二

山の手のマリア像

一九四七年三月か一九四八年六月のどちらかに――何年も後になって彼女が書いた記述からは、どちらかはっきりしませんが――怜子は横浜に住む同級生を訪ねました。その友人は常々、人生の意味は？という「根本的な疑問」について議論し合っていた仲間の一人でした。

二人は桜木町の駅で会い、横浜港のへりを通っている海岸通りから山下公園の中をぬけて歩いていました。この公園は大災害から立ち上った人間の回復力と復興能力の証しでした。一九二三年九月一日の正午に、日本の近代史上最悪の地震がこの地を直撃し、横浜市内の建物の半数が壊滅しました。地震は横浜の主婦たちが、ちょうど昼食の準備にとりかかっている最中に起ったので、持ち運び可能な七輪がひっくり返り、燃えている炭が散らばって火事になったのです。横浜市は、ほとんど壊滅状態になり、四万人以上の市民が死にました。火事が収まると同時に、避難していた人々は戻ってきて、再建にとりかかりました。彼らは荷車で瓦礫の山を波打ち際まで運び、湾の浅瀬に埋めて美しい山下公園を作ったのでした。それから二年と経たないうちに四十万五千人の人々が市内に住むようになっていました。怜子と友人は、一九二三年に横浜に起こった死と再生を取り沙汰しながら、果して焼夷弾を受けた日本各地の都市が再興可能であろうかと話し合っていました。

二人は、外国人が山の手と呼んでいる辺りを登りながら活発に意見を交わしていました。この辺りは横浜の小高い地域で、一八五四年にペリー提督が最後の将軍と友好条約の調印を交わした後、多くの西洋人が家を建てて住みついたところです。外人墓地へ着いた二人は中へ入ることにしました。日本人が建てる墓石と西洋人が建てる墓石がいかに違っているか——建てる心情には変わりがないのに——を目のあたりにした二人は、次第に黙りがちになっていきました。二人はベンチに腰掛け、年月を経た墓に眠る名も知れぬ人々が切々と訴える声に、すすんで耳を傾けるのでした。

二人はついに立ち上がると、連合派教会側の門から外へ出ました。その教会の塔は、あまり見栄えのしないノルマン様式で、戸には鍵がかかったままでした。二人は、道路の両側に建ち並ぶ西洋建築の家々にじっと見入りながら黙って歩み続けていると、質素な黒い僧衣を身につけたマリア会の修道士とすれ違いました。その日本人修道士の姿は、山の手付近に浸透している西洋風な雰囲気を和らげていました。更に歩んでいくと、重々しい石の門へと続く鉄柵のところに出ました。掲示板から、それが一八六二年に建てられ、一九二三年の大地震の後に再建された聖心《みこころ》の教会であることがわかりました。一人の日本人が門をくぐって中に入ったのをきっかけに怜子が友人に目配せすると、彼女は頷いて一緒に中に入りました。

どちらもが、今まで教会に足を踏み入れたことはありませんでした。建物自体は値打ちがあるとは思えない代物で、地震で壊れた教会の敷地跡にたてられ、コンクリート造りのゴシック建築ではありましたが、芸術的というよりむしろ実用性を重んじた建築物です。中に入って静かに移動しながら、かろうじてゴシックに見えるアーチや、丸天井の円形説教台、祭壇の後ろの壁にはめこまれ、人々を見下ろしている大きな聖心の像等がかもしだす雰囲気に溶け込もうとしていました。

左側の身廊を進んでいくと、小さな祭壇に等身大の女性の像が立っている小聖堂に行きつきました。左手のパネルには、この像を見上げている百姓姿の外国の少女が描かれています。後に怜子が知ることになるベルナデッタの絵です。右手のパネルには、中世の京都の宮廷衣装に身を包んだ日本人女性がベルナデッタと対等に描かれており、その女性が子供たちに像を指し示していました。

ルルドのマリア像、ベルナデッタ（左）、
細川ガラシア（右）　横浜聖心教会堂内

怜子が後に敬愛してやまない女性となる十六世紀の貴族、細川ガラシャです。

ルルドの聖母像（フランスのルルドで出現したマリアの姿）は石膏製で、無論芸術作品とは言い難いものでした。この像は怜子が教科書の中で見た、世界的にも有名な奈良の月光菩薩や、弥勒菩薩のような仏像に比べると芸術的な価値においては見劣りがしました。しかし、怜子は、この断然見劣りのするルルドの聖母像に、以前見たどの像よりも心を動かされたのです。大いに心を揺さぶられた彼女は、その像がほんの七歳だった頃の体験を思い出させた、と書いています。

「これは、わたしが聖母マリアの像を見た最初の経験でした。何故だか分からぬまま教会に引き寄せられるようにして入り、説明できない魅力的な力の存在を感じながらその像に見入っていました。わたしはいつも純粋なものに対してぼんやりとではありますが強烈なあこがれを経験していました。それは言葉では言い表せないもので子供のころからずっとそうでした。この深いあこがれに相応しい対象のように見えたものを垣間見た最初の思い出は、わたしが七歳の時行った明治神宮にありました。両親が七五三と呼ばれる宗教的な祭事にわたしを連れてきて、神道の聖所に仕える神社の乙女の巫女を初めて見ました。わたしはほんの子供でしたが目にもあでやかな緋色の袴をはき、白い衣を着た巫女たちの姿が今日まで鮮明に印象づけられております。歴代の神道の神官の祖先たちによって得た経験に、わたしの心は条件反射してしまうようです」

神道・女性・聖霊

暖かい胸と、そう、輝かしい翼を持った……（G・M・ホプキンズ「神の荘厳」）

怜子は、他の多くの日本人と同じように、神道の影響を深く受けていました。神道は有史以前からある日本古来の宗教です。彼女が言っている七五三の儀式は、文字どおり七、五、三を意味するお祭りです。女の子が七歳と三歳、男の子は五歳になると家族が子供たちを神社に連れて行き、そこで無事にその年齢に達したことを感謝して祈りが捧げられるのです。行事を記念して七歳の女の子は帯を貫います。帯は着物がきちんと収まるように、ウエストのまわりに巻き付ける幅の広い絹のサッシュです。三歳の女の子は初めて髪の毛を結い上げ、男の子は堅くひだの入った男らしい袴をはきます。この儀式のために用意される子供たちの着物は色も質も絢爛豪華です。清めと感謝と願いの祈りを唱える神官は、その飾り気のない質素とも言える着物を着ますが、これは有史以前に自然美や象徴的なものを好む人々によって考え出されたものです。

子供だった怜子の目をまず捉えたものは、神社の女性、巫女の着物でした。純白の木綿の衣に、それと対照的な、足元の木綿の足袋まで届くあでやかな緋色の長い袴。怜子は、特別な崇敬の念を表している彼女たちの優雅なお辞儀の仕方や、ゆったりとした儀式の踊りに心を奪われたのでした。

神道は、有史以前のものという意味において原始的です。本来の神道には教典も書き記された法典もありません。今日の洗練された日本においても神道は、理路整然とした神学としてよりも、むしろ祭りとして栄えています。私たちを取り巻く素晴らしい自然現象の前に、畏敬と感謝の念をあらわすために創られた言葉の少ない祭りです。神道は日本人がもっているといわれる四季に対する感性の源であると同時に、はけ口です。自然を基本的に慈悲深いものとして捉えている神道は、本来、楽天的です。日本の厳しい冬の後に明るい春の花が咲き、厳しい夏の気候が去れば、鮮やかな色合いの秋の果物や穀物を実らせます。有史以前の日本の語り手は、こうした信仰の核心を高度に象徴的な神話のなかに表現しました。

天照の神話を例にとります。二人の力のある神（この言葉は gods と訳されていますが、もっと正確には spirits として扱われます）が天の平原に住んでいました。彼らは日本を造り、その三人の神を造りましたが、その中で最も重要なのが、意義深くも女性の霊である「空の光り照らすもの」としての天照大神でした。二番目の神はそれ程重要ではありませんが、三番目は天照大神の弟で、スサノオ（「素早く、激しいもの」）と言い、荒涼とした海辺に住んでいます。荒っぽく無秩序な気性を持っているので、姉が大事に手入れをしていた米の畑を台無しにしようとしていました。秩序が無秩序に対してあがく激しい闘いが繰り広げられます。天照大神が勝って、破壊的な弟は追放されます。その結果、天照の祭りは最も大切な重要な祭りとして、秋の米の収穫時に祝われることになったのです。

G・K・チェスタトンは、福音書に完全なる真実を見出したことを確信する一方で、私たち人類の多くがもっている古代神話に隠された霊的黄金の鉱脈のうちに喜びを見出だしました。光と暗闇、冬と夏をテーマとする神話の色々な形式について述べながら、キリストに関する驚異的な著作「永遠の人」（The Everlasting Man）の中で、彼は次のように言っています…「地球上の生命あるものの死と復活は、宇宙の神秘に何か近いものだと感じない人がいるでしょうか」

巫女の行う儀式の中には、この英雄的かつ刺激的な神話を表現している踊りがあります。例えば、十二月の十七、十八日の夕暮時、「冬の太陽が地球から一番遠くにあるときに」、奈良の春日大社に行くと実際にその踊りを見ることが出来ます。寒々とした時間であるにもかかわらず、多数の群衆が参加しています——「神話と呼ばれる巨大な、枝を広げる木が、地球上の至る所に枝を行き渡らせる……、神話は魂の奥底にある何かをかきたてる」というチェスタトンの確信を人々が認めていることの表れとも言えるでしょうか。

この奈良神道の儀式の幕開けは、人間の起源の原始性を示唆しています。古代の竹笛がためらうように不協音を奏で始めて、あてもなく彷徨《さまよ》うやるせないチドリの鳴声のように冬の暗闇を突き抜けて行きます。自分しか頼るもののない会衆は、二千年前の神道の祭壇そのままのような祭壇に向かって、よろめきながら歩いて行きます。

海、山の貢ぎ物が間に合わせの聖所に具えられたあと、巫女は見事に優美な舞いを舞い、冬の凍てついた地に太陽が戻るよう嘆願します。間もなくして、夜明けの初光が東に現われます。

クリスチャンの日本人は、この儀式の中に創世記一・二「地は混沌であって、闇が深淵の面にあり、神の霊が水の面を動いていた」が微かに示されていることを見付けて喜びます。カトリックの司教たちは、この類似性の中に神の聖霊がなし給うた業を見いだすよう説いています。キリスト教徒でない人々と共にインドで生活しているマザー・テレサは、「私は私自身の宗教を愛するが、全ての宗教を愛する」と記しています。

詩篇二十九篇は元来、カナン人の神話詩であり、詩篇百四篇はエジプト人のそれでした。古代の宗教神話を取り入れ、それらを浄化、完成させて聖書の啓示の一部とした神の聖霊には何か素晴らしいものがある、と聖書を信ずる者は受け止めます。大人になってから怜子は、巫女が聖所で仕えるのを目のあたりにした時、初めて超自然的純粋さを意識できたと感謝を以て書き記しています。

神道は、ユダヤ教、キリスト教やイスラム教とは異なり、単一かつ唯一の神という明確な観念を有しません。神道信者は、ギリシャの哲学者アリストテレスのいわゆる「不動の動者」や、一神教における秩序、美、善の唯一の源を追求したことがありません。神道では、太陽の神秘、清らかな小川の流れへの驚異、大木の中の生命力、巨大な岩の恐ろしいまでの力強さのように、超自然的な力と感じとられるもの全てが崇拝の対象として相応しいのです。神道は、チェスタトンが「秘蹟を受けている感覚」と称したことに対応しています。日本は、特別に神聖なものの手によって創られた神国であると信ずることによって、神道はイザヤ書が暗示し、キリストが明示的に述べたこと――いずれの国も全ての創造者たる父と近しくなること――に到達したのです。死んだ英雄を、聖なる神であると宣言する点において神道は、新約聖書の「神の子」、天国において神と生活を共にする者の考え方に近似しています。自然の中のあらゆるところに霊を見出す神道は、偉大なクリスチャンの詩人フランシス・トムソンと共感するところがあります…

「天使たちは古来からのところに居り
　　君が石ころひとつを動かすだけで天使の翼を動かせる
それは君、君の疎い顔つきだ
　　こうした沢山の壮麗なことを見落とすのは」

アシジの聖フランシスコは、トマス・アクィナスのような神学者が言う「神の子としての信心」と呼ばれる霊の恵みを最も豊かに授かった者ですが、彼は兄弟なる太陽、姉妹なる月、姉妹であり有用かつ謙虚な水についての詩を著しています。神道信者はこれを理解します。もし聖フランシスコが今日の日本で存命すれば、イル・ポヴェレッロ（小さく貧しい者、聖フランシスコを指す）が神道との間で丁重な対話を行うであろうことは間違いないでしょう。

現代の偉大なカトリック神学者のひとりであるカール・ラーナーは、カトリック教会は「第三の時代」に入った、と述べています。第一の時代は、使徒や信者が殆ど全てユダヤ人であった時代です。彼らは、家では「パンを分け」つつもエルサレム神殿での礼拝を続けました。第二の時代は、エルサレムと神殿が破壊された時に始まります。キリスト教はコリントとローマに及び、ギリシャの哲学とローマの法と組織の中で福音と両立出来るものには心を開きました。ここから、ゴシック様式の教会やトマス・アクィナスの哲学によって象徴される中世キリスト教世界が生まれたのです。アクィナスは、アリストテレス、ソクラテス、プラトンの主要な明察を受け入れ、その善であり真実であるところは全て霊によってもたらされたものである、としました。アクィナスは、聖パウロのガラテヤ人への書簡五章二十二節を踏襲していたに過ぎません。ニューマン枢機卿は、同じ理由によって、偉大な非キリスト教宗教における「部分的啓示」を歓迎したのです。

ラーナーは、インド、中国及び日本のような非西欧文明における偉大な宗教的明察に対して第二ヴァチカン公会議が門戸を開いたことに、キリスト教の第三の時代の始まりを見ます。神道は、聖書では「男性的」な「言葉」（ダバール、ロゴス）であるのみならず「女性的」な「霊」（ルア、プネウマ）とされている神に、キリスト教徒がより深く触れることの助けとなり得るでしょう。言葉としての神は、活動的で力強く、明確な法を設定する者として「男性的」に表れます。「平和な静けさが全てを包み、夜が半ば程過ぎ去ったとき、天上から、全能の『言葉』が跳躍し、些かの曖昧さもない、あなたの命令を鋭い剣のように執行する」（知恵の書十八章十四〜十五）これが哲学的なギリシャ人、現実的なローマ人と中世のスコラ哲学者が特に愛した神の側面です。近代日本においてキリスト教宣教師が前面に押し出したのは、この男性的側面の神であり――人口の辛うじて一％の人々に受け入れられたに過ぎません。

霊として、より女性的側面における神は、日本人及びアジア人にとって非常に魅力的かつ受け入れ易いものでしょう――西欧でも、科学と男性的力強さに幻滅した多くの人にとってもそうかも知れません。神の霊は、聖書では主として女性的表象によって表されています。創世記一では、「神の霊が水の面を動いていた」――巣で卵を暖め、生命をもたらそうとする母鳥の暗喩です。キリストを、司る者とするために油を注ぐべくヨルダン川に現われる霊は、非常に女性的な表象たる鳩の形をとります。男性的、女性的ふたつの側面は聖なる三位一体と福音の啓示にとって、頭と心臓が人の生命にとって必須であるように、なくてはならないものです。ルネッサンス後のキリスト教は、宗教の男性的及び合理的側面を強調しすぎることにより、多くのことを失ったのは確実です。

魂の深みを分析するカール・ユングは、マリアの肉体と霊魂が共に天に上げられたとする教義に関するピオ十二世の一九五四年の定義は「宗教改革以来最も特筆すべき宗教的出来事」との驚くべき宣言を行いました。ユングはプロテスタントでしたが、当時のキリスト教的西欧が単に合理性に徹したことに呆れていました。西欧は全てにつけて男性中心になり過ぎているのであり、ナチズムは男性の力、実際性、冷徹な効率主義、科学的知識、目に見える結果を過度に強調したことの論理的帰結である、と彼は述べています。祈りの母無原罪の母マリアが神への特別な取リ次ぎ者となって天に上げられたことは、「実際的な」男性に偏った病む社会を癒す象徴である、と彼は見ていました。

科学的推論に基づく西欧の物質主義を悲嘆した詩人ジェラード・マンリ・ホプキンスは、「神の荘厳」（God's Grandeur）に次のように書きました。

「全てには、生業という焼き印が押され、
苦役によって曇らされ、汚されて
人は、汚れをまとい悪臭を放ち
今や大地は、赤肌と化している」

しかし、次のように詩を終えています。

「とは言え、自然は尽きることはない
心の奥深くには、最もいとしく
みずみずしいものが命を繋いでいる
…………
何故なら、ゆがんだ世界を

暖かい胸と、そう、輝かしい翼をもって
聖霊が育んでいてくださるのだから」

愛の摂理

横浜の岸壁にあるマリア像の前での体験をどのように考えたらよいのか怜子は解かりませんでした。深く考え込みながら東京に帰った怜子でしたが、すぐに試験の準備にとりまぎれてしまいました。幾つかのむずかしい論文を書き上げて試験に合格した怜子は、一九四九年三月には卒業して公認薬剤師となりました。応募した東京での就職口は二つとも受かりました。勤め口は高等学校の科学教師と病院の薬剤師でした。まさにこの父にしてこの娘あり――その両方の道に魅力を感じていた怜子は、両親に心を決めかねていることを打ち明け、もっと時間が欲しいと思いました。怜子は「まだ探し求めて」いたのです。

北原家にはやっといつもの暮らしが戻りました。居候のごたごたもなくなり、経済状態も良くなってきていました。両親は喜んで怜子に時間をかけて考えるようにと言ってくれました。「前々から言っているように、お母さんと私はお前が何をしようと心配はしていない。お前が選んだ道を私たちは決して反対はしないつもりだ。ただその道を幸せに歩んで行って欲しいのだ」北原教授は娘にそう望むのでした。

怜子の両親はメルセス会（ベリス・メルセス宣教修道女会）と呼ばれるスペイン系の修道会が経営している高円寺の近くの私立女子学校の評判を聞き、大変興味を惹かれました。そして末娘の肇子をその小学校の一年生に入学させることにしました。母親と一緒に妹に付添って入学式に出席した怜子は校長のマザー・カーメルの話に深い感銘を受けます。このスペイン人修道女は日本語を巧みに使い、大変自信に満ちて話していました。「神様の善き御摂理により、あなた方はこの学校に来られたのです」英語のプロヴィデンスに対する「御摂理」という言葉はキリスト教徒以外の日本人には殆どなじみがありません。摂の漢字は肯定的な行動を意味する「手」とよく聴くことを表す三つの耳から成っています。天は未来永劫に、心の正しい求道者の祈りを聴かれ、それに肯定的な行動で応えて下さるのです。怜子は今までよく「宿命」という言葉を使ってきました。「宿命」とは非人称であり、幾分恐ろしい響きのある「運命」と同じような意味を持っています。「神の善き御摂理」——怜子はその言葉に興味をもち、もし機会があればそのことについてもっと学びたいと思いました。軍部に屈し、偽りの勝利を約束した神道に裏切られた気持ちでいた怜子は、組織化された宗教には用心深くなっていたのです。

二ケ月後の五月のある日曜日、肇子はミサに行くと言い出しました。妹を教会まで送って行くことにした怜子は、途中でメルセス会の日本人修道女に偶然会いました。修道女は挨拶すると、自分は公教要理を教えに行って帰るところだと話しました。この若く聡明な修道女の安らかな顔を見ているうちに、怜子は明治神宮で見た巫女を思い出したのです。あれはちょうど今の肇子と同じ歳だった時のこと——怜子は優雅に舞う巫女の敬虔な姿に不思議なあこがれを感じたのでした。そしてその同じあこがれを横浜教会の聖母マリア像によりいっそう強く感じたのです。

教会の入口で肇子をあずけて家に帰る時、怜子は不安な気持ちでいる自分に気がつきました。私はどこへ行こうとし、何を望んでいるのか。それから五、六週間というもの怜子は不安を覆い隠そうとするかのように前よりもひんぱんに映画や劇を見に行ったのです。この時の怜子の熱烈な映画通いを思い出すと姉の和子さんは、今でも微笑んでしまうそうです。週に六回も映画に行きお金を使い果たした怜子は、両親にも言えず、すでに嫁いでいた姉の所に映画代を借りに行ったものでした。

すらりとした柳腰の怜子は着物が大好きで、よく似合うと自認していましたし、両親もそれを認め、また着物を着るように勧めてもいました。美しい着物姿によって、良い結婚のチャンスも増すというものです。実際すでに病院を経営している医者から結婚の申し込みを受けていたのです。が、当時の怜子は心の平安を得られないかぎり、映画も着物も結婚の可能性もどうでもいいことのように思えるのでした。さあ、勇気を出して第一歩を踏み出そう。その先はどこへも行きつかないかもしれないし、逃避して脇道にそれてばかりかもしれないけれど、何もしないよりはましだ。怜子はそう思うのでした。

七月のある蒸し暑い日、怜子は妹の学校へ出かけて行き、修道女に面会を求めました。スペイン人の修道女、マザー・アンジェラスが姿を見せると、怜子はためらいがちに、自分がどうにも落ち着かない気持ちでいることを話しました。人生とはいったい何なのでしょう？ 真摯な修道女は答えるのでした。「ではそこにお坐りになってお聞きなさい。私たちキリスト教徒が信じていることこそがその質問の答えとなるでしょう」怜子がその言葉に従ったことで、全てはその時その場から始まったのでした。それからというもの毎朝十時に修道院に通い、スペイン人のマザー・アンジュラス・マガイアを中心に、ある時はアメリカ人や日本人の修道女の指導のもとに、怜子はキリスト教の教えの真髄を系統的に学び始めました。新しい情熱が生活に満ちてきました――自分の家族をはじめその他の大切なものを捨て去ってまでも、この異郷の地で人々のために尽くそうとしている外国人の修道女たちを駆り立てている信仰の奥底には一体何があるのか。それをつかみたいという怖しいほどの強い願望が怜子の心に湧き上がって来るのでした。

教授夫妻はうろたえました。音楽の専門学校に行きたいと怜子が以前言い出した時と同じようにあの警鐘が再び鳴り始めたのです。軽い気持ちなら宗教も結構、でも今や怜子は宗教に全力投球しているのです。毎朝早起きをして六時の修道院のミサに与かります。もしかしたら修道女になりたいなどと言い出さないとも限らないのです。両親の心は乱れました。真っ向から反対してはかえって逆効果だと思った父は、何か別の方法はないものかと機会が来るのを待っていました。教授は大学の図書館から何冊かの本を借り出し、カトリシズムについて読み、ある日の夕食のテーブルで、いかにも何気ない様子で話し始めました。

「たしかにカトリシズムは中世ヨーロッパにおいては実に立派なことをしてきたよ。その時代にふさわしい団結心と文化を人々に与えたし、ごく普通の人々が中心になって建てた荘重なゴシック建築の聖堂や、貧しい人々や病人、ハンセン病患者を助けた修道院や僧院は素晴らしいものだ。イタリアの美術や、ドイツの音楽にしても、今のような科学や医学の進歩や教育の普及のない時代にとって、カトリックがどれほどインスピレーションや活力を与えたかがよくわかる。しかし、同じようなことが日本でも行われていたことは歴史を見るとよくわかる。仏教や神道は貧しい人々を教育するために寺小屋を経営したし、町中どこにでもあるお寺や神社は信仰心のあらわれであり、人々の希望や理想、才能を分かち合い引きだす場所として力強い文化と学習の中心であったと言えるだろう。仏教の僧侶たちはよく効く漢方薬を見つけ、美術工芸の先駆者としても人々のために尽くした。だが、それは、皆昔のことだ。我々は、安定した政府が全ての人々に教育を与えてくれる新しい時代に生きているのだからね」

「今では」教授は尚も続けるのでした。「稲妻や嵐、疫病などの自然界の神秘を科学が説明することができる。原始的な時代には、それらは神の罰と考えられ、宗教的な迷信もそこから生まれたのだ。非科学的な時代には、祈祷や呪いによって病気を治そうとしたのだよ。それは仕方のないことだから、私はその時代の人々を馬鹿にするつもりはない。しかし、我々は科学に裏づけられた医学が病気を治してくれる時代に生きているんだ。そして、さらに良くしていくのが私たちの責任であり義務といえるんじゃないかな。我々の理性や想像力を賢く使って……。私も皆と同じように戦後の日本については心配だ。しかし、解決法は経済力の回復であり、新たな神学ではないと思うよ」

　夫人がごくありふれた緑茶用の急須に再び湯を注ぐ間、教授はひと息つきました。怜子は勇気を出して反撃に出ました。「お父様、私はちょうどマザー・アンジェラスと長い間お話しをしてきたところです。フランス語ができるマザーは、フランスの巡礼地のひとつであるルルドで調べられたそうですが、そこの科学研究所には、医学の法則にはあてはまらない治癒例を集めた報告書やレントゲン写真が山ほどあって、それを医者も認めているそうです。今世紀初めノーベル医学賞を受けたアレキシス・カレル博士の言葉をマザー・アンジェラスが見せて下さいましたが、博士は、結核性の腹膜炎が進行して死期が迫っている若い婦人と一緒にルルドへ行きました。博士は奇蹟は信じておられませんでしたが、心理的な面でのルルドの効果を研究したいと思われたのです。ところが、博士はそこで病人が祝福を受けたとたんに、いちじるしく膨張していた腹部が正常な状態になるのを目の当たりになさったのです。イエズスが行われた奇蹟について、今、ルルドでは科学的に解明しようとしているそうです」父が興味を持ってくれるようにと願いながら、怜子はなおも一生懸命続けるのでした。

「そして、この患者の身体に起こった奇蹟にもましてカレル博士を感動させたのは彼女の言葉でした。この若い婦人が十代を通してずうっと病の床に臥していたことを知っていた博士は、彼女が健康を取り戻した今、何をするつもりかと尋ねました。すると彼女は静かに淡々と答えたそうです。私は修道女になって、シスター方が自分を看病して下さったように自分も看病するつもりです」怜子は話を終えながら、父も自分と同じように心を動かされて欲しいものだと思いながら、その顔を伺うのでした。

「怜子」父は優しく話し始めました。「全ての宗教は奇蹟物語をするものだ。奈良の壺坂寺の観音様の前でお里が涙を流すと、目が見えないのを悲観して死んだ沢市が生き返ったばかりでなく、目も見えるようになっていたという話を覚えているだろう。お前は歌舞伎でそれを見た時とても感動していたね。その奇蹟にしても、お前のルルドの奇蹟にしても、何か科学的に説明がつく筈だ。すぐにとはいかないにしても、いずれはね。まあ、ある場合には科学者たちが原因をつきとめるのに大変長い時間がかかるだろうがね」教授はこの話は終ったとばかりに、眼鏡と新聞の方へ手をのばしました。意識的に何気ない風を装っているものの教授の心は穏やかではありません。娘はあまりにも感情的になっている。このままでは、きっと洗礼を受け修道女になりたいと言い出すのではないだろうか。そんなことはごめんこうむりたい。

怜子は次のように記しています。「私の興味は少しも衰えることがなく、十月の終りにはカトリックについての全ての教えを学び終えていました。私は真理を発見したことを確信し、洗礼を授かりたいと願いました。ほんとうは公教要理を全部覚えてから満一年経たないと、信者になることは出来ないと聞いておりましたが、私は、公教要理を終えた直後の十月三十日に、特に、神父様のお許しにより、洗礼を受けさせて頂きました。そして洗礼を授けて下さった神父様のお母様の霊名『エリザベス』を贈られました。そして、その翌々日、堅信を受けて、『マリア』の名を授けられ

ました。」（「蟻の街の子供たち」より）

怜子の死後、北原教授が著した本の中で、時に困惑した感情を交えながら、怜子が選んだ洗礼名には未来を予言するような重大な意味があったように思う、と書いています。

エリザベトはハンガリー王アンドリュー二世の娘で、チューリンゲン方伯ルードヴィヒ四世と結婚しました。六年後、三人の子供の母となっていたエリザベトは、深く愛していた夫の戦死の知らせに打ちのめされます。王子は時の皇帝フレデリック二世のために戦いに出ていたのでした。その少し前に、アシジのフランシスコが、有名な「枝の柵とむしろの総集会」を開き、フランシスコ会がかかげる和解と平和の理想を述べ伝えるために、戦いに疲弊したドイツに出かけて行く有志を募っていました。二十五人のフランシスコ会の司祭たちがすでに旅立ち、その中の何人かはチューリンゲンでその旅を打ち切っていました。そこはヴァルトブルグ城に住む悲しみの方伯夫人エリザベトが治めていました。国を治めるに当たりその義務を忠実に守ろうとしていたエリザベトは、新しく到着したフランシスコ会の院長であるロドゲル修道士を呼び、自分の領土で何をしているのか説明を求めました。ロドゲル

受洗の日に、マザー・アンジェラスと怜子　1949.10.20

修道士はアシジとイタリアの人口半分を回心させたフランシスコという偉大な人物について話しました。その話はエリザベトの心を奪いました。それは夫の死と、夫の親戚に領土を奪われるかもしれないという心配で意気消沈していたエリザベトにとって、まさしく「良き知らせ」だったのです。

ロドゲル修道士を相談役とし、強力なハンガリーの実家を後ろ盾として、エリザベトは貧しい人々のために病院を設立しました。ハンセン病患者を抱き、衣服まで交換したというフランシスコの話に感動した彼女は、自分の病院内にハンセン病患者のための場所を設け、これらの見捨てられた気の毒な人々を自分自身で看病し始めました。そして燃え尽きたように、三十歳にも届かぬうちに生涯を閉じます。一二三一年のことでした。エリザベトの死後四年、その遺徳がたたえられて聖人の中に加えられました。

怜子の両親は洗礼には全面的に反対でした。しかし、教授は以前から娘たちに、良き人生を送るためなら、どのような人生を送ろうと自由であると言っていました。両親は怜子の考え方には同意できないものの、彼女に選択の自由を認めました。怜子はとまどいを隠せない両親に、日本の習慣にはない洗礼名の命名について、また、自分が選んだエリザベトについて説明しました。するとそれを聞いた経済学者の父はからかうのでした。「もしエリザベトが私の生徒なら、私は彼女を落第させねばならないだろうな。一族の財産を無駄使いしてしまったのだから」

しかし娘の緊張感を和らげようと、わざとふざけて言った教授に対して怜子は言うのでした。

「人生にはお金よりずっと大切なものがあるのです」その声にはユーモアすら許さない強いものが感じられました。

東洋のテムズ川

後日、勧められて書いた文章の中で、怜子は続けています。「洗礼を授かってから私は、仕えたいという押えることのできない欲求を経験しました。『仕える』ということは、キリストに続く者にとってはごくあたりまえの事だったのです。私はメルセス会で定期的に開かれる婦人の集まりに加わりました。私たちは横浜まで足をのばして、孤児院を訪問したり、子供のための公教要理のクラスで使う聖書に絵を描いたりしました。が、私は常に何か足りないような気がしていました」神様は私に修道院に入るように召命しておられるのでしょうか。神の召し出しを望む怜子が、メルセス会入会志願者のための修道院がある萩にしばらく滞在したいと両親に告げると、教授夫妻は悲しみました。ちょうど四百年前に、フランシスコ・ザビエルが日本で布教したのも、山口（萩）からそれほど遠くない九州だったのです。教授は、自分が大学へ進みたいと言った時父親に反対されて辛い思いをしたので、怜子の決心にはひどく落胆したものの、あえて反対はしませんでした。

メルセス会では誓願を立てる時、修道女が花嫁衣装を着ることを知っていた怜子は、洗礼式には特別な折にいつも着ていた気に入りの美しい着物を着ずに、代わりに花嫁衣装を着け、ベールを被りました。それはメルセス会のシスターとしてキリストに仕えたい、という怜子とイエズスとの間の密かな約束の証しでした。そして今、花嫁衣装によってその約束を公にした彼女は、お別れの写真を撮って家族の者を驚かせました。こともあろうに、喪服姿でその写真を撮ったのです。何ごとにつけても、象徴的な事をするのが好きな怜子でした。しかし、その意味を察した家族の心はますます暗くなるのでした。一方怜子は、家族の一人ひとりがいずれ洗礼の恵みをいただくことができますようにと祈りながら、その祈りがいつか聞き届けられることを確信していました。そうなれば家族も怜子の選択を喜び、そして誇りに思ってくれることになるのです。必需品をスーツケースひとつにまとめて、怜子は萩行きの片道切符を買いました。姉は、怜子がまるで恋人からの婚約指輪を大切にするように、夜やすむ前に萩行きの切符を大切そうに枕の下に入れていたことを今でも思い出します。

修道院入りを決意し喪服姿の怜子

その夜中、怜子は気分が悪くなって目を覚ましました。怜子が起き出した気配に気づいた母親は熱を計るように強く勧めました。熱は四十度もありました。かかりつけの医者は翌日怜子の容態を診ると驚いて、すぐやすむように命じました。三週間は絶対安静です。レントゲン写真を撮った医者は両方の肺に影があるのを見て顔をしかめました。戦中、戦後の暗い時代に健康を損った多くの日本人と同じように、怜子も肺結核にかかっていたのです。医者は怜子を寝室に隔離して治療を始めました。怜子は日ましに回復してきましたが、メルセス会の修道女たちは、修練女になることをずっと先へのばすように勧めました。

安静時間を利用して、怜子は前から読みたいと思っていた二冊の大著を読むことにしました。日本文学概論と西洋文学概論でした。最初の一ページから最後の一ページまで貪るように読んだ怜子は、直感の世界や魂の遍歴といったことに強く魅かれるものを感じるのでした。桜蔭高女で受けた教育のおかげでしょうか。俳句にも深い感銘を受けました。

北原教授は何人かの大学仲間と新しい大学の設立にむけて深夜まで働いていました。ある日曜日、教授は風邪気味で気分が悪かったのですが、訪問客がやってきたので、居間に出てこたつを囲みました。こたつとは裕福な家庭には最近まで必ずといっていいほどあった一種のストーブで、床に正方形のくぼみを作り、低いテーブルのような硬い台を上に置いたものです。台のまわりの畳の上に四方に座り、くぼみの中に足をおろして、台の上に手や肘をのせることができます。台の上から厚い毛布のようなものを掛けて座っている人々の足を覆い、熱が逃げるのを防ぐので、くぼみの底でゆっくり燃える炭が気持ちの良い暖かさを出してくれます。しかし、困ったことに、時々一酸化炭素が部屋に排出することがあるのです。その「困ったこと」がその夜起ってしまい、教授は突然意識不明になって倒れてしまいました。一酸化炭素中毒だったのです。彼はすぐに病院に運ばれましたが、八時間も意識不明でした。

幸せで裕福な暮しを送っていた長女の和子は、だんだん年を取ってくる両親のことが気掛りで、近くに住んでもらいたいと思っていました。父親が立てるようになると、「杉並の家を売ってしまったらどうでしょう。この家はもう大き過ぎます。浅草の私たちの家の隣の空地に家を建てたらいかがかしら」と提案しました。そういう訳で、怜子と両親は、有名な浅草の観音様から四百メートル離れた所、松屋デパートの裏手の新しい二階建ての家に引越すことになったのです。

一六〇〇年の初め、徳川将軍家は、江戸と呼ばれる小さな村に幕府を開きました。その後二六四年に及ぶ徳川支配のもとで、江戸は、地理的にも政治的にも大きく発展して、一八六七年の大政奉還の時には、日本の中核となっていました。明治天皇は京都から江戸に移り、その名も江戸から東京に変わりました。天皇は徳川家の城を皇居とし、それ以後、歴代の天皇はそこに住まっておられます。

その皇居の東を流れて東京湾に注いでいる小さな川が隅田川です。その川は江戸（東京）の経済に重要な役割りを果たし、東洋のテムズ川と呼ばれています。川は、文学においても重要な地位を占め、沢山の日本人作家はそれを題材にしてきました。偉大な謡曲作者、世阿弥は「隅田川」と呼ばれる能楽を書いています。日本史上、最も偉大な俳人といわれている芭蕉は、小さな草葺きの庵を隅田川辺りに結び、俳句の中で川を讃えています。もし自殺によって若い命を絶たなければ、ノーベル賞を受けていたと多くの批評家たちに言われている太宰治も、隅田川を舞台にした作品をいくつか残しています。

赤穂四十七士の話を取り上げた忠臣蔵は、昔から日本で国民的な人気のある歴史物語ですが、他のどんな劇よりも数多く舞台や映画の題材として上演されてきました。その物語のクライマックスの舞台は、この隅田川の川辺りです。日本人は義理人情に大変敏感ですが、この四十七士の話は、古典的な義理人情の物語です。あらゆる階層の日本人は忠臣蔵を国民的影響力のある物語のひとつだと思っています。完全な真《まこと》と武士道の物語と言えるでしょう。物語は二九〇年ほど前、若い大名である浅野内匠頭の話から始まります。彼は殿中の悪習に染まることなく一本気なところがありました。そして礼式の指南役、吉良上野介にわいろを贈るのを断ったばかりに、吉良に計画的に恥辱を与えられ、それに耐え切れずに、刀を抜いて切りつけるという非礼を働いてしまったのです。殿中における狼藉の罪に問われた浅野は切腹を命ぜられます。悲劇の浅野はただちにこの恐ろしい命令に従い、その領地は没収され、お家は断絶の憂き目にあいます。浅野家の四十七士は吉良を倒すことで、若き領主とその家族の名誉挽回を心に誓います。一方、吉良は武士道にかんがみて、このままでは収まらないことを察し、身辺を用心棒でかため、隅田川辺りの広大な邸宅を堅固に守る態勢を整えました。四十七士は自分の楽しみは勿論のこと、妻や家族でさえも犠牲にして一年をかけて準備をととのえます。一七〇二年十二月十四日の未明、江戸の街に雪が深々と降りしきる中、四十七士は吉良邸の壁を乗り越え、厳重な警戒を破り、吉良上野介の首を討ち取ったのでした。その後四十七士は整然と列を作り、浅野内匠頭の墓に吉良の首を供え、お上に自首しました。そして先刻覚悟していたように、四十七士全員に切腹の命が下ったのです。お上の命令に勇気をもってのぞみ、気高く心静かに従った四十七士を、あらゆる階層の人々は英雄として賛美し、それは今日まで続いています。東京の泉岳寺にある四十七士のお墓には線香に火をともしてお参りする人の姿が絶えることはありません。赤穂浪士は殉教者のように絶対的な忠誠に命をかけた人たちなのです。

ちょうどテムズ川とロンドン塔に独特の情緒があるように、隅田川にも独特の情緒が漂っています。隅田川もテムズ川も、国中を震え上がらせ、悲しみで打ちのめした数々の事件を、沈黙の中に見つめてきました。隅田川流域の数ある記念碑はその証拠ともいえます。一六五七年の大火では、隅田川両岸と、その囲りを猛火がなめつくし、十万八千人の江戸の住民が死亡しました。幕府は死者の灰を集め、川辺りのお寺に埋葬しました。悲しみに打ちひしがれた仏教徒の巡礼者が、東岸にある回向院まで死者を弔いながら川を下る姿は何年も絶え間なく続きました。

巡礼船は、回向院とは反対にある浅草行きの舟としばしば押しあっては衝突しました。浅草行きの舟には、不夜城と呼ばれていた浅草へ快楽を求めて行く人々が乗っていました。彼らは肩をいからせ、浅草の街を闊歩しては、その夜の相手を求めて、格子窓の向こうの女を物色するのでした。

一九二三年九月一日、大地震が東京を襲いました。そして同時に起った火事により、三十六万六千戸以上が壊れ、死者六万人、負傷者四万人を出しました。死者が一番多く出たのは回向院にほど近い、隅田川東岸の広大な空地においてでした。約四万人の人々が炎を逃れてその空地にひしめきました。殆どの人々がリヤカーに着物や夜具など積めるものを積み込んでいました。飛んでくる火の粉がこの荷台の荷に飛び火し、三万五千人が焼死、あるいは窒息死したのです。犠牲者の灰の上に三階建ての寺院が建てられました。そして今日に至るまで、死者の魂を慰めるための線香の煙が絶えたことはありません。いや、一度だけ、一九四五年三月の初め、ル・メイ将軍のＢ29が隅田川の桟橋と両岸を破壊した時に、その煙が絶え、そしてまたひとつ記念碑が川辺りにふえたのでした。

一九五〇年九月、北原教授とその家族は、長女和子の自宅兼卸し専門店の隣に建てられた二階建ての家に引越して来ました。新しい家は隅田川の西岸、松屋デパートの近くでした。もし怜子が、川沿いの大きな通りを横切って行ったとしたら、そこには彼女が今までに見たこともないような、うす汚い掘っ立て小屋の集落を見つけたことでしょう。引越しから数ケ月も経たないうちに、フランシスコ会の風変わりなポーランド人修道士、ゼノ・ゼブロフスキーがそこに怜子を連れて行き、過去に三度、その地をなめ尽くした大火とは全く異なる炎を点火することになるのです。ゼノ修道士は怜子の物語では、非常に重要な役を占めるので、次の章で彼の紹介をすることにしましょう。

ポーランドの托鉢修道士

一七七二年はポーランド人にとって悲しむべき年でした。ロシア、プロシア、オーストリアは、いわゆる「ポーランド問題」を解決すると称して三国間でポーランドを分割してしまったのです。ポーランドという国名が世界地図から消え、広大な東部ポーランドはロシアの一部になりました。ロシア化に頑強に反対したポーランド人は検挙され、荒れ果てた森林地帯に追いやられました。そんな荒地ではとても暮らしてゆけず、国外に逃亡するか、あるいは飢えや病のために死んで行くだろう、との見通しのもとに取られた政策でした。ゼノ・ゼブロフスキー修道士の曽々祖父母は、荒地に追いやられたこれら愛国者の仲間でした。素手の他には殆ど道具もなく、雑木を取り除き、一年の半分は凍っている土地から、どうにか作物を収穫したのでした。

愛国者たちは村を作り、教会を建てました。ロシア政府は税金を取り立て、彼らを取り締まるために地方毎に役所を開き、ロシア語しか使うことのできない学校を建てました。予告なしに検査官がやって来た時、もし教室でポーランド語が使われていようものなら重い罰金が課せられました。後にノーベル化学賞と物理学賞を受けた、マリア・スクウォドフスカ・キュリー夫人の伝記には、愛国者たちが、いかに巧みに検査官の目を逃れては、ポーランド語や、ポーランドの伝統をマリアたちに教えたかが生きいきと描かれています。

ゼノ修道士は一八九一年、十二月二十七日に生まれました。立てるようになるとすぐに、ゼノ修道士は兄たちと一緒に荒地に出て行き、さらに大きくなって力も強くなると、父親を手伝って木材の略奪に加わり、森の中で生き残る術を身につけるようになりました。彼らはロシアの領土の近くに住んでいましたので、学校で密かにポーランド語を教えることなど不可能なことでした。ゼノ修道士の両親と仲間たちは、ロシア語で授業を受けさせるぐらいならと、子供たちを学校へやろうとはしませんでした。根雪が地面を覆う退屈な季節になると、愛国者たちは家畜小屋やまぐさ小屋で子供たちにポーランド語を教えるために家から家へと巡って歩きました。けれど、発覚を恐れてなかなか効果はあがりません。子供たちが貧弱な教育しか受けられないのを見て思い余ったゼノ修道士の父親は、あるだけのお金をかき集めて、アメリカ合衆国に向けて旅立ちました。いつか充分なお金を稼いで国へ帰って来ることを夢見てのことでした。

第一次世界大戦で父親の夢は絶たれました。一九一四年に、ドイツの陸軍元帥ヒンデンブルグの率いるドイツ陸軍が、ロシア領、ポーランド国境を撃破してきた時に、父親は貧困に喘いでいた家族を守るために帰って来ました。ドイツ軍は、ロシアとポーランドの建物を区別なく攻撃し、ゼノ修道士の村は瓦礫の山と化します。侵略者たちが家畜を略奪し始めた時、ゼノ修道士は、良く知り抜いている迷路のような森に、できるだけ沢山の家畜を連れて逃げ込みました。そして約一年間、なんとかそこで生きのびました。この時の苛酷な生活で、ゼノ修道士は鍛えられ、生き抜くためのいろいろな技を身につけたのです。

戦争が終ると、ポーランド人は撤退して行くドイツ軍から武器を奪い、約一世紀半ぶりで、自前のポーランド軍を作りました。しかし、紅白のポーランド国旗を掲げることができた喜びも僅かの間でした。白ロシアを打ち破ったボルシェヴィクが、できたばかりのポーランド軍と共に、新しく起ったナショナリズムを壊滅させようと進軍してきたのです。ゼノ修道士はすぐさま砲兵隊に志願しましたが、乗馬の経験を買われて、ワルシャワの騎馬隊に送られました。そして、ロシア軍の銃声が首都のすぐそばで鳴り響くようになり、ポーランド人負傷者が流れ込んでくると、今度は病院の手伝いに回されました。傷ついた体とぼろぼろになった精神を目のあたりにして、ゼノ修道士の戦争に対するロマンチックな考え方は変りました。ロシア軍が去ったあと、軍の人は有能で強靱なゼノ修道士に、このままずっと軍隊に残るように強く勧めましたが、ゼノ修道士はもう殺し合い、傷つけ合うのは沢山でした。

戦争も終ったことだし家に帰っておくれ、という母親アンナのたっての願いにもかかわらず、ゼノ修道士には農村での生活がひどくつまらなく見えるのでした。自由気ままで天衣無縫なゼノ修道士は、ポーランドを渡り歩いて、一旗揚げようと思いました。とりあえずは資金作りにと、靴屋や仕立屋をやってみましたが、やがて、国境を越えて品物を密輸するのが一番お金になることがわかりました。そこで、アメリカで蓄えたお金をまだ少し持っていた父親に連絡をとり、いくらかのお金を都合してもらうと「確か」と思われる鉱山を買いました。が、何ということでしょう。全財産とゼノ修道士の夢は鉱山の坑道深く葬り去られてしまったのです。ゼノ修道士は今や衣食にも事欠くありさまで、故郷に帰って父親に合わせる顔がありません。しかし、クリスマスが近づくと、恥かしさを忘れさせるほど古里に対する懐かしさがつのり、はやる心だけを両親への土産として、ゼノ修道士は出発しました。

家のある町に近づくと、彼はひるむ気持ちを奮い立たせてもらおうと、仲の良かった義理の姉の所に寄りました。しかし玄関に出てきたロザリオは、ゼノ修道士の顔からおどおどした薄笑いを消し去ってしまいました。「あなたのようなろくでなしのことを、お母さんはそれはそれは心配なさって……。たった今、私たちはお母さんを埋葬して戻って来たところなのよ。今頃現れて……、あなたという人は……」

呆然としたゼノ修道士は、半分凍っている道を一目散に墓まで走り続けたのです。夕闇の迫るなかで彼は、新しい土が盛り上がっている所を見つけました。そして、その前で寄る辺のない子供のように泣きじゃくり、跪くと、長い間忘れていたお祈りを唱えるのでした。昔、母親が、赤く荒れた手を広げて皆に話しをしてくれた時のことが思い出されます。「この手で、自分の教会を築くために、レンガを焼いたんだよ。いいかい、皆、よくお聞き。たとえ何もかも忘れてしまっても、御ミサだけは忘れないでおくれ」ゼノ修道士は、母の真新しい墓の前で、キリスト者としての再出発を厳かに誓い、日曜日のミサにも出席しようと、決心をしたのでした。

ゼノ修道士は、土地のユダヤ人で鍛治屋をしている人の所で見習いとしての仕事を見つけました。ユダヤ人に反感を持っている村人の間では親方に対する嫌な評判がありましたが、ゼノ修道士は親方が気に入り、彼を弁護するのでした。親方とゼノ修道士の信頼関係は、ゼノ修道士の生涯をかけたエキュメニカル運動実践の始まりだったと言えましょう。ゼノ修道士は「前庭に特別な花壇のある家」の娘たち、つまり適齢期の娘たちに関心を持ちながらも、毎日のミサにあずかり、宗教的な生活についても、いろいろ思い巡らすようになっていました。そして、父親をがっかりさせたことに、ゼノ修道士は再び家を出たのです。彼は「神様のことを静かに瞑想できる平和の園」のような修道会に入ってみようと決心したのでした。が、訪れたフランシスコ会でマキシミリアン・コルベ神父に出会い、その根気強い説得で引き入れられてしまったのでした。ゼノ修道士は、ロマンチックな修道院の園の代りに、ポーランドのはるか北西部に位置し、半年は凍っているという苛酷な地グロドノに身を置くはめになったのです。ゼノ修道士をとどまらせたのは、実にマキシミリアン・コルベ神父の精力的な人柄と深い洞察力だけだったのでした。

若い頃、コルベ神父は、ポーランドを外国の支配から解放するために、軍隊で手柄をたてたいと夢見ていました。ところが、フランシスコ会に入り、ローマの名門大学であるグレゴリアン大学で神学の博士号を取得した後、その頃大変人気のあった「聖母の騎士」と呼ばれている小冊子を毎月発行するようになりました。貧困に喘ぎ、戦争の傷を深く負わされたポーランドには、当時、ナショナリズムという強烈な葡萄酒以外には心の支えにするものが何もありませんでした。コルベ神父は飢えに苦しみ、心が乱れ、道徳心を失いつつあったポーランド人に、グロドノの厳しい修道院から、未来に希望をもたせ、勇気づけようと、文章を書き送りました。コルベ神父のメッセージの内容は聖母マリアに尽きました。マリア様こそキリストの最良の弟子である。十字架上のキリストは、私たちがキリストの教えに従って生きるのを助けるために、マリア様をお遣わしになった。マリア様に対する真の奉献こそ、聖書の真髄に私たちを導き、深い祈りの生活に誘ってくださる。コルベ神父は、この聖母マリアの御心を、大地に足をしっかりとつけた現実的なポーランド人に示したのでした。何世代にもわたって植民地になっていたポーランドでは、国民の殆どが貧しい農民か工場労働者でした。コルベ神父はその人に向ってそれを説いたのでした。しかし、知識人たちも、博士号を二つも持っているこの非凡な神父の手による雑誌を読み始めていました。

コルベ神父やその数少ない仲間と同じように、貧しい食事をとり、質素な服を身につけたゼノ修道士は、昔ながらの手動式印刷機の係に任命されましたが、軍隊に居た時のように相変らず密かに悪態をついていました。仕事が増えれば増えるほど睡眠時間は少なくなります。あまりの忙しさに、修道院がまるで精神病院のように思えてきました。そしてついに修道院を出ようと決心しました。しかし、その決心を告げられたコルベ神父は一笑に付してしまったのです。それは一九二二年のことでした。そして、一九二六年には、二人は六十ページの月刊誌を四万五千部発行し、その支持者はポーランド中に広がっていきました。若者たちが修道会に加わりたいと集まって来るようになると、コルベ神父は、嫌がるゼノ修道士を、ちょうど草創期のフランシスコ会修道士たちがそうしたように、托鉢《たくはつ》に行かせたのです。聖母に捧げられた広い修道院と近代的な印刷所を作るために、土地と建材を買う資金を稼がなければならなかったのです。コルベ神父は托鉢を勧めるにあたって、こう言ったそうです。「人々が協力して下さるのなら、それは聖母のおかげです。もし人々が拒むとすれば、それはゼノが悪いからです。ですから何も気にすることはありません」托鉢は大成功で、ゼノ修道士は、後に広大な修道院になった一連のバラック小屋を建てる時には現場監督になりました。ワルシャワの西にあるこの地をコルベ神父は、ニエポカラヌフ「けがれなき聖母の園」と名付けました。

八年後には、この修道会は何百人ものフランシスコ会修道士をかかえ、全国版の日刊新聞と、読者の多い月刊誌を何種類も発行するダイナミックな修道会になっていました。そして、今度は日本にもフランシスコ会を創立しようと思い立ったコルベ神父は、ポーランドを後にすることになります。コルベ神父をあらゆる点で支えていたゼノ修道士は、まっ先に進んでこの小さな開拓者の一団に加わりました。一行は、一九三〇年四月二十四日、各自たった一つのスーツケースを持って、何のつてもない日本の長崎に到着しました。彼らの日本語といえば、一九〇四年から五年にかけての日露戦争の時、ロシア皇帝軍に居た一人のポーランド人が作った雑な「ポーランド＝日本語辞典」を通して学んだ代物でした。コルベ神父は全てを神の御旨に委ねていました。そして、コルベ神父の伝記を書いた人々が一様に驚くことに、なんと一ケ月も経たないうちに、最初の「聖母の騎士」誌の日本語版が街で配られたのです。この小冊子はまもなく日本における最も人気のあるカトリック雑誌となって今日に至っています。

コルベ神父は、ゼノ修道士に実務をとらせ、宿舎をはじめ中古の印刷機、ついには修道院の土地探しまで任せました。再び、街に出て托鉢を始めたゼノ修道士ですが、托鉢に対する嫌悪感はポーランドですでに克服していました。「お恵みは聖母のおかげ。失敗はゼノのせい」というコルベ神父の言葉をお経のように唱えながらの托鉢でした。ゼノ修道士がひどく喜んだことに、日本には托鉢の習慣が根強く息づいていたことです。千年もの間、建築上の傑作としても偉容を誇っている巨大な仏教寺院は、托鉢によって建てられたのです。何事にも興味津々のゼノ修道士は、大きな鉢を持って托鉢に出かけることが禅宗の修行の一部だということも発見しました。これらの禅僧は雲水と呼ばれていました。雲水とは、雲と水「真の禅僧は、雲のように自由に、山を流れる水のように自然に、空を旅する」という格言を短くしたものです。ゼノ修道士はカトリックの雲水となり、お金は着実に集まりました。修道士たちは、衣食を質素におさえては雑誌の発行部数を増し、日本人の会員の数を増やしていきました。

長崎には歴史の教師でもあった八巻《やまき》先生というプロテスタントの牧師さんがいました。先生はアシジの聖フランシスコに特別の関心を持っていました。つまり聖フランシスコによって改革された十三世紀のイタリアを、キリスト者たちが、あたかも聖霊降臨後の初代キリスト教徒のように生きた、ある意味で黄金時代と考えていたのです。好奇心から、新しく到着したフランシスコ会修道士を訪問した先生は、そこで修道士たちが福音そのものを生きている様子をみて感銘を受け、プロテスタントの仲間たちに、コルベ神父は創立初期のフランシスコ会修道士や初代キリスト教徒たちと同じ精神のもとに生活をしていると話しました。その上、いつも微笑んでいる赤いあご髭のゼノ修道士に好意をもっていたこともあって、修道院建設用地を本河内に求めているゼノ修道士を大いに助けたのでした。山を背にしたその地形が自然のままのルルドの洞窟を作るのに最適だと判断したコルベ神父は、これを買うことを許したのです。

一九三六年、管区長会議に出席するためにポーランドに戻ったコルベ神父は、一九二〇年代に自分が創立して、今や四三二名の修道士を抱えているこの修道院の院長に任命されます。「聖母の騎士」月刊誌は百万人もの読者を持ち、十三万部の日刊新聞を出し、ラジオ放送も手がけていました。コルベ神父は日本をなつかしく思いながらも、この新しい仕事に全力を注ぎました。コルベ神父の数多い伝記作家の一人であるダイアナ・デューワーが「世界を変えようとする計画でいっぱいの活火山のような男」と評した通りの神父だったのです。

一九三九年九月一日ナチスがポーランドを侵攻します。全ポーランドをドイツの穀物倉として広大な麦畑をドイツの農民に与え、ポーランドを地図の上から消し去ろうとしました。ポーランドが降伏するとすぐに、ナチスはポーランドのナショナリズムを一掃するためにポーランド人のインテリ層や指導者たちを次々に捕え始めました。宣戦布告のたった十六日後、グダンスクが陥落したその日に、コルベ神父はゲシュタポに捕えられました。一九四一年五月、神父には、アウシュヴィッツ・十七棟の一六六七〇という番号が与えられました。そして同年八月十四日、一人の妻子ある男の身代わりとなって、悪名高い飢餓室で亡くなりました。この話がいかに怜子の心をとらえたかは、後で詳しく話すことにします。

ナチスがポーランドに侵攻した日から、長崎に住むポーランド人の修道士たちは敵国外国人となりました。日本は枢軸国のひとつだったからです。この日、恐るべき憲兵隊が修道院にやってきて、修道院長のミロハナ神父を厳しく取調べたあげく、修道士たちに禁足令が出されました。憲兵隊の許可なしには誰も外出することができないのです。が、やがて長崎警察から不思議な嘆願がなされました。「ゼノ修道士は完全に信頼のおける人間です。決して日本を裏切ることはあり得ません。

必需品の買い出しをゼノ修道士に許してやって下さい」という内容のものでした。「私たちは愛の福音を告げに日本に来たのです。日本人を批判するためではありません」このコルベ神父の言葉をゼノ修道士は注意深く守ってきたのでした。何事も実行に移すゼノ修道士は、出かけると道で会う全ての人々と友達になり、何かしら良いことをしてあげていました。一九三七年以来、配給制が厳しくなると、巡回のお巡りさんが穴のあいた靴をはいているのに気がつきました。ゼノ修道士は巡査たちの靴を無償で直してあげたのでした。「アナタタチ、市民ノ安全マモルタメ歩キ続ケテイルノデスカラ」警察官たちは、このひどい日本語を話す、誰にでも親切なポーランド人を本当に大好きになりました。

ゼノ修道士は、修道院が飼っている牛からしぼった牛乳を聖フランシスコ病院へ運んだり、前線で息子を亡くした家族と共に祈るために家々を訪問したり、意気消沈している人々を勇気づけたりと、街の中を自由に動き回っていました。一九四五年八月一日、憲兵隊はゼノ修道士の仲間の修道士たちを、熊本県の阿蘇山の近くの栃ノ木まで引っぱって行きました。もしアメリカ軍が上陸した場合には、死刑に処する命令が出ていたのです。それは修道士たちが連合軍に協力することを恐れてのことでした。一人残されたゼノ修道士は、それでも何の束縛も受けずに動き回ることを許されていました。

そして八月九日の原子爆弾。修道院は被爆中心部から南東に五キロ以上も離れた所にあり、山に遮られていたのでゼノ修道士は無事でした。八月十五日に戦争は終り、皆は再び修道院に集まりました。何日か経った頃、変な格好をした男の人が現れました。山で禁欲生活を送っている苦行僧でした。彼は数人の小さな怯えた子供たちを連れていました。「この子たちの親は原子爆弾で死んだのです」と僧は修道士たちに話しました。「この子供たちのめんどうを見てはいただけないでしょうか」そういう訳で、修道院は仮設孤児院となり、ゼノ修道士は孤児たちの世話係になりました。まもなく彼は、もっと沢山の孤児が長崎駅や橋の下、防空壕に居ることを発見しました。その光景はゼノ修道士の心を酷くめました。もう冬も間近だったからです。修道院にはお金もなく、皆食べるにも事欠いていました。それでもゼノ修道士は、子供たちに一緒に来るように勧めては、来たがった子を全員連れて帰って来ました。修道士たちは無にも等しい自分の持ち物を孤児に分け与え、ゼノ修道士の古い友人たちは食べ物を持って来るようになりました。原爆で家族を失った幾人かの男の先生が、孤児の世話をするために、ボランティアとして修道院に住むことになりました。以前、永井博士が聖ヴィンセンシオ・ア・パウロの黙想会に連れて来た人たちです。新聞記者が来て、これらのことを記事にしました。ゼノ修道士はその写しをもらい、この記事の写しがゼノ修道士の汽車の切符代りになったのでした。

戦災孤児・板橋収容所で裸で食事　1946年　(毎日新聞社提供)

ゼノ修道士はよく、切符を持たずに、さも偉そうに駅まで

▲復員者の町で浮浪児を保護した
ゼノ修道士　1946年

▲蟻の街の人たちとゼノ修道士
1950年ころ

歩いて行ったものです。そしてアメリカ占領軍のＭＰが来るのをベンチで腰をかけて待っているのです。修道服を着たゼノ修道士の包み込むような微笑みに誘われて、殆どの兵隊は、目が合うと話しかけてきます。そこでゼノ修道士は例の新聞記事をとり出すのです。すると兵隊は必ず、何かお役に立てないかと申し出ます。ゼノ修道士はひどい英語ですかさず答えます。「ハイ私、切符アリマセン」この方法でゼノ修道士は、はるか遠く、焼け野原の広島、大阪、名古屋、東京までも出かけて行ったのです。そして、孤児たちを連れてきたり、大都会で家もなく、衣食に事欠く大人たちの様子を記事にして配ったりしました。政府発表の統計によると、日本本土の空襲で、少なくとも五十万九千四百六十九人もの人々が死亡したと言われています。何百万もの家々が壊され、何千人もの孤児があてもなくさまよっているのでした。

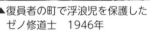

ゼノ修道士のあご髭は、戦争が始まった時は赤毛でしたが、終戦後一年で真白に変わっていました。

この、まにあわせの孤児院にいる子供たちが、毎日地域の学校へ行けるようにゼノ修道士は心を配っていました。ある日、原爆で家族全員失ったボランティアの先生が、さぼっている子供たちを見つけて厳しくしかりつけたことがありました。すると子供たちは、つぎはぎだらけの古着を着ている自分たちを皆がからかうから、学校なんか大嫌いだ、と言って泣いて訴えたのです。それを聞いた先生までが涙をこらえることができませんでした。先生はゼノ修道士に助けを求めました。今ではアメリカ軍の基地になっている旧日本軍基地の兵舎が空いたままになっているのを知っていたゼノ修道士は、それを使わせて欲しいと頼みに行く決心をしました。そして通訳として、歴史の先生をしていたカトリック信者の片岡先生に一緒に行って欲しいと頼みました。基地のゲートの外側に立っている武装した警備兵に近づいて行きながら先生は、誰に会いに行くつもりなのかとゼノ修道士に尋ねました。「マダ、ワカラナイ……」そしてロザリオを持ち上げながら「マリア様知ッテル。イイヨウニシテ下サル」にこりともしないたくましい警備兵のすぐそばまで、いとも気楽に近づいて行った時は冷汗ものでした、と先生は語っています。警備兵まであと五メートルというところで、アメリカ軍のトラックがゼノ修道士の後で、音をたてて止まりました。「お乗せしましょうか、パードレ（神父さん）」軍のアメリカ人運転手は、ゆったりとした口調で尋ね、二人を乗せてくれました。中に居た軍曹がポーランド生まれだったのです。そして、その軍曹が必要な橋渡しは全てしてくれることになりました。ゼノ修道士は、旧兵舎を教室として使わせてもらった上に、軍のパーティーで残った食べ物も、もらい受ける約束をとりつけたのでした。ゼノ修道士は、その学校を「聖母マリアの園」と呼ぶことにしました。

しかし、しばらくすると市役所からゼノ修道士に立ち退き命令が出ました。旧兵舎が建っている場所を他の用途に使うというのです。これを聞いた山持ちの篤志家が、長崎市から北東へ二時間行ったところの山林を孤児院の建設用地として提供しようと申し出てくれました。ゼノ修道士は旧兵舎の解体許可をもらうと、その古建材を孤児院と学校を建てるのに使うことにしました。

一九四九年五月、ゼノ修道士は五十人の若者を連れて、その山の土地へ行きました。一行は汽車から降りると、瓦や梁、床板などを背負い、新しい家を作ろうとはちきれんばかりの勢いで出発しました。小さな孤児たちは山道に沿って走り出し、皆を歓迎するかのように鳴くうぐいすの潤いのある声に応えて大声で叫び返すのでした。誰かが山吹きのひと枝を、一行の中の一人が背負ってきた聖母子像の前に供えました。その枝は、ヨーロッパに咲くバターカップの花のように明るい黄色の花をつけていました。

ところが、何ということでしょう。ゼノ修道士の計画にはいつもうかつなところがあるのです。西円寺に着くと、道はそこで途切れていたのです。しかもまだ先は二キロもあるのです。太陽は西の嶺々の向こうに沈もうとしていました。日頃から慌てては何事も解決しないことを悟っているゼノ修道士は、そのお寺の玄関まで歩いて行くと、自信たっぷりに叫びました。「ゴメンクダサイ」間もなく現れた浄土真宗の僧侶は、ゼノ修道士の伸び放題のあご髭と、着古した修道服の腰に縛ってある縄にぶらさがっている大きなロザリオを見てびっくりしましたが、それにも増して、寄せ集めの不恰好な服を着ている五十人もの不安気な男の子たちを見て仰天してしまいました。しかも、今までに聞いたこともないようなひどい日本語で、髭の老人がこの多人数をひと晩泊めて欲しいと頼むのです。お坊さんは呆気にとられました。初めて見るロザリオと大きな十字架も不愉快でした。僧侶は冷たく言いました。「仏教の国に侵入して来て、西洋の宗教を広めようとしている者が、寺に一夜泊めてくれと言われるとは、少し厚かまし過ぎるんじゃありませんかね」

しかし、ゼノ修道士は、とりあえずは誰でも断わるものだと思い込んでいましたので平気です。深々とお辞儀をすると、しわだらけの皮膚をした顔に大きな笑みを浮べると答えました。「私たち、トテモ変ニ見エルネ。デモ本物ノ金デス」そして腕白小僧たちに目をやってから続けました。「ヒト、見カケト違イマス。私たち、全部、同ジ創リ主、創ッタ金デス。アナタモ、本当ノ金デショウ」突然お坊さんはゼノ修道士に微笑み返して言いました。「その悟りを開いたお方なら、どなたでもここへ歓迎いたしますよ。どうぞお入り下さい」その瞬間、その場で友情が生まれたのでした。

少年たちは、寺に来る巡礼者用の畳の部屋に落ち着き、庫裏（台所）でお米を炊かせてもらうこともできました。僧侶はゼノ修道士に、一緒にお風呂に入るように勧めてくれました。これは日本では大変厚いもてなしの表れです。お坊さんと枕を並べて寝る前に、このフランシスコ会修道士は言いました。「私、ゼノ、イッパイ感謝シマス。アナタト、オ寺ノ皆サンニ、アヴェ・マリア唱エマス」僧侶は深くお辞儀をして、ゼノ修道士がひどい日本語で唱えるお祈りに聴き入りました。

「それでは今度は、私が慈悲深い阿弥陀様に、あなたとお子たちのために、念仏を唱えましょう」このお坊さんの言葉にゼノ修道士は何の違和感も覚えませんでした。ゼノ修道士は、自分が気の毒な人のために托鉢に行く先で、仏壇や神棚のある家の人々は、必ず何か施してくれることに前から気づいていたのです。イエズスがマタイの二十五章で、困っている人々を愛し助ける者は必ず天国へ行くということを説いておられるのはこのことなのだ、と思うのでした。

ゼノ修道士は、再び、何ケ月もの間托鉢に出かけました。村と孤児院とを結ぶ二キロの道と、孤児院に電気を引くための電線と電信柱の設置にかかる費用は、ゼノ修道士の托鉢の鉢から稼ぎ出されたのです。そして、その多くは、仏教や神道の信仰者たちからのお布施でした。

ロビンフッドのタック修道士のように、ゼノ修道士は貧しい人々を助けるのに法律の事など何とも思いませんでした。一九四九年十二月初めのある寒い日に、ゼノ修道士は佐世保の司祭館に田川神父を訪れました。「司祭館ニ入レテクレル、大丈夫。今度ハ、ゼノ、シラミ、ナンキン虫イナイヨ。約束スル」神父はゼノ修道士を中に入れましたが、生憎、先客がありました。するとゼノ修道士は言いました。「心配ナイ。ゼノ、御聖堂ニイマス」客が帰り、田川神父が御聖堂に行ってみると、ゼノ修道士はひざまずき台の上につっぷして眠っていました。ゼノ修道士は、沢山の佐世保の浮浪者を助けるために、このところ眠りが足りていなかったのです。しかも思うようにお金も集まっていませんでした。そばの公園に小屋を建てるので木材を買うお金を出して下さい、と頼むゼノ修道士に、田川神父は尋ねました。「しかし、公園は政府のものでしょう。許可を得ましたか」

するとゼノ修道士はこう答えるのでした。「イマ、十二月、サムイ、サムイ、相談スル間、ミナ凍エ死ヌネ。公園、日本ノ国民ノモノ。神様、ＯＫシマス」

日本赤十字の世話を受けるポーランドの戦災孤児たち　1921年

小沢会長と松居先生

日本の雲水は自由に動きます。ゼノ修道士も又自由に旅行していました。というのは、彼のしている意欲的な仕事を認めた日本政府が、北海道の札幌から九州の長崎にいたるまで、どの国鉄や国鉄バスにも乗れる無料パスを与えたからでした。第一次世界大戦と、ボルシェビキ革命という大革命の後に、千人以上のポーランドの孤児がロシアの占領区域に残されました。一人のポーランドの婦人が孤児たちが故国に帰れるように助けを求めて、多くの国々に手紙を書きました。日本はその呼びかけに応じた数少ない国の一つでした。日本赤十字は基金を嘆願するポスターを国中に一万三千枚貼りました。節子《さだこ》皇后陛下の熱心な助力によって、八百四十人のポーランドの孤児たちを、シベリアの港から日本に船で送るのに充分なお金が集まりました。一九二一年のことです。日本ではみなし子たちのために歓迎会が催され、栄養のある食物や新しい衣服が与えられ、子供たちは治療を受けたり授業も受けることができました。子供たちは、西ポーランド迄の長い道のりを連れ帰ってくれる船が見つかるまで、一年近くの間日本で保護されていたのです。ポーランドの人々は大いに感動しました。一九二三年の大震災で東京と横浜が破壊された時、最初に救援物資を送ってくれた国の中には、自身疲弊したポーランドが入っていました。約三十年後の一九四九年五月、裕仁天皇陛下が長崎を訪問された時、ゼノ修道士が日の丸の小旗を力強く振っていたのをみた人がいます。たくましいポーランド人の頬には涙が流れ落ちていました。彼は、ポーランドの孤児たちに示してくれた日本人の親切にお返しすることができて誇らしかったのでした。

一九五〇年の凍てつくような十二月に、ゼノ修道士は東京を訪れます。彼は上野駅で下車し、駅に住みついて寒さに震えている人たちに袋から出した食物や衣服を配ってから、隅田川の西岸へと数キロ東に歩いて行きました。ゼノ修道士は、東京一貧しい地域であった浅草観音寺の近くで立ち止まり、最近よく見かける光景を心配そうに目をこらしてみつめました。白い木綿の着物を着た傷痍《い》軍人のグループが街角で古い日本の歌を歌いながら立っていました。片脚を失った悲しげな顔の人が、松葉杖に寄りかかりながらアコーディオンを弾いてグループをまとめていました。彼らの足元の歩道には両脚をなくした仲間が通行人の同情をひこうと深くお辞儀をしています。彼の前に置いてある錆びたジャムの缶には殆ど硬貨が入っていません。ゼノ修道士はお金を持っていませんでしたが、深々と頭を下げてお辞儀を返すと、大きな体をかがめ、音楽にかき消されないように男の耳元でささやきました。「マリア様ニ祈リナサイネ。マリア様ハキリストト、アナタタチノオ母様デスネ。オワカリニナッテ助ケテ下サイマスネ」ゼノ修道士はコルベ神父がキリストの母の執り成しの力を心から信頼しているのを見習っていたのでした。

ゼノ修道士は道を歩きながら、壁際に集まっている数人の乞食たちのそばを通りかかりました。一人は手脚を失っていました。おそらく空爆の犠牲者でしょう。ゼノ修道士は敬意をこめてお辞儀をすると、またかがみこんで持っていた紙袋からいくつかのロールパンを取り出し、励ましの言葉をかけました。

ゼノさんといつも一緒のカバン

ゼノ修道士はいつも、重い黒いカバンに彼の働きぶりを記事にした新聞の切り抜きを入れていました。それは名刺がわりになっていたのです。聖母の騎士の月刊誌とコルベ神父のアウシュヴィッツにおける死のことを書いたパンフレットも何部か持っていました。数人の若い婦人たちが、彼の方へ向って歩いて来ました。身なりも立派でさっそうとしていて、浮浪者たちとは対照的です。ゼノ修道士は彼女たちに歩み寄って、その中の一人に言いました。「ゴ婦人方、ドウゾカワイソウナ乞食タチヲ見テ下サイ。聖母様、オオゼイノ貧シイ家族ノコト大変悲シク思ッテイラッシャイマス。アナタ方ノタメニ御絵ガアリマス。マリア様、アナタ方ガマリア様ノ子供たちヲ助ケタラオ喜ビニナリマス」ゼノ修道士は彼女に安物の聖母子の御絵をわたしました。婦人は頰を赤らめて、御絵をゼノ修道士の丈夫でしなやかな手からひったくると、友達と急いで逃げ出し、御絵をほおり上げました。取り残されたゼノ修道士の耳には舗道を行く流行の靴の音が響いていました。

しばらくして、ゼノ修道士は高木履物問屋の前を通りかかりました。入口近く立っていた店の手伝いの人が挨拶しました。「神父さん、今晩は」ゼノ修道士は笑顔に勇気づけられて中に入って来ました。店員は店の主人の妹がクリスチャンだと言って、彼に座るようにすすめました。もう一人の店員が日本中どこへ行っても出されるお茶の用意をしている間に、さっきの店員は二階でピアノを弾いていた怜子に「サンタクロースのような」お客様が見えたことを知らせました。六週間後怜子はその話を最近洗礼を受けた大学時代のクラスメート宛の手紙にこう書いています。

「私は何の気なしに店に出て行きますと、黒い修道服を身にまとい、ふさふさとした白い髭をはやした大柄の外国人がおられました。彼は私の帯にはさんだロザリオをご覧になると、話に夢中になっていたのを中断なさいました。『アナタハ洗礼ヲウケマシタカ?』私は、最近メルセス修道院で洗礼を受けました、と答えますと、『ヨロシイデス、ヨロシイデス。アナタ、童貞様ニナリマスカ?』まるで人の心の底まで、すっかり見抜いているような、するどい、しかも、人なつこい目つきで私の顔を見つめながらおっしゃいます。心の奥底まで見える方だとびっくりいたしました。私は返事に口ごもりました。『ええ、多分……』そうするとにっこり、暖かくほほえんで、『ソウデスカ、ソレ、イイコトデス。聖母マリア様オメグミキットアリマス……モシネ、アナタ冷タイ道ニ寝テイルカワイソウ人間ノタメ、オ祈リドッサリタノミマス』彼は重い書類カバンを開けて、私にパンフレットを下さいました。『デワ、サヨナラ。オジイサン、イソガシイ、マタ、キマス』と言い捨てて、すっかりどぎまぎしている私を残して風のように出て行かれました。私は店の人に今の方はどこからいらしたのか尋ねましたが、誰も知りませんでした」自分の部屋に戻ると、コルベ神父がどのようにして昔長崎で働いていたか、又後に、アウシュヴィッツで仲間を救うために彼の生命を捧げたかという話が載っている簡素な小冊子を読みました。それは怜子にとって初めて知ることばかりでした。

戦災孤児達の父・ゼノさん

十分ばかりたって、ゼノ修道士はごみ収集者の集落へとやってきました。日本の新聞がバタヤ、屑拾いと呼んでいたこのグループの人々は、隅田川の土手に住んでいました。ゼノ修道士は、やがて彼のまわりに集まって彼の髭や「丸い目」や修道士の服装をためつすがめつしていたボロを着た浮浪児たちの注意をひきました。「アナタタチ、ミナ、ヨイ子。イラッシャイ」彼はたくさんある大きなポケットをさぐってキャンデーを与えながらくり返します。「アナタタチ、ミナ、ヨイ子バカリデス。マリア様、祈ッテクダサイ。タクサン助ケテクダサイマス」

小柄だがふとった丸顔の男の人がゼノ修道士の肩をたたくと、子供たちの笑顔が消えました。「おい、あんた。日本人じゃなさそうだね。でもひとの家に飛び込んでくるのは礼儀正しくないね」彼は皮肉を込めて冷たく言いました。「アナタ、ココノ会長デスカ？」ゼノ修道士は、日本人が最高の地位の人をさすように親指を立てながらたずねました。ゼノ修道士が笑ったので、相手もつられて笑ってしまいました。このあたりでは誰もがこの会長のことをオヤジと呼んでいました。

「あんたの服から判断するとアーメン宗教の方ですね。あんたは立派な方のようだが、私たちはこのあたりで物乞いすることはすすめてないね」彼は不機嫌な面持ちで不満そうに、ゼノ修道士のあめの袋を見やりました。

ゼノ修道士がかしこまってお辞儀しました。「スミマセ

ごみの分類

ン、スミマセン、デモ、子ドモタチ、オイシイ物イリマセンカ?」「いいえ、きっぱり、お断りしますよ」会長は声を荒らげて反対しました。「とにかく、ものはいりませんよ」「ソレデハ、ナニ、欲シイデスカ?」「私たちは公平にチャンスを与えてくれる良心を持った人が欲しいのです」会長はゼノ修道士の胸をたたいてつけ加えました。「心のある人ですよ」「ハイ」ゼノ修道士は答えました。「アナタ、スバラシイデス。コウイウ人好キデス」ロザリオの十字架を高くかかげて又言いました。「神様、アナタガタノ味方デス。正シイ道シメシマス」

会長の小沢さんは敗戦の前は満州の建設会社で働いていました。降伏の後、東京に戻ってくると、B29のナパーム襲撃によって街は殆ど全壊し、家もなく仕事につける望みもない人々が大勢いるのに呆然としていました。彼は隅田川の土手から売れそうなビンや新聞や缶などのスクラップを集めはじめました。やり手のビジネスマンだった彼は、日雇いとして浮浪者を使いはじめ、隅田川のそばの公園にあるほぼ崩壊状態の建物に目をつけました。それは以前は小さな製材工場で、戦争中、軍人の未亡人や遺族を助けていたボランティアグループが事業の一環として始めたものでした。地方自治体の当局は、彼らに隅田公園の一部分を使うことを許可したのです。しかし、台風で建物が壊れたので、その事業は中断していました。小沢会長は製材工場を経営していたボランティアグループを探し出すと、母屋を修理して事務所とし、ここで廃品回収の仕事を始めるという計画のあらましを話しました。浮浪者をここで働かせて利益を分け合い、彼らが少なくとも雨露をしのげる差し掛け小屋を建てるのに手を貸そうというものでした。その協会は、この先この壊れた製材工場を使うつもりがなかったので、「しかし、本当はあれは地方自治体の財産ですが」と言いながらも小沢さんがその場所にくることに賛成しました。

小沢さんとその若い妻のかつみさんは、そこでバタヤたちが持ち込んでくる物を量る秤をそろえて、事務所を開きました。どのバタヤさんも廃品の重さと質に応じた支払を受けました。女の人たちは廃品の分類と収納することで賃金をもらいました。しかし、たくさんの問題がおこり、小沢さんは法律上のアドバイスが必要だと思うようになりました。これが謎の人物松居桃樓《とおる》が登場してくるきっかけとなったのです。彼はやがて怜子の物語の中心人物となっていきます。

太平洋戦争の最後の年、松居桃樓は桔梗《ききょう》（昔の中国の漢詩で賞でられた花の名前）と呼ばれたプロの歌劇団のためにシナリオを書いていました。台湾には日本人の大きな慰問団があって、彼らの多くは軍関係の職員でした。東京では「桔梗」を士気を鼓舞する存在とみなしていました。

一九四五年の降伏の後、三十五歳の松居さんは東京に帰ってきました。B29の爆撃によって全くの廃虚となっているのを見てショックを受け、日本の将来も彼自身の将来も考えも及ばぬほど暗く思えました。そのすべての意味を理解しようと、京都の東北にそびえる比叡山の山中にある仏教の僧院に隠遁しました。比叡山は西暦七八八年、最澄という偉大な宗教改革者が最初の僧院を建てて以来聖山となっています。若い熱心な僧だった最澄は、奈良の僧院の過度な形式主義に幻滅していました。彼は仏教の純粋な源泉を求めて中国に危険を冒して渡航しました。探求の結果、中国仏教の非常に形而上学的な天台宗に初めて接しました。主な教義と霊性を習得した最澄は、京都の上にそびえる山塞で、それを教えるために日本に帰ってきたのです。弟子たちが彼のまわりに集まり、二、三世代後には盛んになった天台宗の僧院が山一杯になるほどでした。フランシスコ・ザビエルは一五四九年に京都から出した手紙に、これを「比叡山の上にある偉大な仏教大学」と述べています。

松居さんも若い頃の最澄のように何かを求めていました。祈ったり教典を読むために夜明けに起きて、天台宗の勉強に没頭しました。昼間は何百年も経った檜に陽をさえぎられた山の小道を歩きながら独りで考える時間がもてました。束の間でしたが、彼が切望していた平安をみつけ得たのだと信じていました。しかし、持ち前のじっとしていられない性分と、新しい皮肉な考え方が頭をもたげたのです。一九三〇年代から四〇年代にかけて彼は国粋主義と軍国主義というジェットコースターの乗客の一人となって、気がついた時には完敗という底なしの絶望的な深みにはまりこんでいたのでした。敗北した軍司令官たちへの松居さんの怒りは、ガムをかみながらジープに乗って街をパトロールしている超生意気な連合軍兵士を統括するマッカーサー元帥や、すべての権威者に対する冷笑へと変わっていきました。彼の皮肉な目は、日本の精神的な指導者にも向けられました。最澄や初期の僧たちは、自らの心の平安を得た後、自国の貧しい人々や苦しんでいる人々に目を向ける純粋さと精神性を持っていました。しかし現在の僧の集団は見せかけだけなのです！　彼らは根底から破壊された日本の街に住む窮乏した大衆を助けるために何もしていませんでした。最澄が、僧侶の精神生活の中心に据えた独身を守り、禁欲的な生活をすることを彼らがやめてから久しかったのです。

松居さんは幻滅し、苦々しい心で比叡山を出ました。どこかで彼はキリスト教も試してみました。しかし、それも失格でした。彼は最澄や初期の仏教の僧侶たちを称賛したように、キリストと聖ペトロは称賛しました。しかし大阪や東京で彼が見た教会は「白く塗られた要塞」（キリストが偽善者的ファリサイ人をたとえてこう叫んだことによる）だったのです。（聖書マタイ二三章二七節参照）貧しい人の中に入っていった貧しいキリストとは違って、司祭や聖職者たちは快適な暮らしをしながら、ブルジョアの教会員に安物の恵みを惜しみ惜しみ与えているのでした。――そんな所では福音の主キリストはさぞ居心地が悪かったことでしょう。

松居さんは、早稲田大学在学中に抱いていた、自分の父のような偉大な劇作家になる、という夢は諦めました。あまりにも反社会的な思いにかられていた松居さんは、世論に訴えるようなものは書けませんでした。妻をも含む誰のことも信頼しようとしない松居さんでした。彼は自分の結婚について語ろうとしなかったので、彼の妻についての詳しい事情を知ることは困難です。しかし彼女について二、三の事実はわかっています。東京の音楽大学を卒業したこと、松居さんより年上で台湾の「桔梗楽団」の一員だったことです。松居さんによると、結婚前に彼女はある条件に同意したということです…結婚は全うされないかもしれない、彼は自由に別れることができ、貧しい独身生活を送るかもしれないこと。このようないきさつで彼は戦後の日本で貧困に苦しむ大衆に献身することができたのでした。ある者は彼が未亡人となった母親の面倒を見てもらうために結婚したのだと疑っています。これは彼の妻が少くとも良い家庭を持ったということだと思います。松居さんは富士山の真東にある箱根の有名な仙石原に立派な家を持っていました。

しかし、松居さんは生計を立てねばならず、一九五〇年には東京の藤田法律事務所で働いていました。法律こそが、しいたげられた人々を助ける鋭い武器となると考えていたのです。隅田公園のバタヤ集落の会長である小沢さんは、ヤクザが保護金を要求して問題が起き始めた時、藤田法律事務所に相談しようと決心しました。彼はバタヤのグループを合法的団体として確立すれば、地方自治体の役人たちに対しても立場が良くなるとわかっていました。市当局は隅田川にあるようなスラム街をすでにたくさん焼き払っていました。戦死した兵隊の遺族を助けるために、ボランティアグループが建てた製材所の使用許可にも問題がありました。市の公園を家のない人々が占拠している現実の前には法律など何の役にもたたなかったことでしょう。そのことで会長が法律事務所を訪れ、松居さんがその件の責任者となりました。多分藤田氏は、松居さんがやっかいな人物だということをすでに見抜いていたので、難しそうな客にみえた小沢会長の件に当たらせたのかもしれません。

最初松居さんは、小沢会長が無防備な日雇い労働者から搾取しようとたくらんでいると疑っていました。しかし驚いたことに、バタヤの共同体は、子供たちや老人を含むかなり多数の家の無い人々の支えになっていたのです。松居さんは新しい合法的な共同体の名前として「蟻の街」を提案しました。なぜなら、「蟻はどこでも一生懸命はたらき共同体から力を得るからです」蟻の街共同体の将来に期待した松居さんは、その街に移り住み、会長に、地方自治体の追い立てから守る手助けを喜んでしましょうと申し出たのです。会長は喜びました。松居さんも喜びました。なぜなら彼は気が狂いそうになるのをとめることができる——あるいは自分自身生きて闘うことのできる目標を見い出したからです。不正な社会で生き抜くために自分の主義を妥協させるくらいなら自殺した方が勇気ある行為だと思えた時もあったのです。すぐに法律事務所を出た松居さんのために、会長は住む場所を見つけました。

蟻の街に関する効果的な新聞記事を出せば、世論は彼らを支持するようになり、当局もバタヤたちを隅田公園から追い出すのを止めるかもしれないと考えた松居さんは、それを実行する決心をしました。彼は以前、松竹という大きな映画会社で脚本家として働いていましたので、そこの旧友に記事を新聞に載せるよう頼みました。しかし、松居さんの神経にさわる言い方のせいか、日本のどの街にも何千人もの浮浪者がいたせいか、どの新聞も蟻の街に興味を示しませんでした。松居さんは怒って不機嫌になりました。ちょうどその真っ最中に誰かが「会長がヒゲのあるアーメンの修道服を着た外国人と議論している」と言ったのでした。

ゼノ修道士と、ベルトから下がっている大きなロザリオを一目みただけで松居さんは彼を嫌いになりました。彼は宗教家たちはすべて、仏教徒であろうとクリスチャンであろうと何でも嫌悪しました。特に敗戦後、日本になだれ込んできた西洋の宣教師たちに対して嫌悪感を持っていました。松居さんは怒り声で会長の言ったことを繰り返しました。「いいえ、私たちはあなた方の助けは必要としません」「助ケ、イリマセンカ?」ゼノ修道士はうす汚れた子供たちと泥んこの広場に建てられた汚い小屋を見ながらたずねました。

「とにかく物は結構です」と松居さんは冷やかに言いました。「私たちは地方自治体の当局がこのような場所を焼き払うとはどういう事かを世間が知ってくれれば有り難いのです。もし何かしたいのなら私たちの話を新聞にのせて下さい！」

ゼノ修道士の目が輝きました。そして悪びれもせずに、自分が浮浪者の間で働いている写真がのっている新聞記事の束を重い書類カバンから取り出しました。

松居さんは電話にとびついて、色々な新聞社に、「有名なゼノ神父がここにいます」と伝えました。松居さんは修道士というより神父と言った方が説得力があると思ったのですが、誰も興味を示しませんでした。

彼らは夕刊の締め切りで忙しいうえ、すでにゼノ修道士の記事は載せていました。載せていない新聞社が一社だけ残っていました。松居さんはゼノ修道士に相談もしないで、「朝日新聞社」のダイヤルを回してぶっきらぼうに言いました。「もしもし、こちらは蟻の街です。私たちはゼノ修道士のおかげでここに教会を建てることになりました。彼は今ここにいますが、もし興味がおありでしたらもう二十分引き止めておきますが……はい、いま言った通りです。バタヤの小屋のまん中にキリスト教の教会を建てるのです」記者が間もなくやって来て、夕刊に教会の建設のことや、行き場所がなく、やむなくここの小屋に住んでいる家のないバタヤたちの窮状について話し合っているゼノ修道士と松居さん、そして小沢さんの大きな写真が載りました。松居さんの強気の嘘が効を奏したのでした。

完全主義者

新聞を振りかざしながら店の小僧さんが怜子の部屋に駆け上がってきました。「ご覧なさい。この間のサンタクロースさんが新聞に載っていますよ」怜子は興奮して飛び上がりました。やって来て風のように去って行った、あの特徴のある目をした髭のフランシスコ会修道士を忘れていませんでした。蟻の街と呼ばれるスラムに教会ですって？　彼女のこれまで見た教会は、広々としたきれいな環境にありました。スラムの教会と蟻の街という名前に怜子は興味をそそられました。好奇心一杯で彼女は「ゼノ神父」とバタヤの集落の「蟻」のことを読みました。

数日後、怜子は姉の嫁ぎ先の家の二階にいました。冬のたそがれどき、雨戸を閉めようとしていた時でした。雨に濡れた下の通りを何気なく見やると驚きのあまり飛び上がってしまいました。ゼノ修道士が真下にいるではありませんか。小雨の中を傘もささずに急いでいました。あの黒い書類カバンを小わきにかかえているゼノ修道士の修道服や髭を、冷たい北風が吹きつけています。怜子は階段をかけおり、姉の店を通り抜け、下駄をつっかけると、傘を探す暇もなく彼を追いかけて走りました。彼の姿はどこにも見当たりません。怜子は東武鉄道のガードを急いでくぐりぬけて、素早く左右に目を走らせながら数ブロック先まで走りました。小さな駅前の売店で「蟻の街はどこにありますか」とたずねました。「この近くのどこか」ということだけしかわかりません。あっ、そうだわ。捨ててしまった新聞記事に住所が載っていたわ。怜子は息を切らせながらずぶ濡れになって家にかけ戻りました。住所を手早くメモすると傘をとって、言問橋の近くの隅田公園めざして急ぎます。今まで川の方まで広がっているなんとなく物騒な公園に危険を冒して入ったことはありませんでした。壊れかかった塀のところまでやってくると、「蟻の会仕切り場」と書いた大きな看板がかかっていました。中に入って、外国人が今しがた来なかったかと垢じみた顔の男にたずねました。「あちらにおやじさんがいるよ」示された方向に行く途中、怜子は何回かつまずきました。木の下駄がでこぼこ道にひっかかるのです。もうかなり暗くなっていて、土砂降りの雨が傘に音をたてて打ちつけていました。

「会長の家」にはドアがありませんでした。怜子は言っています。「私はこういう処へ、誰の紹介もなしにいきなり飛び込んだのは、生まれてはじめてでした」がらんとした土間に流行遅れの家具がおいてあります。うす暗い明かりがついた左の畳の部屋に三人の人が座り込んでいました。彼らに近寄った時、怜子は急に恥ずかしくなり口ごもりました。高価な着物を着た若い娘に二人が鋭いまなざしを向けたのです。ゼノ修道士がそこで助け舟を出しました。「アア、アア、ゲタヤサンノオ嬢サンデスネ。イラッシャイ、コチラニイラッシャイ」日本語のアクセントはおかしいのですが、喜んで迎え入れてくれる声でした。下駄をぬいで怜子は汚い畳の上に正座しました。ゼノ修道士はすぐに又、寒い地下鉄の駅に住んでいる人たちの話のつづきに戻りました。あの様にひどい日本語で、よくもこのように言いたいことがうまく伝わるものだと怜子は感心しました。会長もその奇妙な日本語に惹きつけられているようです。ひだのたくさんある修道服に手をつっこんだゼノ修道士は大きな古びた時計をとり出しました。「タイヘン、モウ時間デス。オ嬢サン、イッショニ帰リマショウ」と言って立ち上がりました。

土砂降りの冷たい雨のなかへ二人は出て行きました。ゼノ修道士は、ほころびたフェルト帽子と短いフランシスコ会のマントで充分だとがんばりましたが、怜子は耳をかさずそばに寄り添って傘をさしかけました。すると急にいやな臭い、――会長の家でしていたような臭い――に気付き、思わずゼノ修道士から離れようか息を止めようか苦心する怜子でした。ゼノ修道士は怜子を川に沿って五百メートル南に下がって東武鉄道が隅田川を横切っているところへ連れて行きました。そこで人々が川の土手に穴を掘り、湿った地面に厚紙と新聞紙を敷いて暮らしているのを見せるためでした。隅田川に反射する街の灯りが、うずくまっている人間の姿を浮かび上がらせます。なおも進んで行くと、怜子の家で飼っている犬のバンクの小屋ほどの小さな小屋にも人が住んでいました。怜子は以前、炭鉱街のひどい状況についてどこかで読んだことがありました。このみじめな場所はその炭鉱街のようでした。雨の音はますます激しくなり、川の土手をつたって雨水は掘っ立て小屋や穴へも流れてきます。これが日本の首府である東京なのだろうか。この悲惨な哀れな場所が、新しい畳の香りのする、ふかふかの絨毯が敷かれ、どの部屋にもあかあかと燃えるストーブがある二階建ての怜子の家から一キロも離れていないところにあるなんて……。

怜子は時間が経つのも忘れていました。やっと家にたどり着いた時には二人ともずぶ濡れでした。

ゼノ修道士に燃えさかるガスストーブの前で洋服を乾かしてもらうことにして、怜子は二階の自分の部屋に上がって、びしょ濡れの着物を着がえました。下へ戻ると、ゼノ修道士は黒い皮カバンを開けて新聞の切り抜きと写真を選びだしてテーブルの上に広げていました。ゼノ修道士は、時々意味をつかむのに苦労するような独学のたどたどしい日本語で、東京で最も貧しい地域を示してくれました。たとえば、今戸や浅草本願寺のまわりでは人々は地下道に住みついていました。公衆便所の中に住んでいる人さえいました。上野では空襲で亡くなった名もわからぬ人たちの墓地の上にまで小屋を建てて浮浪者が住んでいました。東京の浮浪者は何千人にも及び、満足な食事を三日も四日もとれない人もいました。しかし、ゼノ修道士は長崎や広島、特に西宮はもっとひどいのだと怜子に言うのでした。当局はたびたび地下道で浮浪者狩りをし、小屋を燃やしました。その結果、さっき見たように川の土手に穴を掘って段ボールや新聞紙にくるまっているのです。大阪、名古屋、横浜でもみな同じでした。

ゼノ修道士は横浜にいる人から来た手紙を怜子に手渡しました。「オ嬢サン、ドウゾ読ンデクダサイ」そして、二十年以上日本に住んでいても日本語を上手に話すことも読むこともできないのだと言ってゼノ修道士はあやまるのでした。事実、彼の語るところによれば、どこでも学校にいったことがなかったのです。怜子は手紙を手にとりました。差出人は丁寧な日本語で、自分はゼノ修道士に横浜の桜木町で寒さにふるえているのを見つけていただいた男だと書いてありました。ゼノ修道士が、暖かいシャツとズボン下とおまんじゅうを買いに連れていってくれた時は、夢を見ているのかと思ったというのです。その時彼は無一文の人間をかまってくれる人など、もうこの世にはいないのだと思っていました。「あなたは私の体を暖かくして下さいましたが、何よりもまして私の心を暖めて下さったのです。神様に救われたような気がして、生甲斐を感じるようになりました」

ゼノ修道士が「私の友達」と呼んでくれたとも手紙には書かれてあり、又頼み事をしていました。手紙の送り主によると、とても体の具合が悪く、容態が悪化している様子で、病院で手当を受けないと死んでしまうのはわかっているがお金がなくて払えないらしいのです。自分が友達だと思っているゼノ修道士に助けて欲しいと訴えていました。怜子は手紙の丁重な結びの文を読む前に、横浜へ行ってこの人の医療費を払おうと決心していました。ゼノ修道士は時代物の時計を取り出して時間を見ると驚いて、また来ますと約束すると、大きな体に似合わず風のように帰って行きました。

怜子はこう続けています。「私は床についてもどうしても眠ることができませんでした。正式の教育を受けていない、日本語も読むこともできないゼノ修道士は、二つの国、二つの文化を隔てている谷間に橋をかけたのです。彼は、私が存在することすら知らなかった日本の一つの地域を発見しました。そこでは何千人もの人々が信じ難いほどのみじめな暮らしをしていました。それも私の家から一キロと離れていないところで！　学問もないこの外国人が厳しい現実の世界で身を粉にして働いて下さっているのに、私はその間甘やかされ、世間知らずのお嬢さんの生活を送っていたのです。

彼が傘も持たずに、たそがれ時にひどく貧乏な人々のところに行っていたというのに、私は絨毯とガスストーブでぬくぬくとしていました」

眠られぬままに怜子は子供時代に神社で巫女を見た時から、自分が非常に浄らかなものに憧憬を持ちつづけてきたことを思いめぐらしていました。戦争中、中島飛行機の工場で見聞きした淫らな言葉やふるまいのことも思い出しました。大学に通っていた時分は、友達の女子大生が東京大学や慶應義塾などの名門大学の男子学生との間で純潔をそこなっていくのをみて、ますます失望していました。太宰治の小説の意味、アメリカ兵相手にPXの品物と交換に娼婦になった「パンパン」に対する絶望感が、いっそう怜子の中で誠実で絶対的なものへの憧れを強くしていきました。横浜の教会で見たマリア像や、妹の学校で教えている修道女たちが、怜子を今までとはまったく違った福音書の世界へ導いて行きました。マタイの二十五章でキリストが語っている、罪人を牢獄に訪れ、浮浪の旅人を家に泊め、行き倒れの病人を看病するのは、即ち「私にすることとなのだ」という意味がよくわかりませんでした。怜子は孤児院を訪問するグループに入りましたが、これは単なる痛みの伴わない趣味に過ぎないのです！　何ケ月も漠然と落ち着かない気持で過しながら、この意味を悟らせて下さい、と祈る怜子でした。雨の中でゼノ修道士と過ごした今夜のひとときが神の答えだったのでしょうか。

もしあなたが気質学に通じていて、人を九つの基本的気質に分けるとしたら、怜子を第四グループに入れるでしょう。彼女の大学でのニックネームは「王女様」でした。何をするのでも完璧にしようとしました。いつも趣味のいい着物を着て、象徴的なものが好きで、劇場に通いつめていました。「単に普通であること」に興味が持てなかったので、ある人は彼女はお高くとまっていると思いました。感情の面からいうと直感的でした。人の気持を素早く感じとって同情するが、時々行き過ぎて大げさに騒ぎすぎると思う人もいました。というのは、人が彼女に応えてくれなかったり、拒絶したりすれば傷つきやすく、他人に要求し過ぎたりするのです。人生はいつも「美しく」あるべきだという理想的な見解を他人にも期待してしまうのです。すべてのことに成功するよう一生懸命努力しない人には我慢ができませんでした。この気質のために怜子はある者を怒らせ、他の人にとっては大きな魅力となっていました。王女というニックネームは的を得ていたのです。

洗礼を受けたその時から「何か世の中と神に貢献することをしたいと心から祈って来ました」と述べています。第四グループの典型で怜子は、ゼノ修道士こそ彼女に特別につかわされた「神の御使」だと確信して有頂天になりました。――彼の仲間の修道士たちは、大きくて頑丈なゼノ修道士を天使だなどと思う人がいたら吹き出してしまったでしょう。

ゼノ天使が不意に訪ねてきた夜から数日後、店の小僧さんが二階にいる怜子に「あなたのサンタクロースがまた来ましたよ」と知らせてくれました。怜子は目を輝かせて階段をかけ降りていくと、そこにはゼノ修道士が、インテリのようだが近寄り難い鋭い顔をした中年の人と一緒に待っていました。愛想のいいゼノ修道士は言います。「北原サン、コノ人ハ蟻ノ街ノセンセイ、松居先生デス」先生という言葉は医者や教師をいうのに使います。松居先生は怜子の深い丁寧なお辞儀にちょっとぎこちなく会釈を返しました。「蟻の街の子供たちのためにクリスマスをしたいのです。手伝ってくれますね」クリスマスは間近でした。怜子は何事も準備せずにするのは好きではありませんでしたので躊躇しています。元劇作家の松居先生は、そのためらいの理由をとり違えたのかもしれません。急いで付け加えました。「時間がほとんど無いことも、私たちのお願いが身勝手なこともわかっています。でも、蟻の街にはとても大事なことなのです。やってみて下さいませんか」松居先生はクリスチャンのお祝いはどうでもよかったのです。より多く新聞記事になれば、一般の同情を得られるというものです。怜子はやってみることにしました。もう今日にも行って練習を始めたい気持です。祖母が部屋に来て松居先生をしげしげと見つめました。祖母は歌舞伎のファンだったので、彼と有名なお父さんが戦前、劇場に出ていたことを思い出したのです。ゼノ修道士と松居先生はとても急いでいるようであたふたと出て行きました。怜子の母は歌舞伎好きの祖母のすすめもあって、この依頼は受けてみる価値のあるものだと思いました。

「午後一時頃私は家を出ました」と怜子は書いています。「言問橋のたもとまでいくと、冷たい川風がほおをさしました。喜びとも恐れともつかぬ感情にゆれるうちに全く未知の世界への入口となるがたがたの木の門に近づきました」

「公園の広場から見ると、午後の陽光の中で蟻の街が、そこだけが何か別の世界のように見捨てられた一区間をなしていました。私が夜来た時は嵐のために黒々と一色にぬりつぶされていましたが、今見るとごちゃごちゃと建物があります。「事務所」は棟と屋根だけが三角形に残されていました。後で聞いたのですが、キティ台風が元の製材工場を壊してしまったのでした。

怜子は、百人位の人々のすみかであるこの汚い場所を嫌悪しつつも心惹かれて、しばらく立っていました。うす汚い小屋はがらくたでできていて、剥き出しの地面は泥と水溜まりと屑でめちゃめちゃです。怜子が来たのにとんちゃくなく、何人かの粗末な服の男女が、街のごみ箱から集めた大きなリヤカーいっぱいの屑をあけて選りわけています。とっさに怜子は典型的な日本人らしく、汚いものから目をあげ、静かに流れている隅田川、そして川を越えて向島に焦点を合わせていました。そこでは桜の木が、早く春が来るようにと裸の枝をさしのべて沈黙のうちに祈っているかのようです。

ゼノ修道士と蟻の街の子供たち

バラックで寝起きする、上野で靴みがきをする少年
（毎日新聞社提供）

屋根や煙突のシルエットが澄み切った冬空に鋭く立っています。「雪舟の墨絵のようで、その背景の美しさに感動しました」と怜子は書いています。芭蕉のような詩人たちは、どんなに景色がわびしくても、そこに美を見い出し得る心を褒めます。この「わび」の世界については、この物語りの終りに詳しく取り上げるつもりですが、日本の美学を述べる上でとても重要なものなのです。

北東の風をよけて、会長の家のうしろには子供たちがいくつかのかたまりになって立っていました。冬の弱い日差しの中で少しでも暖まろうとしているのです。会長の部下の一人が子供たちに待っているようにと言いきかせていましたが、怜子が姿をあらわすと子供たちは走って逃げかくれてしまいました。怜子は、子供たちのお父さんが空きびん回収で稼ぐ一年分のお金よりも、高価で暖かな赤い着物を着て来たことを今になって浅はかだったと後悔しました。子供たちが本能的に恐れた、よそ者「知らない人」のレッテルを貼って出かけて行ったようなものでした。

一人の男の人が彼女に気付いて大声で呼んでくれました。「おーい、みんな、先生だよ。歌を教えて下さるからよく覚えるんだよ。こっちへ来いよ」こんなことがあろうかと心配していたこの人は、飴の袋を高く上げて、かくれ場所から皆を誘い出してくれました。老婆も飴を見ると出てきました。彼は笑っておばあさんにも飴をあげました。「でも、あんたも歌をちゃんと練習するんだよ」歌の練習場所といってもほかにないのでその裏庭で始まりました。怜子は自分の好きなクリスマスの歌「グロリア」から始めることにしました。一節ずつ後について歌わせようとしましたが、最初は壊れたレコードのようです。音楽好きの怜子には、わざと変に歌っているのではないかと思えたほどでした。いいえ、子供たちは音楽なんて知らなかったのです。おばあさんも勿論です。おばあさんは、しらみ退治のために髪を剃っていたので「お坊さん」というあだ名でした。

怜子があきらめないで頑張っていると大きい子供たちが来て加わりました。その子たちは彼女の声に惹かれて一生懸命まねようとしました。「ねえ、みんな、私のところに来ない。ピアノといっしょに歌いましょうよ」「えっ、ピアノもってるの。すごいなあ」

怜子は彼女の広い家に入った子供たちの態度の変化には驚きました。一時間前には「ヤーイ」とも言わず下を向いて、赤い着物の見知らぬ恐い人の視線を避けていました。それが絨毯を敷いた応接間に入った途端、かごから出した小鳥のようになったのです。「こんなすばらしい家に入るのを許された幸運が信じられないのでした。とびまわったり興奮して大声をあげたり、まるで迷子の犬に声をかけてなでてあげた時みたいでした」怜子はみんなに学校に行っているのかとたずねました。すると声をそろえて答えました。──学校は楽しくない。みな子供たちを憎んでいて、洋服が汚いからといっていじめます。もし両親に新しい筆箱かなにかを買ってもらうと盗んだといって責めます。学校で何か盗まれると決まって言うのです。「バタヤたちを調べなさい」先生方さえそう言うのです。いやだ、もう学校なんか行かない。

「思わず、このかわいそうな小さな子供たちを抱きしめたくなりました」怜子は書いています。「子供たちはすばらしい、すばらしいのだ！　不正と差別待遇のありのままの話を聞いているうちに熱い怒りが体中に燃え上がりました。どうにかして誰かが子供たちに将来の希望をもたせ、この状態から助けてあげなければ。少なくとも、このクリスマスイヴをほんとうに良いものにしてあげようと私は強く決心しました」

一九五〇年十二月二十四日の午後おそく、妹の肇子と一緒に怜子が蟻の街に着くと、ゼノ修道士と男の人たちが厚紙でサンタクロースを作っていて、馬小屋も建っていました。この素朴な馬小屋はバタヤの小屋同様、本当にみすぼらしいものだったので、怜子は余計に心を動かされました。ゼノ修道士が馬小屋に麦藁屋根をのせて、頂上に星をつけようとしている時、彼のささえが倒れて、大きなポーランド人はサンタさんのように落ちてきて修道服や藁が飛び散りました。ゼノ修道士はすばらしい冗談になったと思い、人々もみなそう思いました。ゼノ修道士は鼻たらしの汚い腕白坊主に天使の服を着せ、ガラス玉をちりばめた冠もかぶせました。青い布をまとってマリア様になった会長夫人のかつみさんは、ゼノ修道士に馬小屋の中でひざまづくように言われました。蟻の街で数週間前に生まれた赤ちゃんも動員されました。ゼノ修道士は、大人たちにバタヤのかごを担いでマリア様と御子のまわりに集まるよう合図します。蟻の街で飼っている本物の山羊も一緒にきました。その場面は、彼の愛するアシジのフランシスコがグレッチオに建てた最初のクリスマスの馬小屋にあまりにもよく似ていたので、ゼノ修道士は喜びのあまり泣き出しそうでした。

松居先生はこういうことが何もかもいやでたまりませんでした。

しかし、新聞で報道されることを望んでいた松居先生は夢中になっている振りをしていました。東京の人たちに浮浪者の集団のことや、このようにうまくいっている共同体を当局が焼き払おうとしている現実を知って欲しかったのです。グロリアの最初の一節を歌う怜子の澄んだ声が、暗闇の静けさをつきぬけていきます。突然ニュース映画のライトが照らされ、カメラマンのフラッシュがたかれました。それを恐がって立ち上がった山羊を、「岩さん」というニックネームのバタヤがなだめました。

歌が終わると、ゼノ修道士が興奮して話し出しました。「スバラシイデス！　スバラシイデス！　二千年マエ、イエス様イラシタ場所ト、ココソックリデス。ホント、ソックリデス。コノホントノクリスマス、日本デ一番、イエ、世界デ一番、ホントノクリスマスデス！」ゼノ修道士は臆することなくほめたたえたので記者はそれをみな書きとめました。しかし突然、その大きなポーランド人は湿った地面にひざまずいたのです。深くお辞儀をすると大きなロザリオを手にとって祈りました。

神さまを知っているという人の目のやさしさが心にしみる。

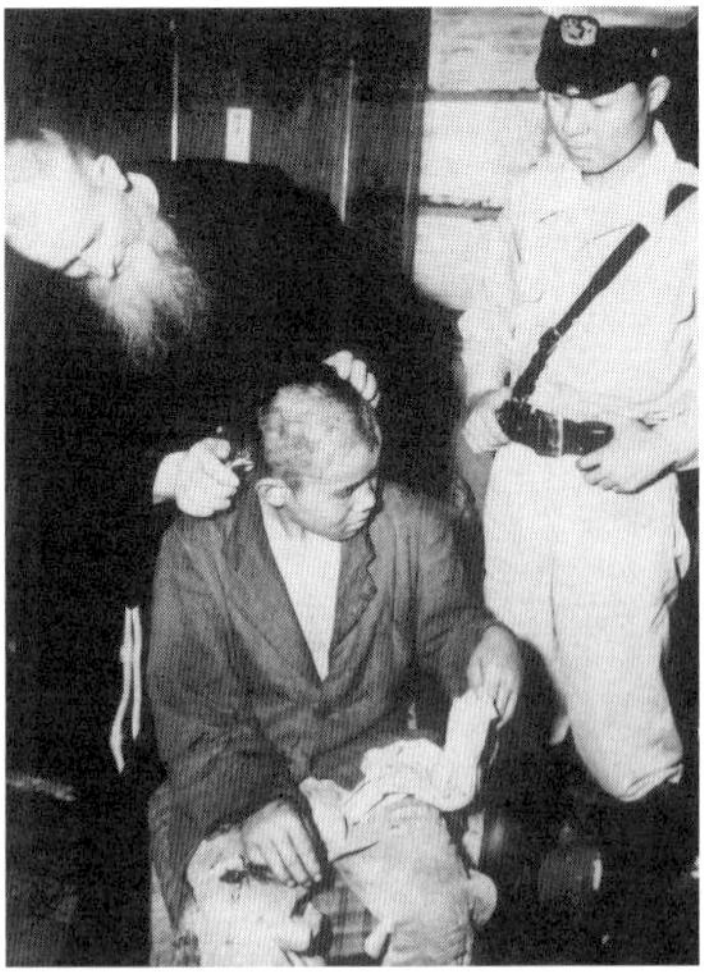
散髪をしてあげるゼノさん

バタヤたちも彼にならって跪きます。松居先生も知らない間に跪いていました。彼はのちに書いているように、「岩さん」たちのような人々に囲まれた貧しい聖家族を礼拝する気持ちは受け入れることができたのですが、彼が我慢ならなかったのは聖職者たちだったのです。

ゼノ修道士は、あまり綺麗でない修道服の謎めかしいひだをさぐって古びた時計を取り出すと、赤羽での会議に急がないと間に合わないと言って帰っていきました。冷たく刺すような北風が吹いてきたので怜子は子供たちを小屋の中に入れました。クリスマスの紙芝居を取り出した丁度その時、裸電球が消えました。停電でした。あたりは真っ暗になりました。「子供たちはみな悲鳴をあげました。その時久ちゃんが『先生、先生』と言って小さな手で私にしがみついて来ました。久ちゃんはお父さんに容赦なく屑拾いをさせられて、いつも悲しそうな顔をしている子でした。それまではだれも私のことを何とも呼んでくれなかったのに、みな、先生と呼びながら寄り添ってきました。私は子供たちがなついてくれるようになったことに深く感動しました。私は善悪を折り込んだクリスマスのお話をするつもりでした。でもこんなになついてくれている皆に『お説教』は合いません」

「何かお話してあげましょうか?」「お話して！」「どんなお話がいい?」「お化けのお話」だれかが言うと、皆もいっせいに賛成しました。

怜子は「二つ目小僧」や「羅生門」の人食い鬼のような日本のお化けの話を知っていました。お化けの出てくる前に怜子が声を潜めると、そのたびに子供たちは金切り声をあげてしがみついてきました。話を終える頃には、いやなにおいや鼻を拭いて汚れた袖が気にならなくなっていました。

しかし、怜子のお母さんは落ちついている余裕などありません。娘の帰りを心配して待っていました。怜子の姿がみえるや居間に連れて行き、熱い緑茶とおせんべいを持ってくるのでした。身だしなみのよい怜子が髪に櫛を入れはじめるとお母さんは驚いて立ち上がり、近寄って確かめると、あっと叫びました。しらみよ！　すぐさま怜子を風呂場に連れていったお母さんは衣服を脱がせ、身体中お湯とリゾール（クレゾール）で洗ってやったのでした。

希望の街

怜子が友達に書いた手紙を読むと、怜子の中で変化がおこっているのがおわかりでしょう。この最初のクリスマスから程なく、親友の久子に手紙を書いています。久子は最初の赤ちゃんの誕生がもうじきです。久子に安産のための祈りを約束して、怜子は「我が子」のことをこう書いています。

「この気の毒な子供たちと時を過ごすことがほんとうに喜べるようになりました。子を持つ母の喜びというものが私にもわかりかけてきただけに、——蟻の街の私の子供たちのおかげで——あなたのおめでたを心からお祝いできるわけです」

大学時代のクラスメート太田真弓に宛てた手紙には、ゼノ修道士が現れた十二月初旬からの自分の生活を詳しく書いています。このクラスメートも洗礼を受けていて、大阪から電車で三十分西へ向った芦屋市に住んでいます。太田さんは働く必要はないのですが、薬剤師の資格を生かして定期的にシスターたちを自分の車に乗せて、貧民窟の病人に無料診療をしていました。真弓さんは怜子に次のような疑問を投げかけています。「でも私は家に帰るとお風呂に入って晴れ着に着替え、歌舞伎や能を見物にでかけます。慰問をする私たちと、される人々の間に何か目に見えない溝があってこれがますます広くなるようで自分の生活に矛盾を感じるのです。貴女は蟻の街でこの溝に橋をかけることができましたか。この心の悩みを治療する妙薬はありますか。多分あなたなら私に処方箋を送って下さることができるでしょう」

怜子は自分の家から一キロと離れていないところで、ゼノ修道士と一緒に目にした人々──冬の夜に段ボール箱の中で眠る浮浪者たち、地下道で薄いゴザを敷いている子供たち、飢えをしのぐためには自分の身体を売らなければならない女たち──にゼノ修道士がどのように接しているかを書いて彼女への返事をしたのでした。

「蟻の街は隅田公園にあります。といっても公園とは名ばかりで、空襲の後は焦げた木材や瓦礫のゴミ捨て場に使っていました。いたるところ、うず高く積み上げられたガラクタが東武線のガードの上までとどく程高く積み上げてあります。そこに焦げた梁、錆びたトタンなど何でも使ってどうにかこうにか建てた二メートル四方の掘っ立て小屋が立ちならんでおりました。ゼノ様が、貧しい人々に実際なさった気配りは、胸を打つものでした。彼らはゼノ様を利用し、時々ウソをつきます。頭がよく、何もかも見抜いておいでになりながら、しらん顔をしていらっしゃいます」怜子は続けます。「ある時、ゼノ様が落ちこんでいる浮浪者を元気づけようと、キリストとマリア様のことを話しかけたとたん、『何を言いやがるんだ。この世の中に神も仏もあってたまるものか。もしそんなものが本当にあるんだったら、俺はこんなみじめな境遇になりゃしねえや』とどなって、さっさと自分の小屋に帰ってしまいました。ゼノ様は、その男の小屋に出向いて、神様と私たちの本当の故郷がある天国について、じゅんじゅんと説明していらっしゃいました。そのうちに、その男も機嫌をなおして、『分りました。あなたのような立派な気持ちの人が信じている神様なら、きっと間違いない筈だ。私も信じます』浮浪者の目から大粒の涙がこぼれ、疲れ切った目から怒りが洗い流されていくのが確かに見えました」（蟒の街の子供たち）

今戸中学の隣の墓地を怜子がゼノ修道士と訪れた時、東京はまだ冬のさ中でした。その墓地というのは空襲の犠牲者の無縁仏を仮埋葬してありました。身元もわからないほど焼けただれていたり、一家全滅してしまったような人々のお墓なのです。その墓地に戦後の貧困の新しい犠牲者たちが引っ越して来て、卒塔婆《そとうば》をぬいて、お墓の土饅頭《どまんじゅう》の真上に建てた小屋の柱として、それを使っているのです！　怜子はぞっとしました。日本人は死者に尊敬の念を表すのですが、寒さはこの人たちを捨てばちにしてしまったのでした。

怜子はゼノ修道士のいいつけで、見聞きしたことを全部せっせと書きとめていました。怜子が驚いたことに、ゼノ修道士はこの墓地の上に建っているうす気味悪い（墓場荒らしの）村の住人に、何が一番必要かと聞いてまわりました。怜子はこの人たちのことを内心風変りな、もしかしたら気が狂っている人たちかもしれないと思っていたのですが、受け答えも丁寧で全く普通の人たちでした。家は空襲で壊され、助けてくれる身寄りもなく、仕事もみつけられなかったのです。人々はゼノ修道士に水の問題を訴えました。最初は缶を持って魚屋さんにもらいにいっていたのですが、人数がふえるにつれ、いくら人のよい魚屋さんでも、断わらざるを得なくなりました。今は共同便所に行って洗面所から汲んでいました。それが皆いやだったのです。人々はきびしい寒さのことも訴えました。子供たちはインフルエンザに倒れ、本格的な冬の寒さはまだこれからなのです。ゼノ修道士に風雨を防ぐための建築材料が手に入らないかと頼みます。火鉢も炭もとても貴重でした。ある人は栄養のある食べ物──特に子供のための──が最大の問題だとつけ加えます。怜子は何人かの子供たちがトラコーマにかかっているのに気付きました。掘っ立て小屋に住む多くの人は明らかにアルコール中毒で泥酔し、まともに話もできませんでした。

何人かの人々はゼノ修道士にそっぽを向いていましたが、ゼノ修道士の人柄を知っている人の多いのに怜子は驚きました。どの地域でも、一人か二人は必ずにっこりほほえんで挨拶する、と怜子は書いています。「四年前にあなたは私を大阪で助けてくれました。ありがとう」「神戸で食事をごちそうになり有り難うございます」目に涙を浮かべている人もあります。「私は、母親におくれまいとして小走りに歩く二つ、三つの子供のように、ゼノ修道士にいつもついていくのです」と友達の真弓に書いています。

掘っ立て小屋の街に冬の短い日がとっぷり暮れた頃、ゼノ修道士は時計をとり出すと、ため息をついて、夕べの祈りを誦《とな》えに修道院へ戻らなければならないと言い出しました。そして、怜子に二人で見聞きしたことのレポートを作るように頼みました。その陳情書を本願寺や水道局に持っていくか、あるいは特別親切な役人をみつければ、何とかしてくれるかもしれないのです。上野地域の人々がゼノ修道士のために書いたレポートがぎっしり入った大きな茶封筒を取り出すと、それを一緒に入れるよう怜子に頼みました。

怜子はゼノ修道士に別れを告げると、疲れ切って骨の芯まで冷たくなって帰宅しました。母に暖めたリゾール液を頭にかけてもらい、用意してあった熱いお風呂に入り、燃えさかるガスストーブの前でおいしい食事をすると、身体は芯から暖かくなりました。元気になってくつろいだ怜子は、ゼノ修道士のレポートの束を読み始めました。木村という名の人の手記からです。

木村さんは一九四八年までシベリアで捕虜でした。日本に送還された時は嬉しさの余り我を忘れました。しかし、三年の間家族からは便りがありませんでした。隅田川の近くの深川にある、もとの家のあった所にかけつけてみて呆然となりました。何もありません。――彼の家も、家族も、空襲で消え失せてしまったのです。何ケ月も仕事を求めて街を歩きまわりました。時折、露店のパートタイムの仕事がありました。気候の良い時は公園で眠り、雨の日や寒い時は地下道で寝ました。そんな時でも、軍に招集される前の家族の楽しい思い出のおかげで絶望に陥らずにすんだのです。戦争前は、たいしてきれいでもない工場地帯の郊外団地に住んでいたのですが、今となっては何とすばらしい家庭だったことでしょう。戦争中、特にシベリアでひどく苦しい思いをしましたが、家族を失う苦痛ほどつらいものはありません！

怜子はますます憂鬱になって他のレポートに目を移しました。突然何もかも封筒にもどすと、近くの蟻の街に調査をすませに行かなくてはならない、と両親に言い出しました。ゼノ修道士がバタヤさんの多くは暗くなってからしか戻らない、と言っていたのを思い出したのです。両親にとっては、こういうことが皆心配だったのです。父親は怜子の新しい生き方は危険だと忠告はしましたが、といって娘に自分の望みを強要しようとはしませんでした。女の人が天気の悪い時着物の上から着るコートのような厚手の羽織をはおると蟻の街に向かいました。

怜子は松屋デパートのそばを通って浅草通りを歩いて行きました。浮浪者たちが、むしろや段ボール、新聞紙にくるまって歩道の軒下で寝ています。二人の商売女が、どぎつい化粧と同じような耳ざわりな声でアメリカのＧＩたちに下手な英語で呼びかけているのを聞いて、怜子は身ぶるいしました。怒りが込み上げてきましたが、夕方もっと早い時刻に、ゼノ修道士に話しかけようとした商売女たちに、彼が見せたとても優しい顔が思い出されました。ゼノ修道士は怜子の耳元でこうささやいたのでした。「彼女タチノタメ、マリア様ニ祈ッテクダサイ」蟻の街に急ぎながら怜子は祈りました。

大通りを出て公園の坂を下りると急に真っ暗になりました。デコボコ道を用心深く歩きました。空襲の残土の山の前を通り、軒の低い小屋の集落からもれている小さなろうそくの灯りに向かって歩いて行きました。「事務所」と数戸の小屋だけに電灯がありました。うさんくさそうに数人の頭が突き出ました。「不信の目を冷やかに背筋に感じながら、招かれざる客の私は落ち着きのない気分で教えられた小屋に急ぎました。その日、通りで出会った時、ゼノ修道士の質問に丁寧に答えてくれた人の家でした。彼の言葉から育ちのよさと教養のあることがわかりました」この人となら話し合えるでしょう。

小屋はみつかりました。ドアがないので中が見通せました。一本のろうそくを囲んで夫と妻と三人のかわいい子供が座っています。インテリらしい御主人と驚くほど美しい奥さんでした。「ごめんくださいませ」お辞儀をしながら声をかけました。「すみませんが……」皆しゃべるのをやめ、怜子を見上げてしげしげとみつめました。怜子はゼノ修道士に代って、この地域に何人の人が住んでいて、何を一番必要としているのか調査しているのです、と説明しました。父親はすぐに、すでに一杯になっている小屋の中の人たちに詰めるように言って、怜子を迎え入れてくれました。ろうそくの灯りで怜子の顔をよく見ると、「ゼノ様と御一緒のところをおみかけしましたが、もしや、あなたは高木商店の隣りに住むお嬢さんではございませんか」と主人が尋ねました。怜子は高木和子の妹だと自己紹介して、どうして高木家の人を知っているのか尋ねました。

彼は立派な会社に勤めていた人ですが、会社が倒産して職を失っていました。手持ちのわずかな金は戦後の困難な時期に間もなく底をついたのです。助けとなってくれるような親戚は戦争で皆亡くなっていました。職が得られず、家主に家賃も払えず、夫妻は一家心中するしか残された道はないと思いつめ決心したのでした。残ったお金で三人の子供たちにできるだけ楽しい日を過ごさせてやった後、その晩一緒に死ぬことにしました。隅田川でボートを借りてやると子供たちははしゃいでいました。一日も終わりに近づくにつれ母親は決心が鈍ってきました。無邪気な子供たちは今まで見たこともないほどすばらしく、楽しげで、貴いものに見えました。ボートが岸に近づくと隅田公園に立ち並ぶ掘っ立て小屋が目に入りました。それは「蟻の街」でした。小さな小屋を指さしながら妻は夫に言ったのです。「私たちもあんな小屋を建てられないものかしら。失うものは何もないのですもの。もう一度だけやり直しましょう！」

夫も同意しました。そして川上の船着き場にボートを返すと、家族と一緒に「蟻の街」へと向かったのです。その道すがら彼は庭に余った材木を置いている新築の二階建の家を目にとめました。この切羽詰まった状況が物乞いもいとわせませんでした。中年の婦人が玄関の戸を開け、とても親切に話を聞くと、必要な材木は全部持っていってよいと言ってくれました。彼は材木を何度も運ぶうちに怜子に気付き、彼女がさっきの婦人のことを「お母さん」と呼んでいるのを聞きました。

怜子は是非にと熱いお茶をすすめられました。薄いお茶でしたが、その夜は凍り付くような寒さだったので大変有り難く思いました。主人は公園に住む数家族について詳細な情報と彼らが必要としているものを教えてくれました。怜子は興奮して家に帰りました。神様に、生涯をかけて何をすべきか教えて下さいと一生懸命祈ったので聞き入れられたのだろうか。今やゼノ修道士の出現は神のみわざに違いないと信じる怜子でした。ゼノ修道士は、この善良ではあるが貧しい人々の社会に怜子を連れていったのです。主人は人格者のおもむきがあり、妻は貧乏に追い詰められた境遇にもかかわらず、りんとして上品な物腰を失っておらず、すりきれた洋服を着ていても子供たちはきちんと躾けられていました。彼らに会えたことは偶然というには出来過ぎていました。神御自身が引き合わせて下さったのです！　一家心中の瀬戸際まで いった家族が他にどれだけいるのでしょうか。

隅田川にふく嵐

貧しい人々の心を大切にしながら援助していくことについて、怜子はゼノ修道士からたくさんのことを学びました。食べ物や着るものがないとき、ゼノ修道士は聖母子の御絵を配ります。それすらないときは温かなほほ笑みと言葉がいつもありました。ゼノ修道士は表通りを歩く人々が決して知ることのない、想像を絶するみじめな裏通りに怜子を連れて行きました。一日をそんな風にゼノ修道士と過ごし、疲れはてて帰途についたある夜、怜子は国際劇場からはきだされてくる人々の群れとぶつかりました。立ち止まってみつめる怜子の前を、人々はなにも気付かずに笑いさざめきながら通り過ぎて行きます。体の中に怒りがわきあがり疲労感は消え失せてしまいました。この人たちは今東京で何千人という貧しい人々がどんなみじめな

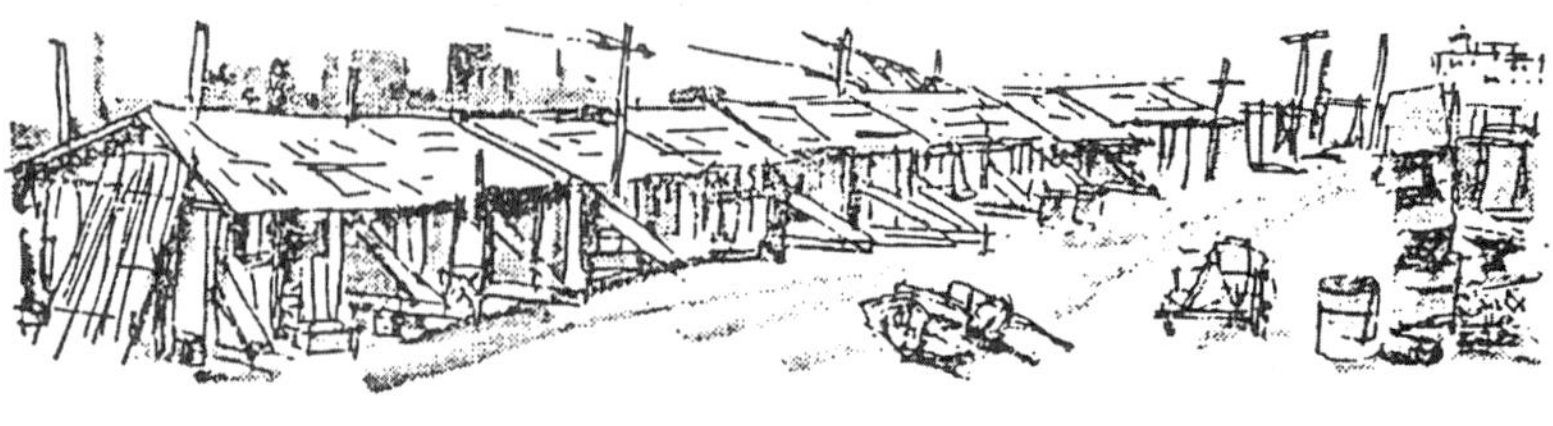

生活を送っているかを知っているのかしら。その夜、怜子は日記にそう記しました。

怜子の心は東京に住む貧しい人々のことでいっぱいとなりました。午前中は蟻の街でちいさな子供たちの面倒を見て、午後は年長の子供たちを自分の家へ連れて行きます。汚いバタヤの子とからかわれるので、殆どの子供は学校に行っていません。なかには小人数でしたが、ゴミ集めや仕分けの仕事がない時にだけ学校へ行っている子供もいました。けれども、どの学科にもひどく遅れをとっていました。なによりも先ず子供たちを学校へ行かせなくては、そのためには授業についていけるようになるまで個人授業をしよう。蟻の街には適当な場所がないので、怜子は子供たちを自分の家へ連れて行くことにしました。両親はとまどいながらこれを認めたものの、母は怜子に毎日お風呂にはいってしらみ退治をすることと、子供たちの使うピアノ室の消毒を約束させました。

近所の人々ははるかに無理解でした。下駄屋の店に行っては店員に苦情を言う人が多くなりました。「泥棒のチビ共がこのあたりをうろつくようじゃあ、きっといつか物がなくなるよ」「あの子らの親ときたら怠け者で、あばら家を引き払うどころか掃除もしないときている。まるでブタのようだ。お次ぎはこっちが病気をうつされるにきまっている」ある子供たちはトラコーマにかかっていましたし、全員しらみだらけでした。人づてにこんな苦情を耳にした怜子は、なお一層蟻の街の子供たちをかばっていこうとする気持ちに燃えていったのでした。母にも変化がみられました。怜子の味方になってくれるようになったのです。つらい戦争中はお互いに助け合ってきた東京っ子たちがたちまち不人情になってしまい、戦後まだ立ち直れない人々、とくに子供たちに冷たくあたることを情けなく思っていたからでした。

蟻の街の住人の多くは、五年間その日暮らしを続けてきた結果、いつかまともな家に住もうとか定職につこうなどという希望をまったく失っていました。米やきび、大麦、じゃがいも、雑草から蒸留してつくった安価な焼酎に溺れてはそういう希望をまぎらわせてきたのです。しかし、それは袋いっぱいの野良猫を溺れさせようとするもので、何匹かは必ず生きのび、戻ってくる時には更に始末におえなくなっているのです。焼酎で飲んだくれれば喧嘩です。ナイフや鈍器がもちだされることもしばしばでした。そして仲間同士はおろか家族までも傷つけることになるのでした。そんな喧嘩をはじめて目撃をした怜子はひどくショックを受けました。

蟻の街に行きはじめてすぐ、怜子は久ちゃんという子に目をとめます。彼は十代の子供たちの中でも最年長で一匹狼でした。父親がひどい仕打ちをするので大人という大人を疑ってかかり、怜子ですら例外ではありませんでした。久ちゃんの悲惨な家庭の事情を知った怜子は、彼のお姉さんになろうと心に決めました。ある日、久ちゃんが施設の床掃除をしているのを見つけると、辛抱づよく説得して自分のことを話すように仕向けました。多分、そんなことをした大人は怜子がはじめてだったのでしょう。長年にわたる孤独のカラがやぶれ、堰をきったように話す久ちゃんに、怜子はどんなスポーツが好きかとたずねました。久ちゃんの曇った目がぱっと明るくなりました。「空手と柔道」「柔道なら私も好きよ。女学校時代講道館にかよったことだってあるんだから」怜子の言葉に久ちゃんは圧倒されました。講道館こそ柔道の総本山なのですから。終戦の年怜子は、親友たちと共にアメリカ兵に襲われた時の撃退法を訓練されていたのです。その時ひとつだけ有効な投げわざを教わっていたのです。黒帯のふりをして怜子は柔道の立ちの姿勢をとりました。「かかっていっていい？」久ちゃんは目を輝かせました。冷静を装いながら怜子は言います。「もちろん。でも、まずお願いしますって言わなくては」久ちゃんがかかっていくと怜子はその手をつかんできれいに投げ飛ばしてみせました。久ちゃんは立ち上がりもう一度かかっていきましたが、更に二回投げ飛ばされました。「わあっ、本物の柔道の先生だ！」久ちゃんは脱帽しました。

その夜、久ちゃんははじめて怜子の家にやってきましたが、皆と勉強するためではありません。「先生、もう一度勝負しようよ」怜子はさっきの成功に気をよくしていましたので手を差し出すと、「はじめ」と声をかけました。久ちゃんは五条の橋で若き義経と戦った弁慶をまねしながら大声をあげました。ほかの子供たちは大喜びでキャーキャーはやしたてています。久ちゃんは飛びかかり、怜子の胸を蹴りあげると床の上に投げつけました。目がくらむほどの痛さのなかで怜子はひどく背中を傷めたのが分かりました。

プライドを傷つけられた上に子供たちの面前でやっつけられたことで怜子は怒り狂っていました。痛みをこらえて立ち上がって明かりを消し、四つん這《ば》いで階段をあがると自分の部屋にひきこもってしまいました。そして母に頼んで、驚きのあまり言葉もない子供たちに、先生は背中を痛めたので今日は家へ帰るように言ってもらったのです。皆がこられるようになったら連絡することにしましたが、それは一週間もあとのこととなりました。

はじめて怜子の家へ招かれた日にも面食らった子供たちでしたが、今夜は真っ暗闇のなかでの急な解散に、またびっくり仰天ということになりました。自分が怪我をさせてしまったことがわかっている久ちゃんは荒れました。自分以外の人の不幸にはじめて思いがいったのです。空き缶集めが終って、毎夕おそくになると久ちゃんは大きなリヤカーを怜子の家の前にとめ、勝手口をうろついては先生の具合を心配そうに探るのでした。怜子の母は心が打たれる反面おかしくも思っていました。一方、怜子のほうも今回の事件の滑稽さを味わう余裕が生まれていました。

一週間後、まだしっかり歩くことはできない怜子でしたが、久ちゃんを自分の部屋にあげてくれるように頼みました。部屋に入った彼は、しょげきった様子で怜子のわきにきちんと正座しました。何か言おうとするのですが、すっかり緊張して言葉が出てきません。そこで怜子の方から切り出しました。「久ちゃん、もうだいぶ良くなったのだから心配しないでね。あなたをここへ呼んでもらったのは、ちょっと相談したいことがあったからなの。高円寺のシスターたちがイースターの日曜日のパーティーに私たちを招待して下さってね。あなたが来てくれるのを当てにしてるのよ、久ちゃん」無口な少年は思わず「もちろん、行くよ」と答えていました。「いい子ね、ありがとう。もうひとつお願いがあるの。パーティーで何かさせていただこうと思うのだけれど、あなたの意見を聞かせて。なにか良い考えないかしら？」怜子はこの少年がもしその気にさえさせたらリーダーシップをとれる子だと見抜いていました。

久ちゃんは心配を忘れて顔を輝かせました。はじめて大人に自分の意見を聞かれたのです。しかし、蟻の街で一緒に暮している自分の父親に叱られたり、黙っていろと言われ続けてきた長い年月が彼に気をつけろ、とガードをかたくさせていました。「あの……」「そうよ、久ちゃん、なにか提案ないかしら？」まだしりごみしている久ちゃんでしたが、ようやく「芝居、芝居をしようよ」と口を開きました。「お芝居、お芝居ね。それはすてきだわ。手伝ってくれるわね？」

少年は興奮を隠しきれない様子で、自分の父親は劇作家だったことや、自分も子供のための劇を書いたことがあること、父が破産して夜逃げをする前には本物の舞台に立ったこともあることなどを話しました。久ちゃんはすっかり元気になり、身振り手振り交じりの言葉が解き放たれたようにほとばしり出ました。そして、そのパーティーのために芝居をひとつ必ず書くことを請け合ったのです。怜子はあっけにとられました。久ちゃんのあの厳しい父親はやっぱり劇作家だったのです。きちんとした仕事をもった人だったのです。

二日後、栄養不良のこのバタヤの少年は満面の笑みで怜子のところにやってきました。ゴミの山からみつけた紙と鉛筆で「ちょうちょう」という劇を書いてきたのです。それは天国の場面ではじまります。神さまが天使の蝶に、暗闇と冬の寒さが支配している下界に行き、身動きができずに横たわっているさなぎたちを訪ねるよう命じます。天使の蝶はさなぎたちを起こし、春がやってきたことを告げます。そしてさなぎたちは空たかく飛べる羽をもった蝶に生まれ変わるのです。一匹一匹が目を覚ましカラを脱ぎすて、「神さまありがとう、ありがとう」と合唱しながら舞台を踊りまわり、そして天国へと飛んでいくという筋でした。ほかにもいくつかの場面がありましたが、怜子にはこの小劇作家の言わんとしていることは明らかでした。蟻の街での長く暗い冬と自分自身を表現していたのです。彼は神さまを表すのに天主さまというキリスト教の言葉を使っていました。久ちゃんは今まで怜子の宗教にはほんのわずかでも興味を示したことなどなかったのです。

いよいよイースターのパーティーの日がやってきました。「私は三月二十五日の、イースターの日曜日の朝早く起き、ミサに行きました。蟻の街と今戸と本願寺のスラムから合わせて六十人の子供たちが集まりました。子供たちは興奮し、修道院へと元気よく行進して行きました」マザー・アンジェラスは校庭の門のところで出迎えて、食事の仕度ができるまでブランコや平行棒、バレーボールを使って遊ぶようにと中へ招き入れました。時間になって食堂に呼ばれていくと、子供たちは目を奪われました。大きなテーブルの上は、お寿司、ドーナッツ、きれいに色づけされた卵、そして牛乳がなみなみはいった大きなジャーで山盛りでした。怜子はこう日記に書いています。「ちいさな顔にあふれていた幸福そうな表情は感動的でした。子供たちにとって本当に良かったと私も幸せでした」

そしてベートーヴェンの田園交響曲のなかで、刈り入れに浮かれる人々を散り散りにさせる嵐のように、災いがおこりました。固い表情の外国人神父が入って来て、怜子をかたわらへ呼ぶと、どれが蟻の街の子供たちかと尋ねました。怜子は胸をはって子供たちをさし示しましたが、神父の言葉に一瞬のうちに笑顔が消え失せました。「しっかり見張って子供たちが勝手にどの部屋へも入らないようにして下さい。北原さん、蟻の街は泥棒の巣です」

怜子は口を開きかけたものの言葉は出ません。神父の怒った顔を見上げて首をふり、無言の抗議をするだけで精一杯です。神父は強い口調で続けました。私は英文毎日ですっかり読みました。勿論あなたも新聞をお読みになったはずです「新聞に出ていました。この三ケ月間あまりにも忙しく過ごしていたため、怜子は新聞をじっくり読むゆとりはありませんでした。怜子はこう書いています。「私は頭をたれ、唇をかみしめて立ちつくすばかりでした。何を答えればいいのかもわからず、子供たちが神父の言ったことを聞いていることを恐れながら、目の前がまっ暗になりました」厳しい表情の修道女もやってきて神父と一緒に蟻の街の攻撃をはじめました。このシスターも新聞の記事を読んでいたのです。

この大変な時、ありがたいことにマザーアンジェラスが部屋にもどってきて、子供たちの頭を撫で始めたのです。マザーが子供たちをちいさな泥棒とみなしていないのは明らかでした。神父は怜子に、子供たちから目を離さずにいるようにと言い残して立ち去って行きました。「蟻の街は警察で困ったことになっています」神父は逮捕された人たちのために仲裁役として東京都知事に会うつもりだとも付け加え、この申し出を松居に伝えてその返事をもらってくるように怜子に命じました。

二人の聖職者の蟻の街に対する冷やかな攻撃は、「美しく希望に満ちて始まったその日の景色をたちまち暗闇に閉じ込めてしまい、私はその場に打ちのめされたまま取り残されました」と怜子は書いています。たった二時間前、高円寺の修道院にむかって意気揚々と跳びはねながら歩いていったスラムの子供たちと怜子でした。でも今は怜子が何も言わなくても、小さな劇作家の久ちゃんと役者たちは彼女の急な気持ちの変化を敏感に感じ取り、黙りこくってそばに来ると、劇をやりたくないと言いました。怜子も呆然として頷きました。ほかの子供たちも静かになりました。なにも言われなくても自分たちが歓迎されていないことを感じ取り、恐がっていたのです。子供たちは「家へ帰りたい」と言い出し、怜子も同じ気持ちでした。怜子は子供たちを連れて帰って行きました。

怜子はまだ憧れのメルセス会への入会を強く願っていました。ある時、修道院へ入るための資格は何かとシスターに尋ねると、目上に対する従順だと言われたのです。そこで、不本意ながらも松居先生に神父の伝言を伝えようと怜子は決心したのでした。松居先生が自分のことも自分の宗教のことも嫌っていることはよくわかっていました。神父の伝言に松居は怒り、彼らの関係はいっそう悪化するのは明らかでした。しかし、やるべきなのだ、真面目な怜子は心に誓うのでした。

あたりはもう暗く、寒い風が隅田川を吹き抜けていきます。先生は不在でしたが、部屋の明かりがついていたので怜子は待つことにしました。「そこで長い間待っているうちに体力が消耗していくのがわかりました」怜子は書いています。「氷のような水が背骨をはい上がるような寒気が襲ってくると頭がくらくらしはじめました。ショールをしっかりとかき合わせ戸口にうずくまってめまいをこらえようとしました。松居先生はもうすぐ戻られるだろうと思い、今晩中にお話ししてしまおうと決心していました。でも、こんな風にここで待っていたら、気を失ってしまいそうに気分が悪くなってきました。私は後ろ髪を引かれる思いで立ち上がると、よろよろと家にむかって歩き出しました」

バタヤ泥棒の決闘

怜子の真っ青な顔を見るなり母は寝かしつけました。熱は三十九度を越え、何日も下がりませんでした。一方で若い神父は、怜子から報告がないのでしびれを切らしていました。彼は施設にやってくると松居先生に面会を求めました。この若い神父がここへ来るのははじめてではありません。新聞でここに教会が建つことが報道されたあと、会長はこの神父に大人のための公教要理のクラスを開くことを許可していたのです。直情型で真面目な会長は、みんなが文句を言うのもかまわず彼のクラスに必ず出席するよう言っていたのです。松居先生はこれを快くおもわなかったものの、世間に報道されるひとつの手段として黙認していました。

この異国の宣教師と松居先生のあいだには嫌悪感しかありませんでした。松居先生は神父を、物質力で制圧した人々を、更に宗教まで言いなりにさせようとする米軍の手先とみなし、宣教師の方は、キリスト教だけが日本の文化的レベルを引き上げることが出来るのに、松居先生はそれに反対する高慢なえせ知識人だと決め付けていました。松居先生の貧しい人々への関心は、単に有名になるために冷たく計算されたものだというのが神父の意見でした。

神父は松居先生の部屋に入ると、皆が呼んでいる「先生」という尊称を使わずに厳しく非難しはじめました。「松居さん、犯罪者たちがここにかくまわれていますね。本物の犯罪者は当然法の手にゆだねるべきです！　言いわけしようなど無駄な時間を使ってはいけません。私は事実を全部新聞で読んだのですよ」

この外国人は日本語が達者でしたが、しかし、果たしてどの程度の読解力があるのか松居は疑念をもちました。「日本のなんという新聞でそれを読んだのですか？」

神父は一瞬狼狽し、「私は英文毎日で読みました。証拠の出所ははっきりしています。現代の新聞は英語であれ、日本語であれ、中傷記事を載せるはずはありません。単刀直入に行きましょう。私はあなたたちを窮地から救うためにやってきたのです。自分としては役所へいって寛大な処置をうけられるように努力してみるつもりです。しかし、言っておきますが私は忙しい人間です。もし、あなたがここを改善せずに今のままにしておきたいというのなら、私としては馬鹿馬鹿しいことは放っておくしかありません」

六ヶ月前、一九五〇年の秋頃、「決闘の河」という映画が封切られました。隅田川に住むバタヤが何百万円もの窃盗をはたらくという筋書きでした。最近、これは実際にあった話だという記事が東京の新聞に載り、この大胆不敵なバタヤは蟻の街に住む西行だということになっていました。この記事は外国人のほとんどが読んでいる英文毎日に転載されたのです。何も事情を知らない記者に情報を提供したのは、蟻の会の存在が自分にとって不利益となるとみた不正な廃品取り扱い業者でした。この男が自分の配下にあるバタヤに支払う一日分の基本賃金は、蟻の会の人たちの稼ぎより低かったのです。彼の背後には、蟻の街を焼き払い隅田公園を修復することで点数稼ぎをしようとする役人たちがいました。

松居先生はただちに西行を問い詰めて、彼がむかし警察のつまらない陰謀にすすんでいけにえになったことを調べ出しました。警察官が手当り次第に浮浪者をつかまえては冷たい独房にとじこめ、コソ泥犯逮捕の実績をでっちあげることがよくあったのです。浮浪者は無実をはらすためのお金も持たず、釈放されたあとは泣き寝入りするしかありませんでした。西行は一度だけでしたがこのような仕掛けにひっかかり、罰金を払わずに釈放されることを期待してすすんで自白したのです。冷たい独房とそこで出されるおぞましい食事よりも、路上にいたほうがまだ何かしら良いことがあるからです。記者が事実として報告したのはこのことだったのです。さらに悪徳廃品取り扱い業者は、浮浪者を買収して戦争前の犯罪を告白させ、西行の名を共犯者としてあげさせました。

松居先生は二十四時間不眠不休で、映画の下地と思われる新聞記事のなかで、西行が名指しされた本当のいきさつを追及してまわりました。そして新聞社へ乗りこむと事実を突きつけたのです。さらに新聞社がもし蟻の街に足を運び、現在蟻の街でなしとげられようとしていることを残らず見て記事にするなら、これ以上ことを大きくするつもりはないと付け加えました。外国人神父が余計な手助けを申し出たのはまさにこの微妙な点だったのです。

松居先生の顔は赤らんでいました。神父は酔っているのだと軽蔑しました。松居さんがほんとうにスラムの人々のことを考えているのなら、酒を飲みすぎるという贅沢などするはずはないと思ったのです。しかし、蟻の街では話の合うインテリは一人もいない状況にあって松居先生は孤独でした。酒はとくにつらい一日を過ごしたあとのひそかな友達でした。先生の目は睡眠不足で血走っていました。

机がわりのぐらぐらするみかん箱に悪態をつきながら、苦心を重ねて新聞社宛の原稿を書いていた松居先生は、神父のアイロンのかかった黒いスーツとぴかぴかの靴に一瞥をくれながら怒りにもえた目を上げました。「あなたは仏教のことがよくわかっているのですか?」「もちろん知っています」神父は答えました。怜子が後に言っているように、この神父は大変善良で真面目な努力家でもあり、頭もよく親切な人でした。彼は本気でそう答えたのです。神父は西洋の神学校で仏教を勉強しました。しかし、カトリックの教義を擁護する立場からみて覆すべきものとして学んだにすぎませんでした。彼の先生は仏教を、ニヒリズムに通ずる危険な異教の教義として表面的にしかとらえていませんでした。アリストテレスの第一原理を基盤におく西洋の哲学を受け入れていないという点で根本的に間違っているとみなしたのです。第一の、そして究極の原理が無である、とする仏教徒を相手にどうして真面目に論争などできるでしょうか。

これは第二ヴァチカン公会議以前の話で、このときの公会議ではカトリック神学校に対して通達が出され、外国へ向う宣教師を送り出す場合、イエズス会のパイオニアであるマテオ・リッチの方針に沿って教育することとされました。リッチは中国の宣教上の教義について判断を下す前に、この国の言語やそのこまやかなニュアンスまでもあらかじめ理解していたのでした。松居先生はカトリックに対する嫌悪からキリスト教の偽善性について、神父が当然個人攻撃と受け取るような歯に衣をきせぬやり方で指摘しました。それに対し神父は日本の仏教徒について卒直な考えを述べました。ついに松居先生は「口は達者だが日本に対してまるで無知な外人神父」への怒りと不満を爆発させました。まるでたまりにたまっていたものを吐き出すかのように。強い憎しみが酒にあおられ、彼は日本人ですら理解の及ばない難解な仏教用語を駆使してキリスト教を激しく攻撃しました。自分はからかわれていると判断した神父は、怒りに燃えて話を中断し、立ち上って出て行きました。怒った勢いで怜子の家へ突進し、ががらっと音をたてて玄関を開け、大声で「ごめんください」とどなりました。

怒りをふくんだ声は二階の怜子の部屋まで響きわたりました。怜子にはその声の主がわかりました。怒りも伝わってきます。母は玄関へ出て行き、怜子が高い熱を出して寝ていることを伝えました。「怒り」という漢字は心と奴隷になるという字からできています。この時の神父はまさにそうでした。怒りにとらわれるあまり、母の心配そうな表情を捉える余裕を失っていました。神父は矢継ぎ早に松居先生を非難しはじめ、教養ある人がリーダーとしての立場にありながら、蟻の街の泥棒たちと同じように不誠実で、しかも彼らよりも始末が悪いと言いつのったのです。西行がからんだお金の問題は重大な犯罪で、警察が乗り出してきて抜き差しならない事態になるだろう。松居先生はこちらの誠意ある援助の申し出に対してわけのわからない仏教の呪文をとなえるばかりだ。こんないいかげんなことに立派な人が多くかかわり過ぎている。怜子も自分の時間と才能の無駄遣いという大きな危険に直面しているのだと。

なにもかも怜子には聞こえてきました。のちに怜子は悔やみつつこう書いています。「なぜ、ああ、本当になぜイースターの夜、松居先生が帰るまで蟻の街で待っていなかったのだろう。私の優柔不断がなんと大きな混乱をひきおこしたのだろう」蟻の街の人々や先生をクリスチャンにさせることに懸命な、この外国人神父に対する松居先生の嫌悪感をどうすれば取り除くことができるのか、とあれこれ思いめぐらすあまり、怜子はその夜よく眠れませんでした。自分の都合で松居先生を待たなかったという心の弱さが先生のキリスト教に対する偏見を強めてしまった。多分、母も同じ気持ちだろう。

日本では自分の感情をコントロールできない人間は、精神的な徳の一つと数えられている心の平静さが欠けているとみなされます。宗教界の指導者は癇癪を起こすことは許されないのです。怜子は怒りを爆発させている神父に対し母が悪い印象を持ち、そのことを父と取り沙汰するだろうこともわかっていました。両親がキリスト教を受け入れてくれるよう祈ってやまない怜子にとって、神父の態度は手痛い打撃だったことでしょう。

完全主義は時に危険でもあります。そしてこの時の怜子がそうでした。すべてのトラブルは松居先生を待たなかった自分の弱さのせいだと考え、罪悪感にうちひしがれるのでした。とにかく明日の朝いちばんに蟻の街へ行くしかない。そして自分がひき起こした混乱を精一杯努力して収拾するほかない。怜子はそう決心しました。

夜は暁よりも好ましく

きれぎれの眠りから覚めると怜子は着替えをすませ、母がとめるのも聞かず熱のある体をおして蟻の街へ出かけました。彼女はこう書いています。「それは徹夜組のバタヤさんたちが、車にうず高く紙屑や藁を積みあげて、続々と帰ってくる時刻でした。私はまっすぐ松居先生のせまい部屋へ行きました。一目で先生が徹夜で原稿を書いていらしたことがわかりました。部屋は書き損じの原稿用紙で足の踏みどころもない程でした。そこには私の立っている場所すらなく、頭がつかえないようにするには中央の梁の下までゆくしかありません。ほんのわずか外から光がさしこむほかはあたりは真っ暗でした。壁のひびは茶色いハトロン紙でのりづけされていました」

松居先生は原稿用紙の山から怜子を見上げました。その目が赤く充血しているのが見てとれます。「なんの用ですか?」きつい口調でした。「先生、こんな時間にお邪魔してすみません。悪い時に伺ったようです。そのうち改めて、また……」「お待ちなさい。僕の方から少しお話ししたいことがあります」松居先生はさえぎるように言いました。

彼は板敷きの部屋の中へと怜子を招き入れました。足の下で床がみしみしと鳴りました。松居先生は擦り切れたむしろの上の机がわりのみかん箱の横に座りました。怜子も着物のすそを足の下にたくしこんで、でこぼこするむしろの上に座りました。ついに彼の牙城に入ったのです。最近までここへ公教要理を教えにきていた外国人神父は、怜子に松居先生を信者にするようにとせきたてていました。ゆっくり話す機会をさがしていたのですが、松居先生はいつも怜子を避けてとおるのでした。たまに出会っても額をぽんとたたいては「急いでます」とか「時間に遅れそうだ」と言うと、まるで急行列車のようにすれちがって行ってしまうのです。ようやく松居先生と話ができるのです。でも言葉は出てきません。頭がずきずき痛み、裸電球の光が目にちらつきました。

松居先生が冷淡な口調で切り出しました。「北原さん、遠慮なく言わせてもらいます。私はカトリックが大嫌いです。とくに宣教師が嫌いです。かれらは宗教上の組織づくりにあくせくし、他人に対する誠意が驚くほど欠けていると思います。あなたの神父たちは偽善者です。みかけは人々を助けにやってくるように見えて実は信者のあたまかずを増やしたいだけなのです。だから西行が泥棒かもしれないと報道された途端、さっさと逃げ出すのです。彼はここの人たちを軽蔑しているのです」怜子はさえぎって言いました。「誤解があるようです。神父さまは本当にここの人たちのことを心配なさっています。私は心から心配していらっしゃることを知っています」「そうですか。それなら心配しないで欲しいです。彼にここでしてもらうことは何もありません」「でも先生、神父さまは立ち退き問題のことをご存じで、そのことで東京の知事さんにも交渉にいくおつもりだったのです。それなのに新聞で第三者の目に悪くうつるような報道をされたのです。英字新聞に載った記事をとても心配しているだけなのです」「ああ、そうですか。英字新聞の記事ね。もちろんご立派な西洋人である神父さんは外国人向けの新聞記事は鵜呑みにして、目の前にいる我々日本人の言うことは信じられないということですね」彼の声には毒がありました。「でも先生、神父さまはもし記事が事実だったら、なんとかかけあって法律的にも穏便にすませるよう心積もりしておいでだったのです。先生のことを信じないなんておっしゃっていませんでした」「しかしお嬢さん、もし罪人が本当にいるのなら、まっすぐ弁護士のところへ行けばいいのです。私は我々の問題に鼻をつっこんでくれとお願いしたおぼえはありません。あなたたちキリスト教信者は全能の神が聖書の中ですべてを答えて下さっているとか、色々結構なことを言っていますが、もしそうなら、なぜ聖書にしたがって人を疑うことをやめないのですか？」「でも先生、先生だってむやみに誰でも信じろとは神父さまに言えないでしょう。たとえばもし西行さんに対する告発が、……」松居先生は唐突に、教科書で誰でも読んだことのある羽衣の白龍の昔話を引用しました。「疑いは、人の世にありとかや、天にはいつわりなきものを――」ある日漁師の白龍が漁からもどってみると、浜辺の松に高価な着物がかかっているのをみつけました。これを売ったらどのくらいの金になるかと皮算用しながら着物をわしづかみにしたとき、天女が叫びました。「それを盗らないでください。それがないと帰れないのです」その美しさにうたれた白龍は自分のために踊ってくれと命じます。天女は言いました。「よろこんで踊りましょう。でも踊るにはその羽衣がいるのです」「いや、だめだ」と彼はこたえます。「羽衣を返したらそのまま消えてしまうにきまっている」天女は悲しそうに、自分の誠意を疑われて心を傷つけられたと言います。天人はひとをだますことなど思ってもみないのだと。我が身を恥じた白龍は羽衣を返し、そしてえもいわれぬ美しい踊りをみせてもらうのでした。

松居先生はこの話から自分の言いたかったことを指摘しました。「これが我々が受け継いできた古来の思想です。時代を経た今も残っている日本人の道徳観と知恵なのです。外国人の宣教師はこんなことも知らないのです。かれらは我々のことを、そして我々の生き方を尊重しようとも理解しようともしていません。この狂気じみた戦争に負けて経済的に破綻した我々を軽蔑しているのです。バタヤを愛するどころか軽蔑していることが私にはよくわかりました。自分たちの方が優れた思想をもっているのだから救ってやろうと、傲慢にも言っているのです」「先生、バタヤさんたちを助けるために警察へ行こうとなさっていることが、なぜ傲慢なのでしょうか」「北原さん、この点をはっきりさせましょう。蟻の街の人々は、一段高いところから見下ろして恩きせがましく助けてやろうという人たちは嫌いです。ここに来て一緒に困難や苦労を分かち合う人だけが必要なのです。自分たちが物質的にたくさんもっているから『助けてやる』というポーズじゃなく」「でも先生、必要としている人々を物質的に援助をするのは悪いことでしょうか？」熱でぼおっとしたまま、怜子はずきずきする頭をかかえて無意味な言葉をくりかえすばかりでした。

松居先生は目をほそめ、わざとよそおった冷酷な言いかたでつづけました。「あなたの宗教が何千年ものあいだ唱えてきた慈善では、この世の貧困をなんら変えることはできませんでした。そう、あなたのような金持ちの若いご婦人や立派な服を着た修道女がやってきては、お小遣いのあまりを恵んで歩いている。これがキリスト教の慈善なのです。最近神父や修道女が衣類などをたくさん持って慰問にやって来た時に、みなが不愉快になったのに気づきませんでしたか？ あの人たちの修道服には垢ひとつついていませんでした。裕福な聖職者たちがどこかの政府機関に集めてもらった古い残り物を恵んでくれたからって、蟻の街の人たちに大喜びしろとあなたは言うのですか。いいえ、すべては悲しい茶番です。みずから裸になって貧しい人々の苦しみを共に分かち合うのが本当のキリスト者なのではないのですか。あなたのことについても、何もかも言ってしまいますが、このあいだの復活祭に金持ちの子供の通うミッションスクールが招待してくれたのだって同じことです。キリストが、らくだが針の穴を通るよりも難しいと教えたことを、あなたがたクリスチャンはすっかり忘れています。もちろん、あなただってクリスマスやイースターに不用品を貧しい人々に与えたからって、それでキリストに従う信徒になれるとは思っていないでしょう。あなたがたはキリストの素晴らしい生涯を利用しているだけです。あなたがたは一年に二回イースターとクリスマスに大層な贈り物をし、センチメンタルな聖歌をうたって自分の低俗な良心を満足させているのです。それで貧しい人を助けてやったと自己満足しているのです。立派な家に住むあなたは三百六十五日貧困の中に身を置かねばならない人々の不幸を本当には理解できはしないのです」

「カトリック信者として私はそのひとつひとつに反駁しなければという気持でいたのですが」のちに怜子は書いています。「しかし、最後の非難にはひとこともありませんでした。イエズス様が一未信者の口をかりてエリザベト怜子の心に潜むファリサイ人の心を指摘して下さっているのだと思いました。私はかすれた声でお詫びの言葉を口にするのがやっとでした。二週間前寒さの中でおそってきた悪寒がまたやってきました」

うちのめされ混乱した怜子はいとまごいをしました。別れ際、松居先生は皮肉とも真面目ともうけとれる言葉を投げかけました。「蟻の街に教会を建てる計画があることは、あなたもご承知でしょう。教会を建てることをあなたがまだ本当にお望みなら、どうしたらそれが出来るか。その答えはコリント後書八章の九節にあります」

教会のこともコリント後書のことも考える余裕すらなく、怜子はやっとの思いで家に帰りました。怜子の熱を計って驚いた母は、かかりつけの医者は不在だったので田島医院に電話をかけました。血圧を計った医師は首をかしげ、レントゲン検査をうけるように命じました。裂孔ヘルニアと両肺の影が明らかになりました。安静と栄養のある食事をとらせるようにと言われた北原家では、当時お手伝いを雇える裕福な家庭がそうするように怜子を自宅で療養させることにしました。母は自分の手で我が子を看病したいと言いました。

ストレプトマイシンが劇的に効力を発揮する迄、結核は日本中に蔓延していました。医者たちはこの病気がとくに才能ある作家や芸術家に多いことに注目していました。これは何故なのでしょう。心理的因子が結核にかかわりをもつことは昔から言われてきたことです。日本の医者の多くは、小説家や詩人の結核菌感染率の高さをこのことで説明出来ると信じていました。かれらは普通のひとよりも繊細で、厳しい現実に直面したときの精神的抑圧に傷つきやすいのです。人間の感情や自然の機微を言葉で表現できる能力の代償として、かれらは社会にあふれている不正、不幸、矛盾により多く苦しむ傾向があるとされていました。

この指摘が正しいかどうかは別として、毎日壁と天井だけをみつめて寝床で横たわっている怜子は内面的苦悩の日々を過ごしていました。結核菌が伝染する恐れと怜子の安静を保つために、医師の命令で面会謝絶の措置がとられていました。かたい本を読むことも禁止されていましたが、貧しい人々の世界を実体験した怜子は、薄っぺらな小説のたぐいに対する嗜好をすっかり無くしていました。東京のスラムや蟻の街がいかに多くのことを必要としているかにいま気付いたというのに、何もしてはいけないという命令をうけて怜子は強い焦りを感じるのでした。

子供の頃から内省的な傾向があった怜子は、自分の人生を振り返って、満たされることのない挫折に満ちた夢の連続だったと思うのでした。もし必要なら自ら闘い、死ぬこともいとわなかった愛する国、日本に捧げた熱情、そして全面降伏の幻滅。敗戦のあと兄が言った言葉がよみがえってきます。「人生は無意味だ。更に言うと裏切り者なのだ。戦争で死んだひとたちはむしろ幸福だったよ」衰弱しきった心と体をかかえた今の怜子にとって、兄の失意がより一層せつなく迫ってくるのでした。そして、絶望？　もし神様に対する信頼を失ってしまったら？　この恐ろしい思いが怜子を襲いました。いいえ、私は絶望はしない。ただ私の信仰と愛が浅かっただけなのだ。松居先生のきびしい言葉の数々が頭の中をこだまします。キリストを利用する偽善者だと非難なさったけれど正しかったのではないかしら。罪の思いにさいなまれ、怜子の心から平安と慰めがことごとく奪い去られました。

失意の中にあって怜子は、自分が本当に神を愛しているのか、ただ松居先生が言ったとおり神を利用しただけなのかを問いつづけました。たしかに両親や姉妹を愛しています。それなのに皆には心配をかけてばかり。なぜもっと如才なくふるまえないのだろう、ただただ皆を苦しめただけ。修道院に入りたいという気持ちを説明した時だって、何故あんなに軽率で不器用だったのだろう。あの時も皆を傷つけ、そして今度のことではもっともっと深く傷つけてしまった。せっかちで軽率で無思慮な怜子。怜子は自分を責めました。家族はいっそうキリスト教から離れてしまった。なんと貧弱なキリスト信者なのだろう。そしてイースターのパーティーでの敗走。あれは完璧な失敗だった。マザー・アンジェラスの学校へ子供たちをひきつれて行った時の溢れんばかりの元気は神父の攻撃でことごとく萎んでしまった。困難にあっては全く頼りなく、意志薄弱な人間。そのおかげで子供たちは劇を上演するせっかくのチャンスを奪われてしまった。しかも、結果が子供たちや蟻の街に及んだばかりでなく、更に悪いことに松居先生との関係をも破綻させてしまった。いまや、先生と神父は修復不可能な敵同士。怜子は自分が引きおこした失敗と神から見捨てられた辛さをかみしめていました。それは怜子にとって宗教学者のいう「霊魂の暗夜」を通り抜けることによる最初の浄化でした。

「霊魂の暗夜」という表現は、アビラの聖テレジアとともにカルメル会の改革を行った、十六世紀の神秘家で詩人でもある十字架の聖ヨハネが最初に使った言葉です。彼はスペインのカトリックを台なしにしようとするルターだと誹謗《ひぼう》され、同じ修道院の人々から九ケ月にわたって修道院の離れ小部屋に幽閉されました。彼らは絶え間無くヨハネの誇りを傷つけ異端性を責めたてる一方、ミサにも聖餐式にも出ることを禁止し、生きるために必要最低限度の食物しか与えませんでした。肉体的、精神的、慰めをすべて奪われたヨハネは、自分がだめになっていくことを恐れ始めました。しかし、自分のありのままの魂にしたがって孤独な祈りをあくまでも続けていきました。そして小部屋の高い天井にあけられた隙間からさしこむ一筋の光をたよりに、詩の形式で魂の自叙伝とでもいうべきものを書き綴りました。その真実の響きゆえに、ダグ・ハマーショルドをはじめ多くの偉大な魂を勇気づけ、すべてを神に捧げる覚悟をさせたのでした。真っ暗闇に近い状態のなか、十字架のヨハネは、神秘学者たちのいう「内観へと導く光」を神からうけとりました。これは理性を捨て自分の身の安全を忘れた無垢の魂、神の意志に向ってすみずみまで開かれた裸の魂に神が直接与える恩寵です。幽閉から解放される以前に、自分がいま置かれている深み（どん底）に慰めを受け、神の自分に対する大いなる愛に圧倒されたヨハネにとって、この強いられた闇こそ友であり、導き手となったのです。「おお導いてくれた夜よ！　おお暁より好ましい夜！　おお愛する者と愛された人を結んでくれた……」

何週間もひとりぼっちで床についていた怜子をおおっていた暗闇にさしこんだ一筋の光、それは松居さんが皮肉っぽく投げかけたコリント後書八章九節でした。「あなた方はわたしたちの主イエス・キリストの恵みを知っている。すなわち、主は富んでおられたのに、あなたがたのために貧しくなられた。それはあなた方が彼の貧しさによって富む者になるためである」ここには明らかに矛盾がありました。未信者が聖書をつかって怜子に挑んでいるのです。その聖書の言葉には強いアンチテーゼ（反定立）がありました。何を松居先生は言いたかったのでしょう。彼流の皮肉でしょうか、それとも神の与えてくださった指針でしょうか。怜子は禅の修行者の公案のように、この疑問と取り組みました。公案とは、修行者が自分の論理的な思考の限界を体験するために、禅の師によって与えられる矛盾や不可能にみちた課題です。たとえば「汝の生まれる前の顔を描け」といったような。修行者は人間の知性ではかる世界の不完全さを認識し、知力ではなく、心が体験する存在としての絶対者（神）を求める方向へと導かれるのです。禅の悟りという漢字は吾と心という文字からできています。

怜子は病気のこと、失敗のこと、蟻の街の難問のこと、両親や松居先生を信仰へと導く方法のことをくよくよと考えるのをやめました。すべてを自分を超えた神秘として受け入れたのです。盲目的な信頼をもって神の手にすべてを委ねました。現実を受容することによって訪れた平和は怜子をはじめて神秘にみちた言葉、「さいわいなるかな心の貧しい人、天国はあなたがたのものである」そして「おさなごのようでなければ、天の王国にははいれない」に秘められたキリストの深遠な啓示へと導きました。今世紀の偉大な禅のリーダーの一人であった山田無文師は、禅の悟りの本質はキリストの「幼な子のようになれ」という言葉に含まれていると述べています。しかし幼な子の心になるとは子供じみた簡単なこととは違います。苦渋にみちた厳しい試練を耐え忍んだからこそ怜子はこの福音の極致に近づけたのです。聖書のあちこちで書かれている「火によって黄金から不純物をとりのぞく」この浄化のプロセスを怜子は通りぬけたのでした。

第三章　初　穂

神はお造りになったすべてのものを御覧になった。
見よ、それは極めて良かった。
夕べがあり、朝があった。

創世記一・三一

青い五月の柳

「約一ケ月で熱も下がり、お医者様からは起きて家の周りを散歩しても良いというお許しが出たので、ある晴れた日、新約聖書を片手に隅田川のほとりを散歩しました。私が病気で倒れた頃、桜はやっと蕾がふくらみかけていました。丸一月という間、病室の単調な壁と天井以外の何物も見ることが出来ませんでしたが、ベッドから解き放たれた今、私は橋の上に立ち、しだれ柳の若葉の美しさに思う存分酔いしれていました。ついお行儀も考えず、石段に腰を掛け、うっとりと美しい川の風景に見とれていました。なにやらガチャガチャという音にふと我にかえると、年の頃六十歳ぐらいの屑拾いのおじいさんが、ごみ箱の蓋をおとし、中を引っ掻き回していました。めぼしいものをより分けると彼はそれらを背中のバタ籠の中に入れました。それから食べ残しのパンを見付けるとおもむろに腰をおろし、満足そうに食べ始めました。数か月前の私ならこんな風景は胸が悪くなりとても続けて見てはいられなかったでしょう。けれど、どうしたことでしょう、今の私は彼の正直そうな顔に魅せられ、一種の親しみさえ感じていたのです。パンを食べ終えると、明らかに道で拾ったと思われる吸い殻たばこを取り出し、火を点けました。薄い青い煙が緩やかに立ちのぼり彼の皺深いやつれた顔を安らぎの柔らかい表情に変えました。一服吸い終わると彼はゆっくりと立ち上がり次のごみ箱に向かって歩き去って行きました」

彼女は胸の暗雲が晴れたようにとても幸せな気持ちになりました。確かに何かがおこったのです。「その日まで、私にとって、バタヤの人たちは哀れむべき存在でした。ところが今、その歩き去った男を見ていて、バタヤの人たちにとても親しみを感じ、まるで親戚のような感じさえもったのです。すっかり体が元に戻ったようでした。そして初夏の、雲ひとつない青空が、私の良い人間性を引き出してくれたようです。蟻の街の人たちに私の愛の手を差し延べたい。彼らと手を取り合って、踊りたい。蟻の街の子供たちの顔が一つ一つ浮かんで来ました」

「けれど、かなしい出来事の決着はついていませんでした。と言うのは、復活祭を不愉快なものにした、あの神父の告発事件、そして松居先生との喧嘩です。私は気持ちを静めるために新約聖書の聖パウロのコリント人への手紙の箇所を開きました。『(キリストは)富んでおられたのに、あなたたちのために貧しいものになられた。それは、あなたたちを、かれの貧しさによって富ませるためである』

私ははっとして立ち上がりました。私の傲慢と無神経な心が、神が私に見せようとして下さったものを見えなくしていたのです。神は御ひとり子を私たち人間を救うために遣わされました。キリストは私たちと同じく人となられました。なのに、自分のようなものが、ただ自分の暇な時間にバタヤの子供に勉強を教えたぐらいで、立派なキリスト信者のような気になっていました。バタヤの子供を助けるには、私自身がバタヤの娘になる以外に途はない……」

「北原先生！」子供の声で急に現実に引き戻されました。久ちゃんがバタ車をひっぱってかえっ

台東区墨田公園蟻の街

てきたのです。「先生、もういいの？」「ええ、きようはもう起きて、外に出てみたのよ。いつも私の様子を聞きに私のお母さんの所に来てくれたのね、ありがとう。もうすっかり良いのよ」。

そう言って二人は笑いました。

久ちゃんはお父さんが蟻の街を出ることになったことを、元気のない淋しそうな顔で告げました。今日はバタヤのやり収めだったのです。何とかバタヤの最後の花道を飾りたかったのですが、どうもうまくいかなかったようです。

「よーし、お父さんのために花道をかざろう、ついていらっしゃい」

「私は彼を履物問屋の姉のところにつれていき事情を話しました。姉は気持ち良く了解してくれ、私たちを案内しながら、ダンボール箱、縄など、役に立ちそうなものをあつめてくれました。母も手伝ってくれてバタ車に溢れるばかりに積み込みました」

久ちゃんは怜子に心から感謝しました。怜子は彼にお別れのプレゼントとして小さな聖書を渡しながら、彼女も彼から貰いたいものがあるのだと告げました。彼女は久ちゃんのバタ車を引いてみたいといったのです。久ちゃんは驚いた顔をしましたが、彼女に引き手を渡しました。でも、いざ引こうとしてみると梶棒が高くはね上がってまるで言うことをききません。二人のバタヤの子供たちが通り掛かり、引っぱるのを手伝ってくれました。車を引きながら蟻の街へ近付くと子供の一人が怜子が教えたクリスマスキャロルを歌い出しました。「仰げや、仰げや、闇に住む人、朝日とのぼりて、メシヤきませり」後の二人もすぐに一緒に歌い出しました。その歌声を聞き付けた蟻の街の子供たちは走り出て来て、怜子たちの歌に加わり、車の後押しをするのでした。数人の母親たちは怜子に気付き、声をかけて挨拶をしました。

廃品秤で体重を量る怜子

怜子が久ちゃんと屑の仕分けをしていると、「おや、おや、これは北原先生ではありませんか。私の見まちがいではありますまい」松居先生が通り掛かりました。彼女は仕分けを続けながら、頭をゆすってうなづきました。

「ところで、コリント後書を読みましたかな」

久ちゃんはポカンと口をあいて、この突然の質問の主をみつめました。怜子はすっと立ち上がると真っすぐに松居先生の目をみつめ「はい」と答えました。彼の厳しい表情は見る見る和らぎ、丁寧にお辞儀をすると「ありがとう」

といって立ち去りました。

「おや、これは、お嬢様のおかえりですな」今度は会長が現れ、優しく声をかけました。

「もう、お嬢様なんて呼ばないでください、私、今日からバタヤの娘になりましたの」

「ええ、あんたがバタヤ？……」会長は目を丸くして聞き返しました。

彼女は頷くと、なおも屑の仕分けを続けました。仕分けが済むと、久ちゃんは彼のバタ籠と荷車を怜子に譲りました。

翌日、家の裏で荷車の車輪に油をさしている怜子を見た父は「一体、何をしているのかね」と、いぶかりながら尋ねました。

「お父様、私、今日から、バタヤになりましたの。そして、これ私の荷車よ。私の洗礼名がエリザベトってご存知でしょう。彼女ははじめ、貧しい人を助けようと施しをしました。でも最後には自分が貧しい人たちと同じ立場に立たないと本当にその人たちを助けることにならないと気が付いたの。お父様、私もやっと自分が何をすべきかが解りました」怜子の父は自分が学問の道に進もうとしたとき、父親に反対された苦い思い出を決して忘れたことはありませんでした。これまでに彼は怜子に強いて何かをさせたり、また、止めさせたりしたことはありませんでした。しかし、この件に関しては、怜子の健康を考え、バタヤになることがどんなに非現実的で無分別な事であるかを言わざるを得ませんでした。実際に彼は医者が何というかは見当がついていたのです。

数日後、聖霊降臨の日曜日がやって来ました。怜子は浅草教会の歌ミサから帰り、朝食をとろうとしていました。安子ちゃんと守男ちゃんの二人のバタヤの子供たちが彼女を呼びに走って来ました。「どうしたの」「松居先生がすぐ会いたいって」「ええっ、どうして」「そんなこと知らないよ、とにかく早く来て」大急ぎで朝食を済ますと、休む暇もなく子供たちと一緒にかけつけました。やっと言問橋まで来て一息つき、そこから蟻の街を見下ろすと、怜子はその美しさに心を奪われました。まるで額縁に収まった一枚の雪舟の絵をみるようだと思いました。

突然怜子ははっとしました。なんと、蟻の街に新しい大きな建物が建って、その屋根の上に十字架が初夏の澄んだ青空を背にしてくっきりと浮かび上がっているではありませんか。蟻の街に十字架、彼女は松居先生が教会と十字架の事を話していたことを思い出しました。これが聖霊の働きでなくて何でしょう。しかも今日は聖霊降臨の祝日です。彼女は歌ミサの中で歌った聖歌の歌詞をつぶやいていました。「聖霊来たりたまえ、信者の心に満ちたまえ、我らの心を照らしたまえ」

会長と松居先生は全く急に教会を立てることにしたのでした。東京都の役人の話から察すると、都は明らかに公園を造るために蟻の街を焼き払おうとしていました。「俺たちを殺そうというのか」と一部の男たちが騒ぎ始めていました。蟻の街には今、百世帯もの人たちが住んでいます。彼らにはここしか住む所がないのです。もし、都の役人が彼らを追い払おうとするなら、殆どの人たちはそれに刃向かうに違い有りません。多くの人たちが傷つき、蟻の街の事件は永久に汚点となって残るに違いないのです。

いくら都の役人といっても、宗教的な場所を取り壊すとなれば躊躇するに違いない、会長と松居先生は、そう考えたのでした。松居先生にとって教会はただの手段でしたが、会長の考えは違っていました。子供たちにとって心のよりどころになるに違いないと彼は考えたのです。すぐさまゼノ修道士に連絡をとると、彼はおおよろこびで計画に乗ってくれました。ゼノ修道士はこれまでに幾つかの大きな建物を建てていましたので、建材を安く譲ってくれる業者の心当たりもつけていました。

夜のうちに建材を集め、多くの人手をかりて週末までに建物を建ててしまいました。都の役人がそれを聞き付けたときには既に遅く、細長い十メールの高さの二階建の建物は、木製の十字架を屋根にいただいて完成していたのでした。一番上の階はチャペルで、ゼノ修道士は小さな祭壇をしつらえ、それに合わせた十字架と石膏のマリア像をおきました。床は畳敷きにして、子供たちが宿題や勉強ができるように机代わりの木のみかん箱がおかれました。一階は食堂で、ここでバタヤたちが食事をしたり仲間同士の寄り合いが出来るようになっていました。

怜子はすぐさま二階のチャペルと勉強部屋の時間配分をして、子供たちが一緒に宿題が出来るよう取り計らいました。そしてバタヤの子供たちの低い学力を補い、彼らが自信をもって勉強に取り組めるよう、教室も開きました。彼女は学校の放課後、子供たちの受け持ちの先生に会い、特殊な事情を説明し、理解と助けを求めました。会長はこの子供たちを毎日休まず学校に行かせるように努めました。

会長は毎朝、ＮＨＫのラジオ体操に子供たちを集めました。子供たちは、そのあとチャペルで怜子が行っている朝の祈りに参加をしました。これには、いつの間にか会長をはじめとして何人かの親たちも参加するようになりました。

怜子の次の仕事は共同食堂でした。怜子は会長に子供たちの栄養不足がいかに深刻であるかを、又どうすればこの危険な状態を改善出来るかを訴えました。殆どの子供は片親で、一日中屑拾いや、仕分けに追われ、子供たちの食事の世話までとても手が回らないのでした。食事の次は衛生面のことでした。これは食堂のみならず、蟻の街全体の排水などの水回りのことも含んでいます。彼女はこれらの改善を決して急がず、こうしたことの実行や通達は、いつも会長からなされるように配慮をしたのです。そして最後には、せめて子供たちだけにでも、風呂場を作って欲しいと頼みました。

ルイス・ブッシュはかれの有名な著書、『JAPANALIA』の中で、日本の生活習慣について書いていますが、その中で、日本の風呂と風呂屋という項目があります。「日本人ほどきれい好きな人種は居ないだろう、彼らは余程の貧乏人でないかぎり、毎日の入浴『おふろ』を欠かさない」と述べています。彼の説明によると、風呂屋で日本人は浴室の隣にある脱衣場で衣服を脱ぎ、広い浴室に入ると、木の腰掛けに座り、浴槽から桶でお湯を汲み、石鹸で体をよく洗う。そして体の垢と石鹸をよく洗い流した後で古代のローマ人のように浴槽に深々と浸かる。それはこの上もなく贅沢で、心地よいことである。また日本通で知られるライシャワー博士は、日本の歴史のうえで風呂というものの持つ重要な役割を述べています。「人口の割に狭い国土にひしめき合って生活をしている日本人。日本の都市、及び住居は西洋に比べものにならない位過密で狭く、彼らはむかしから長い労働時間を強いられている。しかし日本人の殆どが、貧富に拘わりなく、まるでローマの高級官吏のように、ゆったりと風呂に浸かり、一日の疲れをわすれるのである。近年、人々が家庭に風呂場を持つようになり、公衆浴場は段々少なくなって来ている」

　蟻の街に人々が最初にバラック同然の小屋を建てて住み着いたころ、風呂などは、考えられないほどの贅沢でした。大人も子供も汚れるに任せ、しらみが横行していました。しらみは蟻の街の中だけではなく近辺の住人にまで広がっていました。子供たちは学校でからかわれ、のけものにされました。怜子は会長を説得して小さな風呂場を作りました。大きなガソリンのドラム缶を二つにきって、二つの風呂桶を作り、木を燃やして湯を沸かしました。

　怜子は子供たち全員の入浴の時間割を作りました。一番小さい子供たちの母親が病気だったり忙しいときは怜子が風呂に入れました。子供の中で幾人かトラコーマや皮膚病にかかっていましたが、その子たちは別にして消毒液を使って洗ってやりました。言うことを聞かないやんちゃな年かさの子供たちには冷たい水をバケツで浴びせるお仕置きが待っていました。

その他、種々の病気が蟻の街の人たちを冒していました。戦時中の厳しい生活が人々の健康を害していたのです。不潔な住居や生活が悪条件に輪をかけました。病人の看護、老人宅への訪問に怜子は多くの時間を割きました。お金持ちのよそ者に対する人々の嫌悪感は徐々に消えて行きました。怜子に対する気持ちの変化のいきさつを一人の母親が語っています。あるとき、彼女は窓から数人の子供たちがなかなか動かない重い荷車に苦労しているのを見ていました。偶然怜子が通り掛かり、子供たちは助けを求めました。彼女は車が轍から抜け出るまで荷車を肩で押し上げました。子供たちが去って行くのを笑顔で見送った後、怜子の顔は見る見るうちに青ざめ、壁によりかかる姿をこの母親はそっと見ていたのです。怜子の苦しそうな顔を見たこの母親は、この娘のしていることは決して金持ちの令嬢のきまぐれなひまつぶしなどではないと悟ったのでした。彼女がここにいるのは、他でもない、子供たちを愛するからなのです。その日から、その母親は怜子の強力な味方になりました。

初めての屑《くず》拾い

勉強部屋がもてたことは素晴らしいことですが、机と言えば廃物利用のみかん箱だけです。彼女は本物の机を何とか欲しいと思い、祈りました。ある夜、守男ちゃんはぐらぐらするみかん箱の机にたまりかねたらしく、彼女がひそかに待ち望んでいた言葉を口にしました。

「なんで、机買うために、屑拾いしないんだよ」

怜子はこう書いています。

「私はごみ箱から屑をあつめることに対する潔癖すぎる偏見を考え直すようになって来ました。屑拾いは浮浪者の生活の手だてだけではなく、貴重な資源を活用し、自然を回復させるお手伝いをすることなのです。汚い屑と思っていたものが実はとても貴重なものだったのを見たことがあります。『すごい、良い考えよ』って、思わず守男ちゃんに答えました。『そうよ、私も一緒に行く』『うん、すぐ行こう』守男ちゃんは目を輝かして言いました。ほかの子供たちもいっせいに賛成しました。

　子供たちはどこからかバタ籠と荷車を集めて来ました。『あなたたち、先にいって。私、後から行くから』」

　この時代、彼女の日常ではまだ優雅な着物を身につけていましたが、おのずからこれを改めなくてはならなくなりました。もし、このぼろを着た少年たちと一緒にこの恰好で汚い荷車を引いて歩けば、なんとも不釣り合いなというより、見せびらかし以外の何物でもないのですから。彼女は廃品だけを集めようと思っていました。歩き始めてほどなく、溝の中に藁の縄を見付けました。縄はそのころ、ものの無い時代にはよく使われていたものです。拾いたいと思う手を、長年の育ちの良さが押し止どめてしまいました。でも慌ててそっとあたりを見回し、素早く屈んでその藁をつかむと着物のたもとに押し込みました。

彼女はこう書いています。「私にはリヤカーを引く勇気もありませんでした。縄を拾ってたもとに隠したことだけで狼狽して家へ逃げ帰りました。私はそれでも自分の弱気に鞭打って、せめて、たもとに収まるだけの短い縄を探すことにしました。そして身を屈めて縄をつかむや否や、誰か近所の人の目につかなかったかどうか慌てて見回すのでした。とても自分がみじめで恥ずかしく自分の顔が赤くなっているのがわかりました。私は心の中で祈りました「マリア様」。たったそれだけのことでつまらない見栄から解き放たれた私は真っすぐに車を引きに戻りました。歩きながら、マリア様が天使に答えられた言葉が心にうかんできて、深い安らぎを与えてくれました。『我は主のつかいめなり。仰せのごとく我になれかし』」

「私は商店街からげた屋の問屋のある花川戸に向かって車を引いて行きました。そこでは夕方、店じまいをした後に縄や空き箱を捨てるのを知っていたからです。私はそこから川に沿って歩き、次は松屋デパートの裏の路を引き返しました。そこで私は空き箱を拾いあげ何か売れそうな屑を見つけては、まるで子供のように興奮しているのでした。子供たちと合流し、荷車三台分、お金にして百円もの屑を集めました。一九五一年当時、平均的な一日の賃金は約二百四十円でした」

その夜、再び彼女は年長の子供たちと屑集めに出掛けました。言問橋を渡り、向島一帯のごみ箱を回りましたが、あるのは残飯だけです。大人の屑拾いの中にはそういう残飯を食べる者もいましたが、お腹を壊し易い子供たちは厳しく禁止されていました。すっかり落胆した彼女は、なおも子供たちを連れて歩き回り、ついに何やらあやしげな狭い路地に迷いこんでしまいました。けばけばしい装いの厚化粧の女たちが狭い戸口の外に立って通りすがりの男たちに声をかけています。酒に酔った男たちが千鳥足で向かいから歩いて来て怜子たちにぶつかりました。酔っ払いは何やら下品な言葉で怜子をからかい、彼女に触ろうとしました。子供たちは悲鳴を上げ、怜子は無我無中で子供たちと荷車を引っぱってその場を逃れたのでした。一気にその恐ろしい体験談を彼女たちが話すのを聞いて松居先生は大声で笑ってしまいました。何も知らないこの純情無垢な一団が訪れたのは当時『鳩の町』とよばれた赤線区域だったのです。

怜子はこう書いています。「何かへまをしてしまったあと、私は何か物を集めて来るまで落ち着くことが出来ませんでした。それから四、五日たった夕暮れ、私は言問橋を渡って、川の東側を歩いていました。何の収穫もないまま、工場地帯の屑を探しましたが、それも無駄ぼねに終わりました。時計は既に夜の十一時を回っていました。私はもう一回りすることに決心しました。そして今度は屑箱が灯心に使った木綿の紐で溢れているのに出くわしました。私は荷車いっぱいにそれを積み込み、蟻の街に帰り、そしてその紐が良い値になることを知り、小躍りするほど喜びました」

姉の和子によると、大学時代の怜子は芝居や映画に目がなく、何かよい演目がかかると全部観なければ気が済まず、自分のお小遣いを使い果たすと、裕福な履物屋に嫁いだ姉の和子に借金のおねだりをするのが常であったということです。そしてこの姉は一度もこのかわいい妹からの無心を断ったこともなく、また、それを返してもらおうなどと一度も考えたことはないのでした。その怜子が一旦屑屋の中に身を投じた後は、家族に経済的な援助を頼る一切の誘惑を断ち切りました。子供たちを助ける唯一の道は、彼らに自立の心を教えることだったのです。

彼女の父の友人に和菓子屋を営む人がいましたが、大学教授の令嬢が勉強机を買うためにバタヤの子供たちと道で屑を拾っているのに心を動かされました。この和菓子屋の主人は怜子がお金の寄付を受け付けないのを聞き、それではと電話で彼のところに良い反古紙があるが、少し遠いので汽車賃を出すから取りに来ないかと申し出ました。彼女は旅費の申し出は断り、小さな仲間たちを徒歩で工場まで出向かせたのでした。

水溜まりに輝く星

「よくできた宿題を提出すれば、先生からほめられ、クラスの友達からも尊敬されるので気分がよくなるものです。このことには、子供の頃から気付いていました」と怜子は書いています。「気分もいいし、学校も楽しくなるものです」蟻の街の子供にとって、これが問題点だったのです。今では、子供たちのほとんどを学校に通わせるようにはしたものの、学力が劣っていたため先生からも級友たちからも馬鹿にされました。子供たちをこの状態から抜け出させるために、怜子は夏休みを利用することにしました。

蟻の街の入口で遊ぶ子供たち

子供たちがもって帰ってきた夏休みの宿題をみた怜子は、思わずうなりました。彼らは海や山についての作文や課題研究をやらなくてはならなかったのです。蟻の街の子供たちは海や山に行ったことがなかったのです。怜子は松屋デパートの中にある旅行代理店に行ってみました。

日本の鉄道や旅行代理店は、いろいろな観光地の素晴らしい景観を写したポスターをいつも店先にきれいに飾っています。怜子は雄大な富士山の姿を湖面に映し、そののどかな美しさが更に引き立てられている箱根の、芦の湖のポスターに目を留めました。これだ！子供たちを四、五日そこへ連れて行き、そこから東に向かって小田原まで行き、そこから海へ行こう。店員はソロバンをとり、バスと汽車の運賃を六千円と計算してくれました。今のオーストラリア通貨で五百ドルをはるかに越える額でした。

彼女がこの計画を子供たちに話すと、大騒ぎになりました。「でも旅費を払うのに六千円分の屑拾いをしなければならないのよ」「できるよ」と皆は叫び返しました。

ロマンチストの怜子は、皮肉屋の松居先生に会いにいそいそと出掛けました。彼はむっつりして川端の柳の下に座っていました。怜子は息もつかずに、この計画のあらましを説明しました。

「それで、もし、旅費を払えるだけ廃品が集まったとして――私は無理だと思うが――山ではどこで泊るつもりですか」「だいじょうぶ、野宿しますわ。夏ですもの――屑拾いができるのですから、野宿なんかわけありません」「それは考え直してもらわなければ……」彼は皮肉っぽくつぶやきました。「彼らはまだほんの子供だということを、考えていただきたいものですな」

このブルジョアのお嬢さんは顔を赤らめました。怜子は、その無知をあからさまに指摘されて、びっくりしたのです。しかし松居先生は、子供たちのことを思いやって優しい態度に変わりました。

「仙石原に別荘をもっている友人がいますが、その家はたいてい空いているのですよ。彼なら子供たちを泊めてくれるかもしれない。……もし自分たちで六千円都合できればね！」

怜子は、どうやって六千円を作ろうかと思案しながら歩いて帰りました。一日百円ちょっと稼げるバタヤもいる！自分の部屋に直行した怜子は、マリア像の前に跪きました。「マリア様！私の高慢とせっかちが招いた無謀な計画で、子供たちを大喜びさせてしまったのでしたら、どうぞお許しください。この責任は私なのですからどんなことでもお受けします。でも、どうぞマリア様、子供たちを山と海へ行かせてやってくださいませ」

翌朝早く、怜子は汽車で箱根に向かいました。仙石原で降りると、そこは蒸し暑い東京とはうってかわって空気がひんやりと澄んでいました。松居先生の友人は怜子を気に入りました。結構です！怜子と子供たちは八月十一日から数日間、その別荘を使わせてもらえることになりました。つまり、あと三日しかありません。明日は八月八日なのです！

家に帰ると、北原教授のお嬢さんが貧民窟の子供の屑集めを手伝っていると聞いて、父の友人が電話をかけてきていました。彼が経営している乳製品工場に大量の空き缶があるというのです。それで、工場が就業する十時以後に取りに来てもよいとのことでした。

会長は快く、大きな荷車を三台彼女のために出してくれました。仕事を終えて帰宅する時間であるのにもかかわらず、すすんで手伝いを申し出る大人もいました。その中に背の曲がった小柄な男性もみえました。彼が、大きな荷車の舵棒の間に入った時、怜子に付き添っていた彼女の母親は、感動のあまり自分も付いて行くといいだしました。

工場は、南におよそ三キロのところにありました。その晩おそく、みんなは荷を積み込んだ三台の車をひいて、汗びっしょりになって帰ってきました。みんな興奮していました。少なくとも、あと八台分の空き缶がありました。次の晩、もう六台分回収し、三日目には工場が開く前に行って、残りの分を回収しました。この質のよい空き缶は、重さを計ってみると六千円分の価値があったのです！　子供たちは大はしゃぎでした。怜子はこれは神様のお計らいだと信じて疑いませんでした。彼女の母も、会長もキリスト教徒ではありませんでしたが、大いに感動していました。

一九五一年八月十一日午前五時、あたりがほんのり明るくなった頃、興奮した十人の子供たちが北原家の外に集まってきました。子供たちに付き添って行くのは、会長が選んだバタヤさんでしたが、これはめちゃくちゃに早すぎるとぼやいていました。彼は二十二歳の怜子より一つ下で、少し風変わりな人でした。が、怜子は彼の強い腕力と強靱な肩を大いに歓迎していました。一団が出発しはじめると、彼は大声で当時流行していた宝塚少女歌劇のシャンソンを歌い始めました。まわりの人々は立ち止まって、ぽかんと口をあけ、なんとも奇妙な一行を眺めていました。でも、怜子は人々の目など一向に気にしませんでした。

彼らを乗せた汽車は、昼近くには箱根を走っていました。子供たちは、お互いに窓辺を取り合い、涼しい風に髪をくしゃくしゃにしながら、野の花が咲きほこる広々と開けた大地を見て歓声をあげるのでした。その風景は、自分たちが住む貧民窟の通りとはまったく掛け離れたものだったからです。お昼前には、まるでお城かと思える家に到着しました。そのひんやりとした苔の庭は、貧民窟で過ごしている子供たちの目を吸いつけました。美しく刈り込まれた木、計算されて据えられた岩、小石を埋め込んで作った曲がりくねった道など……。千年の歴史を経て日本人は、海、山、川、森、野原の自然をなぞって、庭園の中に小宇宙を出現させることを学んだのです。それを目にするのは、このいたずらっ子たちにとっては初めてだったのです。

彼らは魔法にかけられたように、黙って立っていましたが、とうとうその中の一人が沈黙を破りました。「シーッ、これはまるでおとぎばなしに出てくるお城みたいだ」怜子は門をくぐり、黒い樫の木で出来たどっしりとした玄関の扉まで皆を連れて行きました。「きっと、ここには魔法使いが住んでいるんだ」と空想家の源ちゃんが言いました。「だから、魔法の言葉を知らないと入れないんだ」吉ちゃんはつま先立ちになって、扉にはめ込んだガラスの窓から中をのぞいて叫びました。「中に魔法使いの洞窟があるぞ！」怜子がその子の頭ごしにのぞくと、それは大きなマントルピースでした。子供たちは今までそんなものは見たことがなかったのです。源ちゃんは暖炉だとわかりました。「見てごらん、森の魔法使いがヘンゼルとグレーテルを料理しようとして押し込んだストーブだ」吉ちゃんはやっきになって言いました。「ほら！　これはパンで出来た家だ、屋根はケーキで出来ているし、窓は大麦糖だ！」子供たちの飢えた想像力は、怜子に話してもらったおとぎ話のご馳走を思う存分吸収して満腹していたのです。

皆は中に入り、怜子は明かりをつけました。鎖にぶらさがったシャンデリアが子供たちを驚かせます。「アラジンのランプだ！」源ちゃんが叫びます。「アラジンのランプよ、アラジンのランプよ、僕はおなかがすいているのだ。魔法で食べ物を作っておくれ」子供たちは食べ物が入ったナップサックを開け始めました。

「お待ちなさい」怜子がいいました。「まず初めに、魔法使いのお城をきれいにするのよ」彼女が広いベランダの重い雨戸を開けると、太陽の光りがあふれんばかりに差込みました。四角い弁当箱の白いご飯の真ん中に真赤な梅干しをおいた日の丸弁当をひろげました。しかし、たちまち子供たちの箸でなくなってしまいました。

日本は地質学的には若い国で、六千万年前に海の中から姿を現しました。この国の自然界は充分に安定する程、時間が経っていません。地面の揺れは頻繁に起こり、現在も続いている地殻活動がもたらす嬉しい副産物に沢山の温泉があります。温泉は一年を通じて訪れる数百万人もの日本人にとって、くつろぎと湯治の場となっています。いま、怜子と子供たちが来ている仙石原は、その熱い硫黄鉱泉で有名な所です。怜子は一人ひとりに手拭いを渡しました。手拭いは、日本人が、熱い風呂に体を深く沈めた後、ほてった体を拭くために使う小さな木綿のタオルのことです。一行は共同温泉浴場まで坂を下って行きました。

彼らは九フィートの高さの壁で仕切られた男湯と女湯に別れて入りました。子供たちは裸になると、風呂の外でたっぷりと石鹼をつけて体を洗い、すっかり石鹼を流し終えるまで手桶でお湯をかぶります。それから、泳ぐのに充分な深さ六十センチの大きな風呂につかりました。誰も入って来ません。あふれでるお湯であたりは湯気が立ち込めています。女の子たちは、おとぎ話の登場人物になったような気分に浸っています。男の子たちと言えば、泳ぎはじめたかと思うと、悲鳴を上げたり大声で叫んだりして水のかけ合いが始まりました。とうとう怜子先生の声が響きました。「さあ、そこまで。静かにして。出て体を拭くのよ。でないと金時山へ連れてってあげませんよ」

共同浴場を出ると、遠くにそびえ立つ富士山を眺めながら台ケ嶽の北側斜面の樹木をぬって歩き始めました。怜子は、楽しい入浴がすっかり子供たちの表情を変えたことに驚きを感じていました。小さな指は、秋の紅葉の葉先のようにつやつやしています。登山道に沿って、西洋杉や糸杉が夏の空を背景に高く真っ直ぐに伸びて、足元に涼しい陰を落としています。金時山に近づくにつれて、子供たちの小さな足取りが、走るように早くなってきました。怜子はとり残されて、一番後ろでふうふういっています。一行は海抜千三百メートル余りの山頂に着きました。普段おしゃべりの蟻たちも、眼下の景色のすばらしさに息をのんで黙り込んでしまいました。西側の仙石原で、風に揺れるすすき（しがねよしの東洋種）に一面はおおわれています。南側には、強い日差しにちかちか光る芦ノ湖が見えます。真下には、小さな建物がいくつかの群れを作っていて、あちこちの温泉浴場からほのかにたちのぼる煙のすじが見えました。

汚い街のほこりにまみれた肺は、山の空気を吸い込み、どんよりと活気のなかった目は周囲の夢のような美しさにすっきりと洗われて、時間が止まってしまったようでした。子供たちはあおむけに寝て、明るい空を眺め、小さい子供たちは本当に眠ってしまいました。しかし、自然は決してまどろんではくれません。突然、遠くで雷鳴が山に響き、いつの間にか厚い雲が空に広がり、あたりがどんどん暗くなりました。夕立です！「急いで！降り出さないうちに帰るのよ」怜子は叫びました。雷が近づいてゴロゴロなると、小さいカッちゃんは怜子の足に腕でしがみつきました。シャンソン歌手は、生き残った者たちを連れて敵軍の間をお城まで引き返すサムライに変身しました。怜子は貧しい子供たちが、このあそびに満足して、喜んで彼の武士の雄たけびをまねしながら後を追って行く姿に思わずほほえみました。

彼らが目的地に着く前に雨が降り出しました。夏の雨に降られることなど、バタヤの子供たちには少しもめずらしいことではありません。「ニンジャ、ニンジャって呪文を唱えろ、そうすれば敵の矢も当たらないぞ」とサムライは叫びます。子供たちもその呪文をまねして唱えながら、雨など気にもせずに面白がり、大笑いしながらほてった体を雨に打たせていました。しかし、呪文の効果は調理するために裏庭へ出しておいた薪には及びません。シャンソン歌手のサムライは、濡れてしまった薪が煙をたてるだけで、うまく火がつかないので子供たちに乾いた松ぼっくりを探しに行かせました。ようやく火を焚き付けるには、ずいぶん時間がかかりました。

怜子は、お手伝いさんを雇っている家の令嬢のごたぶんにもれず、台所仕事をあまりしたことがありません。うどんは鍋の湯が沸いてから入れるものだということを知らないので、水の中に入れて火にかけてしまいました。湯がわきたった時には、中味が糊状のあわれな姿になってしまったのを子供たちに見られてしまったのです。そこで、煮干しと醤油でなんとか体裁を保とうとしましたが、子供たちの目をごまかすことはできません。突然、プリンセスともみまごうこの金持ちのお嬢さんが、実はお料理も出来ないことを知った子供たちは笑いだし、どんなにひどいものが出来上がるだろうかと突拍子もない冗談を言い合うのでした。

就寝時間をかなりすぎてから、眠くなった子供たちは畳に敷いた薄いマットと軽い布団にもぐり込み、あっという間にぐっすり眠ってしまいました。子供たちをそっと見に行った怜子は、こう書いています。「皆が皆、それぞれ違っています。きかん坊のめぐみちゃん、手におえない守男ちゃん、いたずら好きの宏子ちゃん、わがままの静夫ちゃん、泣き虫のカッちゃん、みんな、苦労をしてきたし、これからもいろんなことがあるでしょう。でも、今は手を広げて眠っています。小さなあきらちゃんは、お姉さんの腕の中にもぐり込んでいます。みんな本当にかわいらしく、こうごうしくさえみえます」彼女はひざまずくと神様に、この子供たちや親たちが行く末出会うであろう苦難から守り、いつの日にか天国へ導いてくださるように祈りました。そしてまた、自分が修道生活に招かれるように祈ったのでした。

吉ちゃんがねぼけて、おかあちゃん！と大声を出したので、ぐっすり眠っていた怜子も飛び起きました。彼のお母さんは昨年亡くなっていたのです。怜子は横になったまま自身が子供のころ起きたある場面を思い出していました。それは、ある午後おそくのことで、姉の和子に何かのことで叱られた後でした。怜子は泣きながら家を飛び出し、砂利道のつきあたりまで走って行きました。そこには松葉牡丹の花壇があって、夏の終わりの黄金色の光りに輝いていました。その時の松葉牡丹の美しさは、怜子の涙や、叱られたことさえ忘れさせるほどでした。自然の美しさが人の心を癒すのを誰が教えてくれたのでしょうか？それは覚えていませんが、この小さな蟻たちにはそのことを教えてあげたい。蟻の街で彼らをとり囲んでいるつまらないものに目を向けないで、いや、それを越えてどこにでも潜んでいる美しさを見つけ出すことができることを……。足元の汚い水溜りの中にさえ空の星を見つけることができることを……。もし、彼らが美しいものを、そしてその美しさの源を探し出すすべを身につけたなら、ごみごみした貧民窟も、母親の死も決してみんなを絶望の淵へは追いやらないのです。

善さんが笑った

数週間後、会長は子供たちの展示作品を見に来るよう、強制的に親たちを呼び集めました。展示された作品にはクレヨンを使った富士山や小田原の海の景色、湖畔の芦の、目を見張るような白黒のスケッチ、登山をテーマにきちんと書かれた作文などがありました。ぶうぶう言いながら集まってきた親たちでしたが、みな明らかに感動していました。

会長は、彼らに熱弁をふるいます。「私は今晩、あんたたちをここへ引っ張ってこざるをえなかった。中には作品をほめている人もいたし、なぜ今まで子供たちがこの作品のことを自分たちに話さなかったのかと、大きな声で不思議がっている人もいた。でも、あんたたちは忙しくて聞いてやる暇がなかったのだ。お酒を飲んだり、人の噂話にうつつをぬかし耳を傾けてやらなかったんだ。九ケ月前に怜子先生がここへやって来てからというもの、子供たちのためになることばかりしてくださった。箱根と小田原への旅は、子供たちに奇蹟をもたらしてくれたんだよ。怜子先生の指導の下で、宿題にも役だったすばらしい旅行の費用は、子供たちが自力で稼ぎ出したんだ。大人の我々が子供たちに学ぶべきだと思わないかね。我々が一緒に計画をたて、協力し合ったならば、蟻の街を地上の天国にすることもできるんだ」会長は一人ひとりをじっと見つめました。屑拾いの一日を終え、安いお酒を飲んでいたので赤い顔がたくさん並んでいたのです。

会長は続けました。「われわれは、もっと子供たちやその将来のことを考えてやらなくては。怜子先生がよい手本だと思う、もっと協力すべきではないのかね」突然、会長の目から涙が流れはじめました。それを見たバタヤたちは、びっくりしました。松居先生も驚きました。会長はヤクザに立ち向かう程強い人でしたが、北原先生の魅力にすっかりまいっていたのです。彼は、自分にかぎって絶対にこういうことにはならないと思っていました。怜子先生にここへ来るのをゆるしたのは、単にマスコミの目をひくのに役立つからだったのです。実際、たくさんの新聞や週刊誌が彼女の記事を載せてきました。そのおかげで、役所が蟻の街を取り壊すのが難しくなっていたのです。

九月になると、怜子と子供たちは、その月にお誕生日を迎える人のために戸外でパーティーを開くことになったと発表しました。会長がみんなに出席するように命じたところ、たいていの人がこの命令に従いました。誕生会は、子供たちの演じる短い劇で幕を開けました。司会役の怜子が、次はのど自慢です、と知らせます。何人かの大人が、歌うようにとあらかじめ説得されていたのです。子供たちは律儀にも親たちに拍手をおくり、もっと歌って欲しいとせがみました。中には、焼酎を飲んですっかり御機嫌になっている人もいます。怜子は歌がおわると一人ひとりを褒め、また冗談を言ったりもしました。

十月というのは、日本の学校や会社が楽しい運動会を開く月です。怜子がこの計画を子供たちにほのめかすと、まだ日時も発表されないうちに、運動会を開くので力をかして欲しいと会長に頼み込みに行きました。その熱意にほだされて、単純明快な会長は承諾してくれました。このことを聞きつけたつむじ曲がりのロッキーは、松居先生の部屋に文句を言いに飛んで行き、お酒を飲ませろとせがみました。松居先生は御機嫌が悪く、お金持ちのお嬢さんの言い出すことに反響が大きいので、苛立ちを隠せないでいました。「とにかく」とロッキーは言いました。「大人は誰も出ないだろうよ。大人はもっとましなことをするさ」

怜子と小さい協力者たちはさっそく仕事にとりかかり、会長の助けを得て空き地に走行コースを示す丸いラインを引きました。会長はみんなに風船と、ラインを印すペンキを買ってきてくれました。一方ロッキーも、一生懸命です。ほろ酔い機嫌の親たちを丸め込み、酒宴を開くので運動会をボイコットするように約束させました。

日曜日は、日本人が秋日和と表現する、雲一つない秋晴れでした。まだ誰も安いお酒を口にしないうちに、垢を落としてさっぱりとした子供たちの一団が、小屋の前に姿を現しました。彼らは深々とおじぎをして、みなさん準備はできました、どうぞ参加してください、と頼むともう一度深々とおじぎをしました。ていねいな深いおじぎをされて、いい気分にならない日本人はめったにいません！大人たちはロッキーとの約束など忘れて運動会に参加しました。大勢の人が約束を破ったのを見て、ロッキーも参加するということになりました。

誰かが掘り出してきた蓄音機が、ザーザーと雑音をたてながらおなじみの曲を流すと、子供たちが会場に行進してきました。子供たちの競走が始まると、親たちは応援します。次は、お楽しみのレースです。大人と子供が一緒にスタートして、指示の入った封筒を取りに所定の場所まで走るのです。赤い顔をしたおばさんが、封筒を開けてロッキーのところまで力走して来た時は、松居先生まで笑い出しました。ロッキーの手をつかんだおばさんは叫びました。「早く！ 一緒に車を後ろ向きにひいてよ、テープの所まで行かなくちゃぁいけないんだよ」つづいての競技では、足の速さより持久力がある善さんのおかみさんが、おお張り切りで、キャーキャー叫ぶ子供たちを積んだ荷車を懸命に引張りました。善さんが戦争中にどんな恐ろしい目にあったかは誰も知りませんでしたが、一度も笑ったことがなく、また嬉しそうな顔も見せたことがありませんでした。ところが、自分の奥さんが息をつく度に、紅潮した頬がまるでふいごのようにふくらんだり、しぼんだりするのを見て、突然、笑いがせきをきったように噴き出しました。その日彼は、終日笑いが止まりませんでした。ロッキーは、みんなからふるまわれた密造酒で、すっかり陽気になり、今日は蟻の街で過ごした最高の日であった、と言い出す有り様でした。

蟻の街のマリア

こうなれば怜子先生に子供たちをまかせるのが一番だという会長の意見に親たちも賛成しました。会長は怜子に、毎日の祈りと日曜日のミサを組み込んだ、しっかりした日課を子供たちのために作るよう頼みました。決まった規則はつぎの通りです。一、子供たちは全員、毎朝小聖堂で怜子先生とお祈りをすること。二、毎日学校へ行くこと。三、子供たちは全員、毎日曜日には近くの浅草教会でミサにあずかること。まだ夏でしたから、朝の祈りは日曜日を除いて午前六時から始められました。

九月半ばに怜子は家の用事で休みを取りました。その間に、蟻の街では酒の上での争いが起こりました。松居先生の部屋に三代が飛び込んできたのです。「先生、はやく！ またです。青木さんが包丁を持っています。うちの人が殺されないうちに早く止めてください」松居先生が現場に着いたとき、酔っぱらった青木と小泉は相手を隅に追い詰めていました。先生は三人の中に割って入り包丁を渡すようにどなりました。松居先生が包丁を取り上げる前に刃物がきらりと光り二度も切りつけられました。小さな人垣をつくって集まっていた人々は、家や仕事を捨てて、自分たちの相談役になってくれている松居先生が血を流しているのを見て衝撃をうけていました。周囲の威嚇するような視線を感じ取った青木は小屋を走り出ると、どす黒い隅田川に飛び込みました。小泉の妻は、火がついたように泣き叫ぶ子供たち、吉ちゃん、カッちゃんの傍らで、真っ青になって震えていました。

切り口は大したことはありませんでしたが、松居先生は怒りよりも失望感に襲われました。会長は、きっぱりと青木と小泉の追放を宣言しました。しかし、どこへ行けというのでしょう。そんなことは知ったことではないとばかりに、小泉の妻は、明日の朝までに持ち物をまとめて子供ともども出ていくように、と言い渡されました。そこへやってきた怜子は彼らのためにとりなしましたが、結局役にはたちませんでした。

　翌日の朝の祈りの時、怜子はほかの子供たちと一緒に、この追放される家族のために祈りました。祈りがすむと、怜子は二人の哀れな子供たちを呼んで、みんなで「蛍の光」を合唱しました。怜子は、聖母子の御絵を手渡しながらいいました。「これをいつどこでも、なにをしていても持っていらっしゃい。もし困ったことがあれば、ここに戻ってきて私たちに相談するのよ。あなたたちの友達だから」ちょうどそのとき、九月の激しい雨が、頭上のブリキ屋根を耳をつんざくような音でたき始めました。怜子は二つの小さな顔がとても不安気に外の嵐を見つめているのを見て、悲しくなりました。どうすれば酔っぱらいや喧嘩をなくすることができるのだろうか。

　数週間後、浅草教会のミサの説教の中で、千葉神父が貧しい人のために政府が後援している赤い羽根共同募金について話していました。毎年秋になると国中で、赤い羽根の箱を首からつるした募金係の一団が人出の多い道路に立つのです。ミサから帰ると怜子は子供たちに言いました。「赤い羽根の運動に参加することってすばらしいことじゃない？」「なんだって？」と俊ちゃんが言いました。「それで、首から箱を下げて道を歩き回るのかい。よせやい」「ちがうわ」怜子は答えます。「リアカーを引くのよ。屑を集めて募金に役立てるの。きっととても楽しいわよ。病気の子供たちやお年寄りを助けることになると考えてちょうだい。夏の遠足の交通費だって六千円もつくれたじゃないの。もしその倍の一万二千円を病気や弱っている人にあげることができたらどうなるかしら。きっと、一ケ月でできると思うわ」「できる、できる」いっせいに声が上がります。用心深い俊ちゃんでさえ興奮に巻き込まれています。

怜子は会長に許可を願いました。会長は同意してくれ、後に松居にこう言ったそうです。「あれは生まれながらの先生だね。やっていることは本当に単純なんだが。自分たちのことを忘れて、もっと暮らしの苦しい人のために働けば自分たちも幸せになれるってことを子供たちに教えているんだよ。手伝わなくてはならんな！」

怜子と子供たちがバタ車を磨いているのを見た会長は声をかけました。「すぐにペンキを持ってくるからな。そうすれば、おまえたちのバタ車はぴかぴかになるぞ」子供たちは歓声をあげました。日暮れまでには、どの組も自分のバタ車を派手な色に塗り上げました。翌日、月曜日の放課後、とてつもなく誇り高い引き手と押し手が町に繰り出しました。

大人のバタヤなら無理せずに一日に百円を稼ぎ出すことができましたが、この小さな屑拾いたちが一月に一万二千円得るのは本当に離れ業に等しいものです。特に、夜九時まで働いても少ししか集められない日など、子供たちはうんざりしてしまいます。怜子は大人を説得して、各組に大人一人が付き添うようにし、怜子自身は、一番成績の悪い組に順に付き添うことにしました。怜子先生が先頭にたってごみ箱に手を肘まで突っ込んで掘り返すと、その組の士気が再び上がるのでした。松居先生がマスコミに手配したので、この記事と写真が新聞に大きく載りました。記事を読んで強い感銘を受けた読者の一人が東京都知事でした。月末までに一万二千円を集めることができたと聞いた安井知事は、知事室で子供たちが金を直接自分に手渡せるよう招待したのです。知事からの

12,000円を安井東京都知事に手渡す蟻の街の子供たち

知らせを受けて、知事室は写真を撮ったり記事を書こうとする記者であふれました。怜子にすっかり感心した記者の一人は、怜子をシンデレラになったお姫様のようだと思いました。もっと情報を得ようと、その記者は蟻の街に行ってさまざまな人に怜子のことを尋ねました。そこで分かったことは、聖母マリアへの信心が怜子の人生の支えであり、子供たちに教える祈りにも欠かせないものになっている、ということでした。小聖堂のマリア像の前には、いつも新しい花が飾られています。そして、困った事態が起きるたびに、怜子は子供たちをその聖堂に連れて行き、ロザリオの祈りをささげるのでした。「蟻の街のマリア」、これが記者が書いた見出しでした。

この呼び名は人気を得ました。それからというもの怜子の仕事ぶりを記事にする時、記者たちは必ず彼女のことを「蟻の街のマリア」と呼びました。数年後、怜子が亡くなった時には、東京で蟻の街のマリアのことを知らない人は、ほとんどいませんでした。怜子の死後一年も経たないうちに、大手の映画会社がその一生を描く映画を作り、蟻の街のマリアは日本中に知られるようになりました。

日本の仏教の中で最も親しみのある菩薩はおそらく観音でしょう。菩薩はカトリックでいうところの聖人で、人々の祈りをとりなしてくれます。正統派仏教は菩薩はすべて男性だと教えています。しかし、何百年を経ていくと観音像は、どの町や村でも女性の姿をとるようになりました。庶民は、観音の姿の中に母の慈愛を持つ菩薩を見るのです。昔からの言い伝えによれば、菩薩は苦しむ帰依者を救済するために自らがその人々と同じ姿になるとされています。観音は泥棒たちを永遠の救いに導くために、彼らの一団に身を投じることさえあると言われています。怜子を蟻の街のマリアと呼んだ記者は、日本人の宗教心に何かを訴えたのです。キリスト教徒は日本人のわずか一パーセントにすぎませんが、怜子はその社会の中で宗教的礼賛の対象となったのです。短い生涯を終えた後、特にバタヤたちの間ではそうでした。

子供たちが知事に一万二千円を手渡す様子を見て、怜子は大きな満足感を覚えました。自信と他人を思いやる気持ちが、子供たちをこんなにも成長させたのです。しかし、この屑拾いの一ケ月は、怜子に大きな犠牲を強いました。朝五時前にやって来て、前の晩に集めたがらくたを計量し、その日に屑集めする組を編成するのも度々でした。それから子供たちをラジオ体操と朝の祈りに連れていきます。朝食後は、宿題を手伝ってやったり、学校へ行く準備ができているかをみてやり、それが終わると蟻の街の病人や弱っている人々を訪ねてまわります。子供たちが学校から帰ると、しばしば夜おそくまで一緒に屑集めをしました。仕分けと計量、勘定の仕事もあって、帰宅は真夜中過ぎになることもありました。食事は粗末なことが多く、食べる暇のない時もありました。赤い羽根の運動が終わりに近づく頃、親の中の一人が怜子の体を案じて、あることを松居先生に話しました。

このことは怜子が子供たちに秘密にしておくよう約束させていたのでしたが、結局松居先生の耳に入ってしまったのです。

ある日の午後遅く、子供たちが屑で一杯になった重いバタ車を引っ張っている時、怜子はよろめき、地面に倒れ込みました。驚いた子供たちが、どうしたのか尋ねましたが、怜子はしばらく口をきくこともできず、顔は真っ青でした。どうにか話ができるようになると、怜子は大丈夫だからと言うのです。家に帰ったほうがいいよ、と勧める子供たちに怜子は言います。「私たちはイエズス様と貧しい人たちのために特別なことをしている最中なの。みんな一生懸命働いているのだから、心配しないで。聖母マリア様がきっと続けさせてくださるわ。ただ一つだけ、このことを誰にも言わないと約束してね。心配をかけるだけだし、他の人を心配させるのはよくないわ。さあ、行きましょう。まだ一万二千円集まってないわよ」先生はとてもにこやかに微笑んだけれど、本当は具合が悪そうだったの、と子供たちは話したのです。

怜子の家族は一万二千円に足りない分をだそうと申し出ましたが、子供たちが自分の手で集める

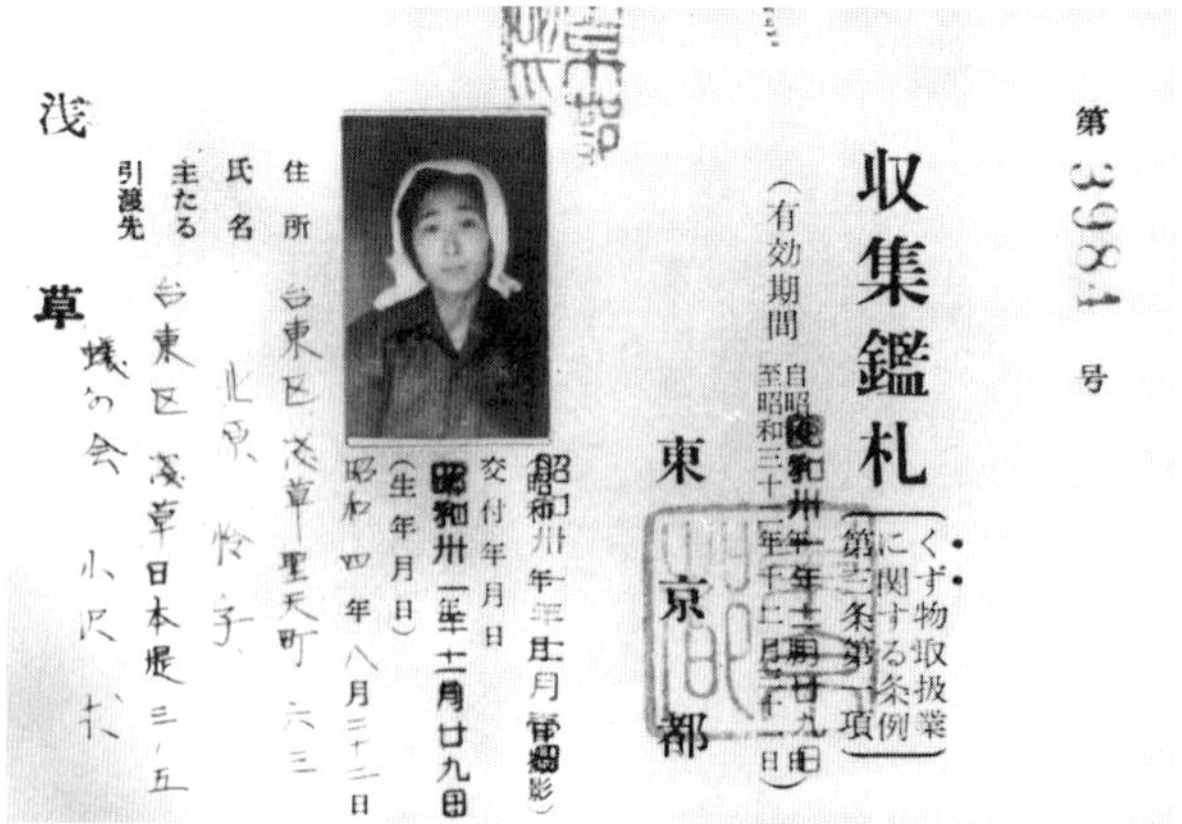

怜子のバタヤ収集鑑札

ことが大切なのです、と言って丁寧に断りました。十一月になって怜子があまりに具合が悪そうなので、母親は彼女を医者の所へ連れて行きました。診察した医者は驚いて、ただちに横になって休むよう命じ、空気のきれいな山で静養するようにと勧めました。この知らせを聞いた松居先生はあのように働かせたことをすまなく思い、怜子に会いに出かけて行きました。

マニラ、死の行進

松居先生の予想に反して、玄関に出てきた怜子の母には腹を立てた様子は微塵も見えませんでした。怜子の部屋まで案内された松居先生は、土気色をした顔色にもかかわらず、いきいきした目の怜子を見ました。怜子は松居先生に一通の手紙を手渡しました。それは、フィリピンにいる堀池宏市という人からの手紙でした。戦争中に日本帝国海軍に所属していた堀池は、捕虜となった後、残虐行為のかどで不当に告発され、軍事裁判にかけられた他の六十九人の日本人と共に死刑の判決を受けていました。彼はその時、マニラ郊外のモンテンルパの刑務所で刑の執行を待っていたのです。

堀池は牢の中でキリスト教の教義を学び、洗礼を受けました。今は、怜子と同様、全智なる神の手に自分を委ねることで、無罪でありながら死を恐れず心安らかでいられたのです。ただ堀池が深く憂いていたことは、渡される新聞で知った戦後の日本の様子です。殺人や強盗が横行して無秩序になっていく日本のようすに落胆していました。そんな時、蟻の街で働く怜子の記事をサンデー毎日で読んだのでした。「あなたの記事を読み、暗い霧が晴れる思いでした。私の心に平安が戻ってきました。毎日する感謝の祈りの中で貴女のために祈っています。貴女がいるだけで、日本は私にとって死ぬに値する国となりました」

松居先生は手紙を読み終わると、そのまま黙っていました。怜子は言いました。「先生、この手紙がくるまで、私は自分が病身であることを哀れだと思い込んでいましたの。でも、この若い海軍の兵隊さんを死刑から救うために何かしなくては。戦争中に行《おこな》ったとされることで嘘をついているとは思えませんもの。先生、力になってくださいますか？」

松居先生の最初の反応は否定的でした。怜子はそれを見て取り、「いつか、お話しようと思っていたのですが、……丁度いい機会ですから聞いていただけますか」ときりだしました。松居先生は頷きました。

「私が洗礼を受けるためにメルセス修道会で勉強していた時に、あるシスターが会の由来について話してくださいました。メルセスは慈悲という意味です。七百年前、スペイン貴族の聖ペトロ・ノラスコがイスラム教徒からキリスト教の奴隷を解放するためにメルセス修道会を創立しました。捕虜を解放するためには何でもする、例え身代わりにイスラム教徒の奴隷になることすら厭わない、とする誓いをたてたのです。その結果、沢山の人がイスラムのガレー船を漕ぐ奴隷となって死んでいったそうです。

メルセス修道会は近代的な会で、他人の魂を救う手助けをするために命を捧げる誓いを立てます。高円寺にいらっしゃるスペインやアメリカのシスター方にとって、私たちのためとはいえ故郷と家族の許を離れて来日するのは辛いことに違いありません。それを考えるとシスターは立派だと思うのです。私も会に入れていただきたいのですが、健康に問題があると言われてしまいました。でも、私は会の精神に基づいて生きたいと思っています。フィリピン大統領に手紙を書いて、堀池さんの助命を願うつもりです。もし、働ける場所があるなら、フィリピンに渡って孤児や未亡人のために尽くす覚悟かあると申し出るつもりです」

怜子の死後出版された本の中で、松居先生は自分の人生においてこの会話が大きな転機であったと書いています。それまで松居先生は怜子の信仰を、美しい儀式や、オルガン音楽、感傷的な賛美歌のいっときの魅力に引かれた、なにか底の浅いものだと考えていました。しかし今、怜子の信仰は、貧しい人のために外国まで行こうとするほど強いものだとわかったのです。松居先生はその場で怜子の信仰を誤解していたことを詫び、堀池の身が自由になれるよう全面的に協力することを約束しました。

松居先生の協力を得て、怜子はフィリピン大統領と他に援助をしてくれそうな有力な人々に英文で手紙をかきました。松居先生が東京新聞に電話をかけ、元海軍兵士を死刑から救おうとする怜子の祈りを支援する運動が新聞記事となりました。堀池はもともと富士山の南西、清水の農民でした。新聞社からの連絡で、彼の妻の豊子《とよ》と舅が、幼い娘と一緒に怜子に会いに来ていました。バタヤの子供たちも出席する中、浅草教会の千葉神父が助命を祈るミサをあげました。子供たちはこの戦犯のために熱心に祈りました。

打ちひしがれていた豊子にとって、怜子の優しさと幼い娘への心遣いがどんなに身にしみて嬉しかったかを後に語っています。彼女はキリスト教に入信することは有りませんでしたが、怜子が話す祈りの偉大な力は、豊子の心にしみこみました。怜子は、この後も堀池家をはじめとして祈りを必要としている人々と文通を続けました。一九五三年半ば、堀池は自由の身になりました。同年七月末、彼は礼を述べるために上京してきましたが、重病で伏している怜子を見て狼狽しました。怜子を聖者そのものだと信じてやって来た堀池は極度に緊張していましたが、それをほぐしてくれたのは怜子のユーモアであった、と語っています。

話を、堀池が釈放される二年前、一九五一年のクリスマスの頃に戻しましょう。医者は健康の回復をはかりたいなら、家でじっと横になっているように、と怜子に命じていました。

十二月初めに怜子を見舞った松居先生は、彼がたてているクリスマスの計画に浮き立っていました。千葉神父が幻灯を見せにくることや、松居先生自身も飼葉桶を作っていることなどを話しました。ぶっきらぼうの松居先生としては、怜子を励ましているつもりだったのですが、神経過敏になっている怜子は彼の説明を聞きながら、床に伏しているみじめさと、去年自分が行ったクリスマス会が、いかにつまらないものであったかを思い知らされているような、また、蟻の街は自分なしでもうまくやっているのだという思いでいっぱいでした。

その夜、怜子はこう書いています。「今日、私は意地悪な気持ちになりました。みんなの信望を集めるために自分一人が働かなくては、と自惚れています。他の人々と競い合って、他人より上手にやらなくてはとまだ思っている。私は、千葉神父様と先生のクリスマスの計画を聞いて腹を立てました。そう、醜い嫉妬です。イエズス会のエヴァンジェリスタ神父様のご注文で、私のことが載っている新聞や雑誌の切り抜きを送るつもりでしたけれど、それは自分の虚栄心を煽るだけだわ。お断りしましょう。自惚れを押さえることができないなんて、悲しいことです！」

クリスマス・イヴに、うんと厚着をした怜子と母親は、短時間でしたが蟻の街を訪ねました。隅田川を渡る冷たい北風は、怜子の心のようでした。ほんの十分間でいい、一人で蟻の街を見たいという娘を残して母親が家に帰った後、怜子は物陰に佇みました。階段をかけのぼって、騒々しく劇の練習をしている子供たちを抱きしめることができたら、と怜子は心から願う間にも、ひどい疲労感におそわれていました。軟弱な自分を責めて苦しむ怜子でした。蟻の街に暮らす人々とは全く違い、怜子は何年もの間、両親の財力と名声のもとで、自分中心の気まぐれや楽しみを自分に許していたのです。怜子は自分が無垢な子供たちをなぐさみものにしていたのではないかと自問しました。「蟻の街のマリア」という名声を半ば望んでいる自分は、マリア様とは似ても似つかない。他の人が物事を進めているから、このクリスマスを素直に喜べないとあっては、キリスト教徒として失格だ。

神は、怜子に人間の身勝手さや無力さを味わせ、深い「魂の暗夜」の中で彼女を一層清めようとされているかのようでした。「金は火で精錬される」とは聖書の言葉です。かつてリジュのテレジアのもとに、この暗夜、つまり結核を病んだ肺の影に神が姿を現されたように。冷気をぬってクリスマス・キャロルの歌声が甘く響く中、「私は、このよい子たちに値しない」という思いに怜子は打ちひしがれました。帯に吊るしたロザリオを手にすると、一番好きな玄義は喜びの玄義だったのですが、悲しみの玄義を選んで祈りながら、鞭打たれ、傷つけられたイエズスに許しと救いを求めたのです。

「アア！ コレハ。怜子サン、ドウデスカ？」ゼノ修道士でした。

「美しい優しいお顔と真白なお髭を見上げると、暖かさに包まれたような心地がしました。母の腕に抱かれた子供のような気分でした。私は『はい、半分病気で、半分元気です』とお答えしました」

「ヤリスギテハ、イケマセン、怜子サン。ソシテ忘レナイデ、天国ハスバラシ、平和」

怜子が家に帰るところだと聞いて、ゼノ修道士は一緒に行こうと言いました。でこぼこの地面にふらつく怜子に、ゼノ修道士は腕をかしました。「ゼノ様の親切に心を打たれ、暗い川べりを歩きながら、私は全てを話してしまいました。ゼノ様は答える前に、大層我慢強く話を聞いてくださいました。『ゼノ、オ嬢サンガ感ジテルコトワカリマス』ゼノ様は風変わりな日本語で、修道院に入る決意を固める前に抱いていた苦労をみんな話してくださいました。ゼノ様はコルベ神父様から、聖母マリアに大きな信頼を寄せることの大切さを学ばれたのです。救い主が十字架上で亡くなられた時、使徒ヨハネをはじめとして全てのキリスト信者に最後の贈り物として委ねられたのが聖母です。聖母を信頼することで、混乱の最中にも真の平安を得ることができたと、ゼノ修道士は断言されました」貧しさに喘いでいる所を探して暮らした日本での二十年、その澄み切ったお顔はまるで高くそびえる教会の塔のように見えるわ、と思いながら怜子は歩みを共にしていました。この偉大な魂に備わっている英知に、果して自分は辿りつくことができるのであろうか……。

「玄関まで送ってくださったゼノ修道士さまは、おやすみの挨拶をなさりながらベルトに下げてあるロザリオを持ち上げておっしゃいました。『オ嬢サン、ツライ時ハ、コレデス！』そしてとても優しく付け加えられました。『イエズスノ御母、マリア様ハドンナコトデモ助ケテクダサイマス』」怜子は深くお辞儀をすると、ゼノ修道士が消えていった闇をしばらくの間じっと見つめながら立っていました。見上げると、東の空に美しいオリオン座が静かに輝いています。信仰に生きるゼノ修道士とほんのすこし一緒に歩いたことで、怜子の心は冴え冴えとして、目が開ける思いがしたのです。

翌一月、一年前に比べると優しく、いくぶん謙虚になった松居先生が怜子を訪ねてきて、励まされるようなニュースをもたらしてくれました。「クリスマスが終わってから、浅草教会の信者さんたちからもらったプレゼントをみんなで孤児院にあげたのですよ。十二月二十九日に高円寺の修道院のシスターから招待された時もらったプレゼントを家にもってかえって、自分たちよりひどい生活をしている子供たちに配った、というわけです。正月には近くに住む浮浪者に雑煮をつくったり、ハンセン病患者のためには屑を集めて、大枚五千円を稼ぎ出して、安井知事の所へ届けたのですよ」

松居先生は次のように語って話を終えました。「怜子さん、あなたがやってのけたことが分かりますか。あなたは子供たちに、他人を思いやることに幸せを見つけることを教えたのですね。みんな、あなたに感謝して誇りに思っていますよ。ありがとう！　さて、一つお願いがあります。ご両親から医者の意見をうかがいました。もっと空気の良い所で完全な静養をとるべきです。私の母が箱根で暮らしています。山の空気はいいし、静養には理想的な場所ですよ。母はあなたに来ていただいて、健康が回復するまで泊まってください、といっています。子供たちに、神様の贈り物は大切に使うようにおっしゃっていましたね。あなたの命と健康は、神様が大切にするようにとくださった贈り物です。みんな、そして私からもお願いします。母の所で静養してください」

女浦島の帰郷

両親は箱根に行くための荷作りをしている怜子を見て安心しました。箱根はきれいな空気と温泉で有名な高原です。東京を離れつつ怜子は、自分の体の弱さ、そのことで蟻の街の子供たちから引き離されたことを考えていると、絶望的な気分になってきました。あの子供たちはいまだに都当局の脅威にさらされているのです。怜子はこう書いています。「箱根行きは私が背負わなくてはならない十字架です。堀池さんがフィリピンの牢獄で自由になるのを待ち続けているように、私も箱根で待っていましょう。私ができることは、天にいらっしゃるイエズス様と共に祈ることだけです。『父よ御心なら、この杯をわたしから取りのけてください。しかし、私の願いではなく、御心のままに行ってください』（ルカ二十二章四十二節）」

箱根で静養している怜子の許には、蟻の街経由で日本中の見知らぬ人々から手紙がきました。手紙は、怜子がバタヤの子供たちによく尽くしてくれたこと、貧しい人たちの困窮ぶりに国民の関心を向けてくれたことへの感謝でした。沢山の贈り物も届きました。品物はすべて、必要としている人たちに送ってくれるよう母親に頼みました。しかしながら、箱根での半年間は怜子にとって荒涼としたものでした。一九五二年六月初旬、怜子はもう蟻の街に戻れるくらい元気になったと、父親あてに手紙を書きました。

父親は箱根に飛んできて、あと六ケ月とどまるように説得しました。「怜子、おまえは蟻の街のためによく働いたね。先日、ある会議の席で、北原博士としてではなく、蟻の街のマリアの父親として紹介されたんだよ。しかし怜子、今は健康を取り戻すために静養が必要だ」

「お父様、蟻の街をつぶそうとする新たな動きがあるという手紙を受け取ったの。みんなが危機に瀕している時に、どうしてここでのんびりと無為に座っていられましょう。でも……」怜子は少しためらってから言葉を続けました。「たった一つ気にかかることがあるの。哲彦兄さんは亡くなってしまい、お姉さんはお嫁に行ったでしょう。私が家に残ってお父様とお母様のお世話をするつもりだったのだけれど……」

「ばかを言うんじゃない」父親は答えました。「おまえを育てたのは老後の面倒を見てもらおうと思ってではなく、自分の人生を生きてもらうためだよ。家に残って世話をしてもらおうとは思っていない」

「お父様、ありがとう。これで気を楽にしてお話することができますわ。東京に戻ったら、バタヤの一人として蟻の街に住もうと思うの。このことについてはずっとお祈りしてきて、これこそ神様が私に望んでいらっしゃることだと思うの」

父親にとっては、はかりしれない打撃でした。しかし彼は、生き方を自由に選んでもいいと子供たちに言っていたのです。彼は約束を守りました。

怜子が箱根にいた半年の間に、蟻の街ではいろいろな面での進展がありました。浅草教会から派遣された佐野慶子という若い女性が、会長と松居先生のもとで働くようになっていました。若くて健康、しかも教養もある彼女が、怜子の代わりに子供の世話を任されました。また塚本という屈強でしっかりした若者も蟻の街に加わっていました。塚本はリーダーシップがあり、すぐに重要な責務を任され、佐野の手助けもすることになっていました。静養中の怜子を気づかって誰も怜子にこのことを知らせていませんでした。

怜子は箱根から心をはずませて帰ってきたのです。両親の賛成を得て、これからは本当のバタヤになって働けるのです。もし蟻の街が焼き払われることになっても、怜子は子供たちと一緒に住処のない浮浪者になるつもりでした。怜子は福音書の中にある次の言葉に心がひかれていました。

「持物をみな売り払って貧しい人に施しなさい。そして、私に従ってきなさい」ゼノ修道士や聖フランシスコのように今度こそついて行けるのだ、と思うと晴々した解放感に包まれるのでした。怜子は手荷物を風呂敷に収まるように纏め、聖書とミサの本、それに小さなマリア像も入れました。母親に別れの挨拶をしながら、怜子は両親を今まで以上に大切に思い、力になれるよう一生懸命祈ることを約束するのでした。

怜子は、誰にもこのことを知らせていませんでしたが、行けばきっと会長は喜んで自分が住む場所を探してくれるに違いないと思っていました。蟻の街に入って真っ先に出会ったのは佐野でした。佐野は、怜子に引き継いで子供の世話をしている者だと言って、手短に自己紹介をしました。新顔の子供たちが数人顔をだし、怜子を全く無視して、仲間みんなが聖堂で待っているから早く来て、と慶子先生を呼びました。新しい先生は無愛想にことわりを言って、何も言えずに立ちすくむ怜子を残して去って行きました。「まるで浦島太郎のようでした」と怜子は書いています。

箱根から戻って蟻の街に住み込むつもりであることや、怜子の肺についての医者の診断を両親から聞いた松居先生は、蟻の街での不自由な生活は、怜子の生死にかかわることだと会長に話し、なんとしてでもこの無謀な計画を阻止しようとしました。今その怜子が唖然として佇んでいます。現実が心を貫き、目には涙をためています。若く活力に溢れた慶子先生の存在は、怜子を蟻の街で不要な人間にしてしまったのです。不健康な体ではバタヤとして存分に働けないし、かえって重荷になるだけです。内心では感心していた松居でしたが、冷酷無情にもこの女性を非難し始めたのです。

「怜子さん、この世の中は一つの舞台です。あなたはかつては蟻の街のマリアという主役を演じていた。でも病気になって役を降りた。それで別の人が代わってしている。女優は脚本にしたがうもので、その逆ではないのです。あなたが出演していた古い脚本は変わったのですよ。監督が新しい出演者のために書き直したのです」

怜子は松居先生の率直すぎる言葉に深く傷ついて、沈んだ声で尋ねました。

「では、すべてはお芝居と言うわけですか」「そうです。あなたは突然それに気付いて泣いていたのでしょう」松居先生には、過去に何度も拒絶されたことはありましたが、今回ほど冷酷ではありませんでした。

急に込み上げてきた怒りに涙は止まりました。「先生が単なるお芝居だとおっしゃるなら、涙の無駄使いは止めますわ。監督のあなたが演技がまずいとおっしゃるのなら、引っ込みましょう」

「違います。これは僕の芝居ではありません。僕も一介の演技者です」

「では、誰が監督ですの？」

松居はつとめて感情を押さえ、しっかりと怜子を見据えて答えました。「天主様です」神道が八《や》百万《およろず》の神も「神様」と呼ぶので、カトリック教徒は唯一の神を天主様という言葉で表していました。カトリック教徒以外の日本人の間では使われていないこの呼び名を使うことで、洗礼は受けていなかったものの、松居は怜子の信仰を尊んでいることを示したのでした。胸を打たれた怜子の目から怒りの色が失せました。それをみてとった松居先生は続けました。「いつかあなたは、天主様の御旨だけが自分の人生を導いている、と言いましたね。あなたが蟻の街のマリア役を喜んで演じたのは、それは天主様の御意志だったわけでしょう。今度その役が他の人に与えられたことについては受け入れ難いのですか？」

怜子は何かを理解しようとする時のしぐさで、黙って頭を垂れていました。松居先生も黙ったままです。怜子はひたと瞳を松居先生に当てると、素直に答えました。「先生、おっしゃってくださって、ありがとうございます。それがわからなかった私が馬鹿でした。私は天主様に蟻の街を、とりわけ、子供たちを助けるためならすべてを捧げる覚悟だと申しましたのに……。今もっとふさわしい若い方がいらしたというのに、マリア役を捨てる決心がつかなかったのです。おかげさまで迷いが晴れました」

怜子は健気に微笑むと、疑いようもない真心をこめて深々とお辞儀をしたのでした。松居先生は、蟻の街に住みたいという怜子の申し出を断った理由を打ち明けたい気持ちを押さえなくてはなりませんでした。怜子は後ろを振り返ることもなく家に帰りました。家に帰ると怜子は、自尊心を飲み込んで、子供たちの世話をしていた若い女性の話を母親にしました。両親に心配をかけたことを詫びた怜子は自室にひきさがり、荷物を解いてマリア像を元の棚に納めました。しばらくして母親が上がってきた時、怜子は像の前で熱心に祈っていました。蟻の街のマリアがナザレのマリアの前で何を祈っていたかは誰も知りません。しかし、怜子が書き残したものからその手掛かりを得ることができます。

　怜子は実に筆まめでした。手紙の返事は必ず書き、新年など機会あるごとに筆をとりました。日記をこまめにつけ、また出すこともない長い手紙を書く癖もありました。書くことで頭を整理し、決断を下す助けとしていたふしがあります。怜子が何枚ものページを破って捨てるのを見た松居先生は、このことに気づきました。そういった未投函の手紙などが蟻の街の紙屑の中にまぎれていることがあり、彼女の著作となる「蟻の街の子供たち」の元となる書簡集の多くも松居先生がかろうじて屑の中から拾い出していたものだったのです。

　蟻の街に住みたいという怜子の申し出を拒絶したとき、怜子がどんな気持ちだったかを、松居先生はこうして知ったのでした。

　それは一九五二年八月二十二日、怜子が二十三歳になる少し前のことでした。その日は、第二ヴァチカン公会議で聖人の祝日の暦が変更される前までは聖母の汚れなき御心の祝日で、日本の教会の守護聖人の祝日でした。怜子はその日を迎えるために九日間の祈りを捧げることにしていました。

「いと清き乙女《おとめ》、御母マリア……暑い日が続いています……私の二十三回目の年がもうすぐ始まります……今私が辿らなくてはならない道は何でしょうか。主は私に苦痛に満ちた道を歩むことを望んでおられるようです。私のたった一つの私的な願いは、天の父の御心のうちに永遠にとどまることです。主が私のために用意して下さった天国への道が、私にはまだ見えません……心より願っている修道院での信仰生活でしょうか、世俗のうちで主のために働くことでしょうか？　それともイエズス様と共に、再び病の十字架を背負うことでしょうか？」

「……主がお召しになるどのような伝道にでも行く覚悟はできております。主がお望になることなら何でも不服なく受け入れます……主よ、私の意志ではなく、主のご意志を！……マリア様に我が身を委ね、気高き優しさの道を辿って……」

「八月十四日と十五日、いつものマリア様のお姿を思い起こそうと祈りましたのに、どんなに努力してもできなかったのです。代わりに浮かぶのは悲しみの御母のお姿だけ！　それが私を不安にしました。なぜ？　毎日私はマリア様に主への執り成しを祈りました。なぜです！　十字架にかけられたイエズス様の傍らでマリア様が受けられた苦しみの一部を、なぜ私は受けることができないのですか？……もし主の特別の恩寵によって、この身を捧げるように求められたら、そうすれば我らが御母、我らがマリア様に微笑んでいただける……私の天国への道は長く苦痛に満ちたもののようです……回りの人々に目をつぶって、自分の救いのために働くつもりはありません。いいえ、他の人々が地獄の苦痛に落ちないよう、天の主の御もとに行く手助けをするために、主に多くの美しい犠牲を捧げたい。もし私の苦しみがその助けとなるのなら何という喜びでしょう！　だから私を苦しみと共にいさせて下さい……天国の聖人たち、苦しみのうちに喜びを見出す手助けをしてください。口にすることはたやすいことです……私がしなければならないことは、神の国に我が身を全て委ねる恩寵を願うことです。最も聖なる御心のイエズス様、あなたを信じます」怜子は棚から赤い手文庫を取りました。そこには蟻の街と怜子の活動を伝える新聞や雑誌の記事が入っていました。それは松居先生のマスコミにたいする働き掛けの成果でした。東京のイエズス会経営の大学の

怜子と後方の聖堂

（左から）松居、怜子、小沢会長、佐野、塚本

神学部で霊性について教えているエヴァンジュリスタ神父が送ってくれるよう頼んでいた記事でした。神父は記事をスペイン語に訳して母国に送ろうとしていたのです。しかし今、怜子はそれが間違いだと気付きました。怜子は手文庫をもって家を抜け出すと、隅田川の土手に行き、中身を燃やしてしまいました。焦げた燃えかすがそよ風に運ばれ、川に落ちるのを見ながら、佐野慶子のことで醜い憤りと嫉妬を感じたことを主とその御母に謝ったのでした。蟻の街のマリア、北原怜子？　何と滑稽だったのでしょう！

　怜子は今までも何度となくしてきたように、ゆっくりと流れる川面を見つめていました。精神的に悩み疲れたとき、悲しいとき、自然界の不思議に目を向けることで心が静まるのが怜子には分かっていました。移り行く季節や突然の嵐、木々や庭を裸にする秋の北風の中に、変わらぬ確かさがありました。雹に打たれた穀物はすぐにまた頭をもたげます。隅田川はどんなに濁っても尽きることのない海が、その水を受け入れて浄化します。友なる太陽と風がその水を山の源に返し、再び生命を与える道程が繰り返されるのです。その全てが次の言葉に込められています。「慈しみ深い天の父の御摂理」、最初にこの言葉を教えてくれたのは、マザー・アンジェラスでした。怜子はこの言葉が大好きでした。しかし、すぐに怜子の信仰はその御摂理によってつらい試練を受けることになるのです。

やくざとキリストの杯

怜子は修道女になりたいという願いを捨てたことはありませんでした。子供たちの世話は佐野慶子がしており、自分が蟻の街に無用の存在だと松居先生の言葉によって悟った今、きっとこれは神がもう一度修道院に入るように勧めていらっしゃるに違いないと怜子は考えました。しかしながらメルセス会の修道女たちは、健康診断を受けるよう怜子を説き付けました。その結果、肺が回復にほど遠い状態であることがわかると、修道院の返事は否でした。修道院は怜子を修道女志願者として認めることができませんでした。

怜子の両親は、怜子が蟻の街や修道生活のことを皆忘れてくれるのではないかと、密かに喜びました。家で休んで、体を治して結婚してくれればと考えていたのです。怜子は両親の意向に反して独り身を守り、貧しい生活をおくる決心をしたのです。なぜなら「それがイエズス様の生き方だったから」です。蟻の街が彼女を必要としなくても、きっとどこかの貧困に苦しむ人たちが必要としてくれる。怜子は実際に貧しい人々のために働き、共に暮らしている修道会を探しました。浅草教会の神父にも尋ねてみましたが、誰も日本でその様な活動をしている会を知りませんでした。このような会が火急に必要でないのかしら。神の御旨により私がそんな会を始める力になれるかもしれない。この考えに興奮した怜子は主と御母マリアに祈りました。実際的な一歩を歩み出すことで、怜子は健康と強さを取り戻したかのようでした。

しかしながら、怜子の健康は良くなっているどころか、どんどん悪化していたのです。かかりつけの医者の勧めで結核の専門医が呼ばれました。パラアミノサリチル酸による治療を始めながら、医者は二十四時間体制で医療を受けられる結核病院への入院を勧めました。しかし怜子は入院を拒否しました。誰も確かな理由は知りませんでしたが、貧しい人たちのために働くという怜子の決心がそうさせるのだろうと医師は推察していました。ともあれ、怜子は貧困者の力になることが神から与えられた使命だと確信して、いっそう熱心に祈る生活を送っていました。キリストのように、貧困に全身全霊を捧げることができる場所に神様が導いて下さると信じていたのです。幾多の困難を抱えていたゼノ修道士に神は道をお示しになったではないか、祈り続け、忍耐強く待ってさえいればきっと示して下さる、と。

しかし何事も起こらないまま、怜子は食欲をなくし、弱っていきました。この地上で、貧しい人々の間で神の王国のために大切な仕事ができるようお召しがあるはずだという信念はぐらついてきました。この何年もの間、自分で自分を欺いてきたのでしょうか。両親のはっきりした希望に逆らってまで、怜子はいくつもの良い就職先や縁談を断ってきたのです。それは、きっと蟻の街の問題を解決することができる、そして修道女になれると信じていたからです。しかし蟻の街は怜子を拒絶し、修道院からは不適格だと申し渡されたのでした。

怜子は祈りと自分の生き方を見てもらうことで、両親や家族、箱根の松居先生の妻さえも、キリスト教の信仰に導くことができると信じていました。しかし、その様なことは何も実現しませんでした。自分の大きな計画と希望は自己満足と幻想の上に建てられたものだったのだ。突然怜子は全てに打ちのめされる思いでした。彼女は祈り続けましたが、何の慰めも、主が導いて下さっているという実感も得られず、暗澹とした気持ちになるのを止めることはできませんでした。私が主を、そして他の人々を心から愛していないから、主は私の嘆願に耳をふさいでいらっしゃるのだろうか。自分と自分の夢にだけ浸っていたのだ。私はキリストがあのように厳しく批判された信心ぶった偽善者の一人だったのだ。

ある朝、よく眠れない夜を過ごした後、怜子は力ない手で着替えると、ふらふらしながら階下へ降りて行き、そのまま突然倒れ込みました。母親の電話で急いでやって来た医者は危険な状態だと告げ、ベッドに寝かせるよう命じました。看護を申し出る母親に、医者は怜子にマスクをつけさせることと、病室では強力な消毒剤を使うことを指示しました。

ちょうどその頃、蟻の街では、会長が「大切な話がある」といって松居先生を訪ねていました。

怜子と松居先生

切り出した話は松居先生にとって別に驚く話ではありませんでした。先生は蟻の街は初期の頃からやくざと関係があったのではないかとにらんでいたからです。「やくざの中では」会長は話し続けます。「第一の掟は子分はみな親分に絶対的な忠誠を誓うということだ。この仁義を破った子分は、他のやくざに死ぬまで追われることになる。俺は怜子先生が来た当初はしばらく様子を窺っていたが、そのうち話を聞くようになった。松居先生、俺はあんたのように宗教や哲学は分からない。でも怜子先生を通じてキリストを知るようになった。キリストは子分を支え、子分のために命を投げ出した親分だ。やくざの親分とは正反対だ。キリストは弟子たちに自分と同じ様にするようにと言った。俺は本当にそんな事をする信仰なんてあり得ないと思っていた。だが怜子先生はやってのけた。裕福な家庭から蟻の街にやってきて、俺たちの子供たちの面倒をみて身体をすりへらした。俺は考えたんだ。これはすごい信仰だ。多分これが本当の信仰だ。だから俺は怜子先生とミサに行って、公教要理のクラスに出るようになったんだ」

「この前、怜子先生のお父さんに先生の様子を尋ねたら、医者は本当によくないといっているそうだ。悪くなる一方で、もうよくならないらしい。怜子先生は蟻の街のために自分の健康と、そして多分命も犠牲にしてくれている。俺は神父さんにイエズス・キリストの杯を受けさせてくれと頼む決心をしたよ。何人かは俺と一緒に受けると言っている」会長はやくざ式の表現で、洗礼を受けると言ったのでした。

後年の著作の中で、松居先生は会長が洗礼を受けると言ったことで困惑したと述べています。それ以前に松居先生は、キリストは好きだが、キリスト教徒は嫌いだ。キリストに背いているからだ、と述べています。しかし彼は怜子を間近で見てきました。怜子は文字通りキリストに従い、今そのために死にかけているのです。松居先生は自尊心をなんとか抑えて、会長や蟻の街の親子たちと一緒に毎日曜、浅草教会のミサに行き始めたのでした。ミサの後、皆で公教要理を学ぶうち、福音の中でキリストが教えたことを実際に教わっていると認めるようになりました。それでも洗礼にまで思い切って踏み出す気はありませんでした。それはなぜでしょうか。会長や仲間が洗礼を受けようとしていると聞いた時のショックのせいではなく、知識による自尊心からだったのです。松居先生はふいに、会長のように純粋で素直な心を持ちたいと思ったのです。そして自分でも驚いたことに、直ちに決断したのでした。「よろしい。私も一緒にキリストの杯を受けましょう」

彼らは千葉神父を訪ねて洗礼を受けたいと話しました。神父は質問をして準備ができていることを確認すると、洗礼名として選びたい聖人の名前を聞きました。会長は「蟻の街のマリア」と答えて神父を驚かせました。男の名でなくてはいけないと言われ、会長は「じゃあ、イエズス・キリスト」と言いました。「だめですよ」松居先生が笑いました。「親分の名前は付けられませんよ」それで会長はゼノを洗礼名にすることに決めました。松居先生はヨゼフを選びました。「ヨゼフはマリアの面倒をみましたからね。これから出来るだけ病気の怜子さんの面倒をみるつもりです」

彼らは神父に、怜子が洗礼を受けた日と同じ十月二十六日に洗礼を受けられないものかと尋ねてみました。千葉神父は承諾してくれました。会長と松居先生は、このことを知らせて怜子を元気づけようと帰っていきました。

怜了と小沢会長

第四章　新しいエルサレム

「もしあなたが天の国を遥か遠くから
見たことがあれば、人生を終えるに際して
どのような困難にも耐えることができるでしょう。」

ナポリのヨハネ大司教

「蟻の街の子供たち」を著す

会長と松居先生が怜子の二階の部屋に着いた時、医師は彼女を診察し終ったところでした。彼は怜子の両親と客間でお茶をすすりながら、思い悩んでいるようでした。彼は結核患者を多く診てきているので、患者にとって心理的要因がどんなに重大かを熟知していました。例えば、自分の配偶者や子供たちのために生きようとしている人は、回復力もより大きいのですが、帰る家の無い人や気持の落ち込んでいる人は、病気で命をおとすのも、より早いのです。医師は北原家の家族と懇意だったので、怜子が修道女として貧しい人々のために働きたいという希望を抱いていることも、よく知っていました。両方の道を断たれた彼女が、どんなに落胆していたかが分かっていたのです。

客間で医師と会長がどのような対面をしたのかを、松居先生は書いています。会長はいつものようにぶっきらぼうな言い方で、怜子が少しは回復に向っているかどうかを尋ねました。医師は、知っている限りのことは試みたが、かんばしくないと答えました。実際、彼が訪れる毎に少しずつ悪化しているのです。会長の目に大粒の涙が浮かびました。松居先生は、彼の卒直な気持に好感を持ちました。会長は掠れた声で、「北原先生は、俺たちのために働きすぎたのだ」そして、騒々しく喉をつまらせながら「先生がもっと元気になってくれれば、手に入れた土地に新しい蟻の街の家が建った時に一緒に祝えるのになあ」と彼は続けました。その望みが無いことは誰の目にも明らかでしたが、会長はなんとかそうならないかと、真剣に信じ込もうとしていました。涙があとからあとから彼の頬を伝って落ちました。「皆さんが、ご自分たちの土地をみつけられたら、きっと怜子は皆さんと一緒にいたいと思いますわ。ご存知のように娘は、蟻の街のために生きているようですから。昼も、夜も、考えているのは蟻の街のことばかりですもの」北原娭夫人はこう言って、下唇を噛みしめました。「そう、蟻の街は怜子にとっていのちなのです」「多分私たちがまだ試していなかった方法が何かあります。奇蹟的な回復が望める病院があります」と中島医師が言いました。「何処ですか、それは」即座に夫人が尋ねると、「蟻の街です」と医師は答えました。「怜子さんの望み通りにそこに行かせて、住まわせましょう。効果が無いかもしれないが……いや、きっとあるにちがいない」

教授は、「怜子の精神力なら、きっと効き目があるだろう」と賛成しました。夫人は、心配そうに会長を見て、「でも小沢さん、怜子は今病気なのです。伝染病なのですよ。皆さんにたいへんご迷惑をおかけすることでしょう」

「何が迷惑ですか?」と彼は答えました。「怜子先生は、俺たちのために無理をしてきたんだ。松居先生、もし親御さんが許してくれるならば、俺たちで倉庫の中に寝室を造りたいのだが……」

いつもは気難しい顔付きの松居先生が、途端に活き活きとした表情になって、会長に向かって低く頭を下げ、「ありがとう、ありがとう」と言いました。

北原夫人も涙を拭いながら、同じように頭を下げ、礼を言っていました。「たとえ怜子が、行く道の車の中で命を落とすことがあっても、幸せに思うでしょう」松居先生は、「会長、彼女にこのことを話してきます」と言って、飛ぶように階段を駆け上がり、彼女の部屋にとび込みました。

しかし、先生は怜子の容体が非常に悪いのを見て驚きました。ロザリオを唱えながらベッドに横たわっていた怜子は、松居先生が現れたので感染を防ぐためにマスクをつけました。いつもは口のたつ松居先生も、興奮のあまり言葉がつっかえてしまいました。彼女の目は、信じられないとばかりに大きく見開かれ、「皆さんに大変なご迷惑をおかけしますから……」と弱々しく反対しました。

「迷惑？　あなたが迷惑？　とんでもない。どうか、一緒に来ると言って下さい」

この時丁度、会長が部屋にやって来て、大きな顔を笑いでくしゃくしゃにしていました。怜子は自分の感情を静めようと唇を噛んでいました。「北原先生、あんたは蟻の街のマリアなのだ。あんたなしでは駄目なんだ。あんたに来てもらって何かしてもらおうというのではないのだ。清らかな心を持った蟻の街のマリアが、ただ、俺たちと一緒に居てくれるだけでいいんだ」ガラガラ声の会長が言うと怜子はかろうじてうなづきました。そして、ロザリオの十字架に接吻しました。

中島医師は、怜子が一週間もつかどうかと案じていました。「少なくとも、幸せに死ねるだろう」彼はその週、東京を発って、遠方の医学会に出席しなければなりませんでした。彼は田嶋医師に連絡を取り、怜子の面倒をみてくれるように頼みました。田嶋先生は結核専門で、最近西洋で著しい効果を上げている新しい薬物治療法に熱心でした。彼は、怜子にそれを投与して効果があれば、多くの日本の患者が助かることになると説明すると、怜子はすぐに同意しました。

会長たちは、古新聞や空ビン、屑鉄等の置き場として建てた倉庫を仕切って結核を患う怜子のために三メートル四方の部屋を造りました。また、誰かが訪れた時にはマスクを付けさせ、たんつぼには強い殺菌剤を入れました。それでも、蟻の街のだれかに彼女の病気がうつるという危険がありました。しかし、誰もこのことを会長や松居先生に提起しませんでしたし、実際、誰も結核にかからなかったのです。

会長の妻は蟻の街の外で暮らしていましたので、夜になると会長はいつも自宅へ帰っていました。しかし、松居先生は倉庫から遠くない狭苦しい場所にまだ住んでいました。そこで、彼が怜子に食事を運ぶことになりました。怜子は共同炊事場で食事を作っている女性に、自分の食事を他の皆と同じにしてくれるよう頼んでいました。また、母親にも家から特別な食事を運んでこないようにと説得していましたが、会長の奥さんは怜子にしばしば新鮮な魚や野菜を持って炊事場にやって来るのでした。

中島医師の勘は正しかったのです。怜子は田嶋先生の新しい療法にいち早く反応を示し、熱は少しずつ下がってきました。危機は脱したと、ついに田嶋先生は宣言しました。怜子はベッドの上に起き上りはじめ、お天気の良い日は屋外に出て歩くようになりました。しかし、医師は決して重労働をさせてはならないと会長に指示していました。

怜子は聖パウロの言葉「働かざる者、食うべからず」を引用して、自分に力相応の仕事をさせてもらえない不満を述べると、松居先生はこう言いました。「あなたの仕事は、屑拾いのリヤカーを引くことではないのです。祈ることです。私たち皆のために蟻の街が強制執行されないよう祈ってくれることなのですよ」松居先生は後に、どれ程彼女が深く祈りに没頭していたかを証言しています。ロザリオが彼女の祈りの中心でした。ミサに行けない怜子のために千葉神父や徳川神父が聖体を運んでくれた時は、大変喜んでいたということです。ある司祭が教皇ピオ十二世によって祝福されたロザリオを怜子に贈りました。それは、彼女の残り少ない生涯の中で変わらぬ友となったのでした。

一九五二年の末頃、怜子はいくぶん回復したかのように見えました。松居先生は、「蟻の街でのあなたの体験を小さな本にしたいのです。書いてくれませんか？」と尋ねました。怜子の影響を受けた彼は、より広くキリスト教の世界について聞いたり読んだりすれば する程、「偽りのない本こそ、より多くの人々の関心を貧者や困窮者たちに向けさせることができると考えたのでした。

勿論、彼は蟻の街が隅田公園という不安定な場所にあることを気にしていました。しかし、まだ「蟻の街」さえもない住宅困窮者は他にも大勢いたのです。松居先生は怜子の文才を認めていました。前の年に、怜子が子供たちに始めさせた蟻の街新聞でそれを知ったのです。新聞名は怜子が子供たちに選ばせた結果「聖母の蟻」と決まりました。怜子は幾人かの年かさの子供たちに、自分たちでよい記事がいくらでも書けるのだと言いきかせました。怜子が出すヒントも助けとなって彼らは自分たちの手で新聞を出したのです。それ以来、「聖母の蟻」は定期的に出されていました。

怜子は自分がしている仕事について本を書くことには気が進みませんでしたが、松居先生のねばり強い説得と御聖体を運んで下さる司祭の勧めもあって怜子はこの申し出を受ける事にしました。本を書くのはとても良い考えだとその司祭は言ったのです。役人たちがしばしばおざなりにし、裕福な人々が目をつむる困窮者問題は、人々の前に提起されるべきでした。良い本は神の恵みに対し人々の心を開き良心を目覚めさせる事が出来ます。リジュの聖テレジアによる「一つの霊魂の物語」――この本はテレジアが目上の人々から書くように命じられて書かれたものですが、いかに多くの人々の心の琴線に触れたことでしょうか。怜子は意を決して本を書き始めました。

怜子は彼女自身の事や、生涯をかけるに値する理想を見いだしたい切なる思いを書き表わすことから始めました。明治神宮で奉仕する巫女を見た時、また横浜山の手教会の聖マリア像の前に立った時、その思いがどのようにして意識的な追求となっていったかを簡潔な表現で書き始めています。この本は東京都の生活困窮者に焦点が当てられており、ゼノ修道士の慈愛に満ちた目を通してそれが描かれています。中心となる部分は蟻の街に住む人々、特に子供たちについての逸話で、これを軸として蟻の街が語られているのです。この本の最後の部分は蟻の街の子供たちの中でも文章のうまい子供たちが街の生活の様子を書いています。後書きは松居先生が書き、全部で二二七頁にものぼりました。

あらゆる人々に共感を呼んだ彼女の魅力と本の重要性は、その序文に見ることが出来ます。序文は当時の最高裁長官であり、ハーグの国際司法裁判所に席を得た最初の日本人裁判官でもあった田中耕太郎氏によって書かれました。彼が怜子の人生の旅路に心動かされるには個人的な理由がありました。彼自身も似たような道を辿ってきたのです。東京帝国大学の法科の学生だった時、彼は「法とモラルにとっての絶対的規範……もし法とモラルが単に相対的で任意的なものであれば愛さえ不合理なものとなる」ということを知って悩んでいました。「絶対的価値と愛に基づくヒューマニズム」を探し求めた末、彼は「無教会派のキリスト教徒」となることに決めたのです。しかしながら、それは彼を充足させてはくれませんでした。そして彼は思いきってカトリック教会に飛び込み受け入れられたのです。

怜子の本の序文で、彼は戦後の日本には真の愛と信仰に基づくヒューマニズムへの飢渇があったと指摘しています。この飢渇が長崎の故永井博士の著作をベストセラーたらしめたと述べています。永井博士のベストセラーたる所以は信仰に基づく愛とヒューマニズムです。そしてこれこそ控え目な怜子の著作が如何に大切なものであるかを証する、と彼は締め括っています。彼女は文字通りキリストに従って自身が貧困者の一人となり、真の愛とヒューマニズムにあふれた生涯を送ったのです。

リサイクルのさきがけ

怜子の病状は、新薬の投与で安定していましたが、健康を取り戻すということはありませんでした。どのような重労働も医師に禁止されていた彼女は、蟻の街の老人たちを訪れて時を過ごすようになりました。老人たちは単調な生活を変える気晴らしらしいことも殆ど無く、多くは、気分を滅入らせたり、寝たきりになっていました。怜子が蟻の街にやって来た当時は、彼らは疑い深く、敵意さえ持っていました。けれども、今では怜子に感謝するようになっていました。彼女は松居先生の仕事に多くの時間をさくようになりました。彼は、いまだに蟻の街のお金を作るため、都の役人に手紙を書いたり記事を書いたりしていたのです。彼女はその秘書となって彼の記事や手紙の清書をし、コピーを作ったり情報を整理したりしました。手紙は、蟻の街についての記事を読んだり聞いたりした海外に住む日本人からのものもありました。怜子はまた松居先生を助けて東京都下の浮浪者の統計を取ったり、それを一覧表にしたりしました。二人は、このとてつもない大きな問題の解決を目指して共に働き始めたのです。

松居先生は、浮浪者が何かを成し遂げるには団結が不可欠だと、ずっと考えてきました。アジア全域へ仏教が広がった秘訣の一つは共同社会の存在でした。紀元前五世紀に、「涅槃に入った」最初の仏陀であるゴータマ・シッダールタの没後、彼の弟子たちは、有名な三つの宝についての教えを説きました。⑴最初の仏陀としてのインドの人、ゴータマ・シッダールタによる生命の完成⑵彼が見い出したすべての法を越える法、それは生き物をこの世の生から解き放ち涅槃へと導くことのできる永遠の真理⑶兄弟愛、独身の僧たちによる共同生活、でした。⑶は、仏教が日本を含むアジア全域に広まる活力を生み出しました。松居先生はこれがよく分っていました。怜子を通して、彼は、独身者でなくても、信仰と祈りを分かち合うことによって精神的に一つになる共同体の可能性を知りました。松居先生も怜子も、浮浪者を救うただ一つの方法は、手近にあって、しかも何ら特別の訓練を要さないで利益をうむ仕事につかせることで尊厳をとり戻させることである、と考えていました。屑拾いはこれらの条件にかなっていました。二人は、東京都民に分別されたごみ屑を集めることの利点を納得してもらうため、パンフレット作りに取りかかりました。もし、紙、ボール紙、びん、缶、鉄屑等が、それぞれ異なる屑入れに入れられていれば（異なる日に出されていれば、より良いのですが）皆、リサイクルの恩恵に浴することができます。このパンフレットのコピー数千枚が屑拾いたちの手によって配られていきました。

蟻の街ができた頃、パリに住む元フランス上院議員であったアベ・ピエール神父は、ある自殺未遂の男に出会いました。彼はその悲しい身の上話に深く心を動かされ、その男を自分の家に連れて帰りました。それがきっかけでスラム街を回り始めた神父は、パリの街角の数知れぬ乞食や浮浪者の存在に驚きます。自殺未遂者を救ったように、彼は次々にこのような人々を自分の荒れ果てた邸に収容しました。それでも街にはまだ多くの人々が残されているのです。一九四九年、彼は松居や怜子がたどり着いた同じ結論に到達したのです。⑴屑拾いをして得た収入は一日数回の食費となる。⑵しっかりした集団社会を作れば、屑拾いたちは生活をしていける。アベ・ピエール神父の設立した新しい共同体は、各々次の新しい共同体のための簡易宿泊所を購入したり借りたりするための資金を貯めることになっていました。ピエール神父はこの活動をエマウス運動と名付けました。

彼は第三番目のことが要求されているのに気付いていました。それは、全ての町にいる浮浪者の哀れな状態に対して富裕な人の意識を目覚めさせることでした。彼は休日になると、学生たちをボランティアとして屑拾いたちと共に仕事をするよう誘い始めました。マスコミがこれに注目し、この共同体の数は増えてフランス国外にまで広がって行きました。これらの共同体は互いに団結してエマウス・インターナショナルを作ったのです。数年後には蟻の街もこれに加入しました。

また、一九五三年の蟻の街に話は戻ります。松居先生にとって怜子は、蟻の街で知的に物事を話し合うことのできる唯一の人でしたから、益々彼女と共にいる時間が多くなりました。箱根に住む彼の妻は、夫が彼女に強いた結婚生活に当然のことながら幻滅を感じ始めていました。彼女はエホバの証人に入会し、カトリックや全てのカトリックの書物を悪魔の手先と信じるようになっていました。彼女は夫と怜子の関係を不義なものとして非難し始めました。数社のマスコミは、この二人の間柄を恰好の話題として取り上げていましたが、怜子の生前も死後も、蟻の街に一歩も足を踏み入れたことのなかったこの妻が、怒りに駆られて行った告発であったことを露呈する結果となりました。会長やその妻、怜子に御聖体を運んだ司祭たち、怜子の家族、そしてしばしば彼女の仕事を手伝いにきていた友人たちは、このとるに足らないような疑いを終始一貫して激しく否定しました。

記録によると、松居先生は次のように述べています。「私は怜子さんを愛していました。それは、もし私を聖フランシスコに例える厚かましさを許していただけるならばですが、聖フランシスコが、聖クララを清らかに愛したようにです」G・K・チェスタートンは、フランシスコとクララについて、次のように適切な言葉を彼の著作、「アシジの聖フランシスコ」の中に残しています。

「現代人は、フランシスコが、美しい十七歳のクララを修道院へ逃れさせたことを残念がっている。もし仮に、これが修道女になろうとしてではなく、花嫁としてのロマンチックな駆け落ちであったなら、彼女をヒロインと呼んだであろう。彼らは、ロメオを愛したが故に両親に背いた十四歳のジュリエットに、すっかり同情しているのだから」これは、どう違うのでしょうか！チェスタートンは答えています。「現代人は、ロマンチックな恋愛は現実に起り得ることだと考えているが、神聖な愛が現実のものとは考えられないのである……どんなロマンスよりも、もっと輝かしい、神じきじきの啓示がそこにある。クララが修道院へ入ったことは、ハッピーエンドのロマンスに他ならない」と。

怜子の側で暮らした多くの人々は、怜子が有していたのはチェスタートンの言う神聖な愛であったと証言しています。祈りが彼女にとって喜びであることを、彼らは次第に理解するのです。当時、まだ洗礼を受けていなかった怜子の母と妹は、怜子の信仰や貧しい人々への取り組みを狂信的であると思いがちでしたが、彼女がまぎれもない喜びの中に祈る姿に打たれていました。怜子の姉は、怜子があらゆる環境の中で、例えば、旅行中の汽車の中でさえも祈りに没頭できた様子だったといっています。怜子がまだ両親と一緒に暮らしていた頃、彼女の部屋をのぞいた母親は、彼女がしばしば十字架や聖母像の前で、深い祈りに我を忘れているのを見かけていました。松居先生が編集した怜子の日記は、蟻の街で寝たきりになってしまってから書かれたものですが、それには「他の人たちが働いているのに、静かにしているのはむづかしいことです。休むようにと皆は私に言うけれど……。自分の気持ちを、くりかえして言う以外、私には何もできません。イエズス様をお愛ししています。私の持っているものを全て、主にお捧げしました。私は主と共にいます。私の意志ではなく、神様の御意志通りになりますように。もし私が、どんなことも全て神の御手にあるのだということを決して忘れさえしなければ、私の心は、いつも平和なのです。自分の病気や苦しみに対して、不平を言えるわけはありません。エリザベト・マリア、苦しむのは、お前にとって良いことです。ベッドの中で一人黙想するのは良いことです。神様の栄光のために痛みを受け容れ、それを神様への贈り物にしなさい。そうすれば、お前は本当に主のはしためとなることができます。主の御旨のおこなわれますように」

（少し後の日記に）「歓喜に、涙がほとばしり出て、私の祈祷書を濡らしました。幸いにも、大きなハンカチーフを持っていました！ 朝の爽やかさの中に目覚めたら、まず第一に十字を切る事から始めましょう。そして、詩篇の作者と共に唄います。主よ、私は起きてあなたに仕えます。イエズス・キリストは賛美せられますように。イエズス、マリア、ヨゼフ、私は、この新しい日をあなたに委ねます。この日を、そして私の生涯の全ての日々を」

バタヤ神父

一九一四年、ロベール・バラードはコニャックで誕生しました。その頃（ドイツの）ウィルヘルム皇帝の軍隊が、パリから四〇キロ圏内まで進軍していました。一九三九年、バラードはパリ外国宣教会の司祭に除階されましたが、それはドイツの軍隊が、再度フランスの首都へと進攻を始める少し前のことでした。間もなくバラードは、フランス軍への召集令状を受けとります。しかし、「山上の垂訓」を愛したこの静かな大男は、殺し合う最前戦には送られず、一般外国人の捕虜収容所勤めに任命されました。そこでは撃ち合いは行われませんでした。しかし一年たたぬ間に、ナチスの電撃戦法は、フランス全土を一つの巨大な戦犯収容所に変えてしまいます。窮乏と屈辱に耐えた四年間で、彼の性格は筋金入りになりました。

一九四五年八月パリが解放されると、バラードは司祭としての仕事を再開することができるようになりました。派遣された教区は労働者階級の住んでいる所で、彼らが教会から疎外されている現実に、神父はショックを受けました。無産階級の人々の間で働くうちに神学校での教育は、象牙の塔の中だけのものと思えて来ました。彼は「フランスの不信心者」という新しい表現を、悲しくも認めざるを得ませんでした。と同時に、大衆の支持を失った従来の心地良いカトリシズムに強い疑念を抱くようになりました。一九五〇年代初頭に、神父は外国での宣教という、自らが目指していたゴールへ向かって進むようにとの命令を受けました。象牙の塔のカトリシズムを受け入れ難く思っていた神父は来日すると、東京での二年間の日本語学習の申し出を断りました。人々と働きながら言葉を習いたかった、と彼は語っています。西宮の小教区の助任司祭に任命されるとすぐ、その土地に慣れるよう時を惜しみませんでした。そこは神戸寄りの大阪湾に面した都市です。西宮全域はかつてル・メイの「デビル号」により焼夷弾爆撃の主たる標的とされたところです。一九四五年八月の終戦の頃までには、あたり一面焼け野原になり、何十万人もの人々が焼け出され、あるいは夫を失い、家族を失い、家のない孤児たちが巷に溢れていました。人々は焦げた廃材や熱で曲がったブリキ板で、今にも崩れそうな小屋を建てました。一九五〇年代半ばまでには、ほとんどの家や店舗、工場は建て替えられました。しかし、バラード神父が目にしたのは、何千人もの人々がまだ雨もりのする小屋で、その日暮しを強いられている現状でした。教区の人々は、彼の要請に答えて缶詰を沢山寄付しました。それをリュックいっぱいに詰め込んで、彼は最も貧しい人々の住む地域へ向かいました。が、急いで行く必要は無かったのです。掘っ立て小屋の住人たちは彼からの品物を拒絶し、背を向けたのです。ル・メイの爆撃隊により余りに大勢の人が死に、また、不具になったので、西洋人は誰でも未だに嫌われているのだろうか、とバラードは途方に暮れました。

ある人が、日本の雑誌に載った蟻の街のマリアの記事を司祭館の神父のもとに持って来ました。彼女はある教授の娘で、普通に暮らしている市民と貧しい人々との溝を埋める仕事をしている人でした。自分たちの仕事に誇りをもち、一生懸命「バタヤ」として働く集団の「心」となっている人でした。雑誌を持って来た人は、バラードが今まで聞いたことのない「バタヤ」の説明をしてくれました。バタヤは廃品回収業者で、ごみや廃品で生計を立てている底辺の人々の事だそうです。「その人たちはほとんど市民としての扱いを受けていません」然し写真を見る限り、フランス人の神父には彼らが誠実な人間に映りました。彼は微笑む「マリア」の虜になりました。行って、その人と蟻の街の住民に会おうと決心した神父は、少ないサラリーの中から東京行きの運賃を貯め、修道院長に休暇をもらいました。

▶怜子が初めて会った頃のロベール・バラード神父

屑広いに出かけるバラード神父▼

怜子は自分の部屋の畳に、長い足をもてあまし気味にぎごちなく正座しているこの大きな外国人をすぐ好きになりました。彼は日本の礼儀作法通りにしたいと言って頭を低く下げておじぎをし、簡単な日本語で、西宮のスラムの住民が自分の与えた缶詰を受け取らなかったいきさつを語りました。彼女は次のように答えました。「日本人は乞食でありたくないのです。もしあなたが受け入れられ、相手を助けたいのなら、私たちの蟻の街のようにバタヤのグループを造り、まっとうに生きる方法を示してごらんなさい。しばらく、ここで様子をみられては？」

松居先生が話に割り込みました。「ここに居たければ、皆と同様に働きながら生活してください。ここには特権階級はないのですからね」外国人や「宗教家」を信用していなかった松居先生は、きつい調子で続けました。「共同食堂で食事をするのには百円相当の廃品を集めなければいけませんよ。そしてもう一つ。その奇妙な作業着と長靴はここでは似合いません。一緒に働きたいなら、もっと簡単な恰好をしてください」怜子の微笑みは、松居先生は口こそ悪いが心は良い人ですと語っているようでした。会長は、ともかく歓迎しますので、子供の勉強部屋兼用の聖堂でお寝み下さい、と神父を見上げて言いました。毎日ミサが捧げられるとは何と素晴らしい事でしょう。

バラード神父は早々に見習奉公を始めました。まず背負い籠を貰って廃品回収に出掛けた神父は、夕方遅く、籠一杯の廃品を背負って満足気に帰って来ました。しかし秤の前の男は、神父の集めて来た物の多くは売り物にならないと言いました。背負って来た荷物は六十円にしかならず夕食にはとても足りません。怜子が夕食を勧めても、彼は背をすくめ、明日はもっと良く働くからと断るのでした。神父は河岸で見つけたタンポポを祭壇の瓶に活けました。思いがけず神父が夕食ぬきを承知したので、住人は彼を信用するようになりました。日本人のほとんどが知っている諺に「武士は食わねど高楊枝」があります。侍は食べ物よりも名誉を重んずるのです。次の日神父は何をどこで捜せばよいか秘訣を教えてもらい、三百円相当の廃品を集めて来ました。その夜、皆と食事をしながらバラードは心の底から笑っていたのでした。

一ケ月滞在した神父は、ほとんど毎日ミサの後、怜子や松居先生と朝食を共にしました。バラードに気をゆるすようになった松居先生は、三人で廃品回収の「方針」を語り合いました。貧しい人々の尊厳を認め、尊敬するとき、初めて助けの手をのべることが出来るのだ、という点で三人の意見は一致しました。人間はみな、それぞれ人格を持ち、神の息子、娘として、この世に一人しか存在しない、絶対的に価値ある者なのです。社会が貧しい人々のため、もっと本腰を入れて責任を果たすようになるまで、共同で行う廃品選り分け作業は、彼らに出来る生活手段になり得ます。そしてそれは社会のためにもなるのです。貴重な土地を使って増え続けるゴミの埋め場を広げていくのと違って、紙や段ボール、瓶、鉄屑を再利用することになるのですから。彼らはリサイクルという言葉こそ知りませんでしたが、その必要性にスポットライトを当てていたのでした。

バラード神父は、次第に怜子がどのようにして松居先生を変えていったのかが分かって来ました。松居先生は人間尊重と貧者への援助について、彼が当初考えていた事は不適当であったと告白しました。まず神の子として個人には絶対的な価値があり、そこから生ずる人間の尊厳という全く霊的なものの見方が自分には欠けていたというのです。松居先生は怒りを込めて仕事に当たり、その結果は逆効果でした。彼は権力者や富者に対し、家のない人々への援助に非協力的であると、非難を浴びせました。諺に、充分に祈り断食をしてはじめて怒れる予言者になり得る、とあります。最も効果的な方法は、長い目で見ると、その人の生活態度と愛を持って貧しい人々のために働くことだと、怜子は暗黙の中に教えていました。そうすれば貧しい人々は、自分たちがイデオロギーに利用されているのではなく、尊敬され、人間として価値のある者と認められたのが分かってきます。一方援助する側も、そうすることに喜びを感じるようになるのです。「松居先生が、人生は意味があり、本当に貴重なものであると信じられるに至ったのには、怜子さんの女性らしさがものを言ったのです」これがバラード神父の結論でした。

フランス人司祭が貧しい人々にどんどん溶けこんで行くのを見た怜子は、心を開いて語るようになり、相互に信頼関係が生まれました。「怜子さんの日常生活によく現れている愛と行動力と勇気とは、神様への愛からほとばしり出ていることが分かりました。神様の意思が、存在の中心となっていました。神様が怜子を蟻の街の一員であるように望んでおられると信じ切っていた彼女にとって、全ての事の成り行きは無条件に受け入れられました」ある人がバラードを脇へ呼んで、怜子の両親は娘を病院からサナトリウムへ入院させて「回復させ、もっと働いて人のためになるように」させてやりたいと思っているようだと告げました。そこで神父はこの意見を伝えることにしました。怜子は答えて言いました。「そうですね。もし神様が私を治そうと思われるなら私はこの蟻の街で待ちましょう。神様は私がここで、私の家族と共にいることをお望みだと信じています」蟻の街だけが彼女の家族になっていました。バラードの滞在中、怜子はほとんど床についていましたが、いらいらすることはありませんでした。「怜子さんは人が来るといつも微笑み、有り難がっていました」とバラードは言っています。彼女は秘書のような仕事を受け持ち、松居先生の書類を読み易い字に清書したり、会計の仕事をしたりしましたが、一番の仕事は、そこにいて祈ることだと思っていました。バラード神父は、怜子の祈りの生活が、どんなに簡素であったかを述べています。使うものは福音書とミサ典書とロザリオでした。「怜子さんは人を非常に魅き付ける優しい性格を持っていました。しかし目的に対しては、大変な強さを持っていました」しばらく後に再度訪ねた時になってはじめて、神父は怜子の内面的試練と苦しみを知ることになるのですが。

或る日の朝食後、怜子は微笑みながらこう言いました。「神父様の修練期間は終わりました。神父様は全てのテストに合格なさいましたわ」彼女は会長と松居先生と長時間語り合った末、バラード神父は西宮に帰って蟻の街を設立すべきであると判断しました。神父はその言葉を聞いて満更でもありませんでしたが、自分にはお金もなければ土地もないと反対しました。「それは一向に構いません。イエズス様に信頼してすぐ始めてください」と怜子は答えたのです。三人はこの冒険を始めるに当たって、最も信頼のおける家族を一緒に西宮に連れていくよう手配して、神父を助けることにしました。その家族、特に怜子にとてもなついていた十代の娘と別れるのはとても辛い事でした。怜子は松居先生に言いました。「私は、長女をお嫁にやる母親の気持ちが今になって分かります。私は今イエズスが家を出ていかれた時のマリアの悲しみが分かります。愛と苦しみは、心の奥底で、分かつことの出来ない同伴者なのですね」

バラードは東京の蟻の街を三度訪ね、それぞれ一ケ月ずつ滞在しました。彼は聖堂に使われている畳の間に泊まり、その間、怜子は病状が悪くてもミサには必ず与かるようにしました。怜子は、日本の貧しい人々を助けるにはどのような方法をとるべきかを神父に助言し、一方霊的な指導を神父から受けていました。

度々語り合ううちに怜子が「偉大な魂」の持ち主であることを垣間見る時があったのを神父は今でもはっきり覚えています。千年の誇り高い歴史を持つ家柄の中で育まれ、日本古来の文化に根ざした教育の伝統をもつ桜蔭高女で学んだ怜子の育ちの良さは、語り合うにつれて神父にも分かって来ました。儒教と神道と仏教の、三つの大きな流れの中に、怜子は生まれてから二十一年間養育されたのです。幸いに洗礼の水はこれらの流れを塞き止めることなく、一つの調和がとれた霊性へと融け合っていきました。怜子の信仰と生涯は、勇気あるキリスト教徒のそれであったとバラード神父は言っています。あらゆる障害は、ただひたすらに神の意志に従いたいという情熱によって、取り払われました。西洋の古典神話のイメージを使うとすると、それは怜子をカリブディスの渦巻きからも、シラの岩からも安全に導き出しました。死に至る危険な岩とは余りにも原理原則に基づきすぎるキリスト教の信仰であり、先祖伝来の信仰と道徳観の中にある真理と恵みを否定するものでした。致命的な渦巻とは、怜子のイエズスへの完全な信仰を危くすることでした。その結果、怜子のキリスト教的人間主義は「松居先生を導いていた、ただの人間主義が引き起こす挫折から救いました」

バラード神父は「優雅さと強さが融合していること」に感動しています。怜子が具えている魅力的な女性らしさと、善なる神への楽観的な信仰は、松居先生の人を裁くようなきびしさと頑固さを和らげ、人間を変えていきました。バラード神父の経験によると、怜子は決して笑みを絶やしませんでした。しかし神父は、彼女が身体的な苦痛や内的な悩み、又時には霊的な闇の中にあっても、静かに微笑むことを自ら課していることに気付きました。怜子は計り知れない信仰心を持って祈りましたが、それでも神はその祈りに答えないことによって、彼女を厳しく試されました。蟻の街だけでなく、東京の他のスラムでも、日本中のスラムでも、又フィリピンのような貧困に悩まされる国々でも、助けが求められている痛ましい現実を常に心にとめておくよう、神は怜子に求められたのです。彼女は日本だけでなく、世界の貧困者と共に生きたいと切に願っていましたが、神はその希求を満たすのに必要な、ごく普通の健康さえも怜子に与えるのを拒まれました。バラード神父は、この明白な矛盾によって引き起こされる怜子の苦痛が分かりはじめたのです。

それは今始まった悩みではなく、詩篇にも度々うたわれている苦悶です。「主よ、いつまでだろうか」「主よ、いつまで私を捨ておかれるのか。最後までか。いつまで私にみ顔を隠されるのか」「主よ、私を見捨てず、神よ私を離れたもうな。救いの主よ、私を助けに急ぎたまえ」

死が近付いた頃、怜子の家となっていた小屋の「天井の裂け目を見ながら、ベッドに横たわること」が神の意志であることを悟った彼女は、大きな安らぎを得るに至った、とバラード神父は続けます。それは「愛すべき巡礼者の小屋」となりましたが、あたかも芭蕉や西行、兼好法師またその他多くの日本人が、絶対なる者を求めて旅をした時に、質素に甘んじて住んだ庵のようでありました。怜子は世界中に影響を与えましたが、それは死後のことであったとバラード神父はつけ加えます。松居氏が著した怜子に関する二冊の本、演劇、ラジオドラマ、また松竹映画は、怜子を「日本

年老いた回収業者を世話するバラード神父

中の貧しい人々に対する神のまなざしの、勇気ある証人」としてとらえています。イエズス会士の、マタイ神父とデ・ベラ神父及び日本在住の数名の西欧人が、怜子のメッセージをヨーロッパとアメリカに伝えました。

　バラード神父のあごを見ると、強い意志の持ち主であるのが分かります。怜子の強靱さが神父の心を捉えたのは、当然であったと思われます。怜子は、神父が特に好んでいるフランスの若い聖女ジャンヌ・ダルクを思い出させました。怜子が強靱さと「優しさ、優雅さ」を合わせ持っていたことについて、神父はこう述べています。「怜子さんの聖母に対する類稀な愛と、ロザリオの祈りへの信心によってかもし出されたものと私は信じています」と。

　バラード神父はその後、大阪と神戸に廃品回収者の共同体をつくりはじめました。彼らはアベ・ピエールのエマウス・インターナショナルに参加しました。怜子の死後、新しい敷地に移った東京蟻の街は、エマウス・インターナショナルに加入し、東京で第二の共同体として発足しました。日本の、四つの廃品回収団体が、韓国とフィリピンにエマウスの家を建設する手助けをしました。日本が豊かになり、就職が容易になると、廃品回収業は終わりました。バラード神父は一九七〇年に北原センターを開き、年老いて働けなくなった身寄りのない回収業者の世話をしています。

ほほえみの祈り

青空を見て微笑むなり
　星は我に光りをさづけ給ふなり
　　　　　　　武者小路　實篤

一九五四年八月のある暑い日、ゼノ修道士が大きな風呂敷包みをかついで、黒いサージの修道服に玉の汗をかきかき、ひょっこりとやって来ました。怜子が病床で恵子とあきらの勉強を見てやっているのに気付くと、彼はいつものジョークをとばしました。「マダ天国へ行ッテナイヨウダカラ、ワタシ仕事モッテキマシタ。ダレデモ、神サマノフルサト行キノ切符イタダクマデハ、働キ続ケナケレバイケマセン！」いつも元気の塊のようなゼノ修道士は独特のユーモアで怜子を笑いの渦の中へと引き込みます。彼がドスンと畳に荷物を降し、風呂敷をほどくと、中から一メートルほどのセメント製のルルドのマリア像が現れました。マキシミリアン・コルベが一九三〇年にゼノ修道士たちを日本に派遣する直前に行《おこな》ったことは、全員を南フランスに連れていってルルドで祈ることでした。コルベ神父が最初の修道院を長崎の山手に選んだのは、山際にルルドの洞窟をつくり、泉を敷地内に引いてくるのが容易であったからでした。知人たちは、そんな淋しい所に草分けとなる修道院を建てるとは、無謀極りないとコルベ神父に言いましたが、答えは「もし私たちがマリア様のご希望を叶えれば、マリア様は私たちの望みを聞いて下さいます」でした。事実友人たちが勧めた中心部の土地は、一九四五年の原爆で跡形もなく破壊されてしまいました。ゼノ修道士がよく言ったことは、神様は「人目につかない所をご覧になります」でした。彼はよくコルベ神父がいかに深い敬愛の念を聖母マリアにもっていたかを怜子に語りました。そしてそれは、ゼノ修道士と怜子の霊的な特質にもなっていったのです。

ゼノ修道士の贈物を受け取った会長と松居先生は、ルルドの洞窟を怜子の部屋のすぐそばに造ることにしました。「ルルドのマリア様が我々の蟻の街のマリアを保護して下さることを願って」のことでした。会長は、一九五四年、マリア年（特別にマリアに捧げられた年）の最後の日曜日に当る八月二十九日に予定されている公開祝別式に間に合うように、石の洞窟を完成させようとしました。それは建造物として傑作とは程遠いものでしたが、当日は報道関係者を招いて祝別式を本物のステージショーにしたいという希望を押さえ切れず、松居は計画を進めました。役所の立ち退き勧告を食い止めるための良い宣伝になるだろう、との考えで頭が一杯だったのです。

浅草教会の主任司祭と助任司祭が、集った多くの善意の人々のために荘厳ミサを捧げました。田中耕太郎最高裁判所長官と、藤山愛一郎日本商工会議所会頭から祝電が届きました。松居先生はルルドの聖歌が終るころに、一籠の鳩を放して劇的効果を狙うなど、様々な写真向きの趣向を凝らしました。しかし聖歌が始まるや否や、夕立が降りだしました。松居先生も報道関係者も一般の人々も、雨をよけて四方に散って行きます。ただ、ほとんどのバタヤたちは、会長と怜子とゼノ修道士の横で、雨にぬれながら立っていました。雷は川に轟き、土砂降りの雨は人々をぐっしょり濡らしましたが、その間彼らはルルドの聖歌を最後まで歌いました。その中には、いかにもその場にふさわしい次の歌詞もありました。

　嵐来たりさまよえるも

　　海の星よ守りませ

　アヴェ　アヴェ　アヴェマリア

　アヴェ　アヴェ　アヴェマリア

松居は後に書いています。「私のメディア受けするようなすばらしい計画は、どれも豪雨と共に川に流されてしまった。私は大いに失望したが、怜子もゼノも百二十人のバタヤたちも平気であった。私は人間的な打算で頭が一杯であった。一方彼らは本当に信ずる者であり、マタイ福音書の中でイエズスの語られるまさにその人々である。即ち『天地の主である父よ、あなたをほめたたえます。これらのことを知恵ある者や賢い者には隠して、幼子のような者にお示しになりました。』（マタイ十一章二十五節）

怜子がゼノ修道士と一緒にびしょ濡れになったのは、これで二回目です。怜子をよく知っていた人は、この単純でほとんど教育を受けていないポーランド人が、どんなに大きな影響を彼女に与えたかを語っています。彼は貧しい人々の間を「兄弟なる風」のように自由自在に動き回りました。

なぜなら彼はシラミをうつされ、垢まみれになった時でさえ貧しい者の一人になったからでした。怜子はゼノ修道士から、天の父の摂理に対する聖フランシスコのような純な信頼心を学びました。天の神は野の花を装わせ、雀に餌をやる慈悲深い父なのです。

ゼノ修道士の快い励ましと微笑は、マザー・アンジェラスの教えを思い出させ、補うものでした。怜子がメルセス会修道院の聖堂で洗礼を受けた時、シスターは彼女をわきへよんで一つの提案をしました。美しい笑みを浮べてお祝いをのべた後、シスターは「微笑は神に対する信頼の祈りになりますよ。その上、人を本当に勇気づけるものですから。『これからは常に微笑を絶やさないよう努めます』と神様に約束してくださいね」と。怜子はすぐに同意し、二人は聖母像の前に跪いて、その約束が守れるよう助けを願ったのでした。時には心の闇と苦痛にさいなまれ、約束が守れないことがありました。しかし生涯の終りに、バタヤたちと生活を共にしながら、怜子はその約束をしっかりと守ったのです。彼女の死後、それは誰もが認めたことでした。他の誰よりも彼女の理解者だったバラード神父は、怜子が世間一般の人々、殊にキリスト教の教会が、日本だけでなく第三世界の貧しい人々の苦しみに対して鈍感になっているのを見て、どれ程心を痛めていたか分っていました。貧窮者援助の運動を組織するには怜子は力不足であり、裕福なキリスト教徒たちはいかにも無気力であり、怜子はどうしてよいか分りませんでした。しかし、怜子は自分の悲しみを人に負わせることが状況を好転させるとは思っていませんでした。そこで彼女は誰にでも純な微笑をもって接し、彼女自身の貧しさと苦痛とを祈りのうちに神に捧げたのでした。

隅田川畔は、冬の間は寒さが厳しく湿気を帯び、夏場は息詰るように蒸し暑かったことでしょう。誰も怜子がそのことを口にしたのを聞きはしませんでした。しかし、松居先生はそんなに平静ではいられません。彼は時に癇癪を起し、いらいらして叫びながら書類の束を床に投げとばしたりしました。怜子が何も言わず、同情したようにうなづいているので、松居先生は自分のことを分ってくれていると思っていました。彼の怒りが治まると、怜子は静かに紙を拾い集め、整理し、一言も言わずに彼が仕事に戻れるようにしました。怜子は自分よりはるかに芯が強かったと松居先生は告白しています。怜子は会長と松居先生のために秘書役として彪大な仕事をこなしていました。日本の町で、二百人の町民に対応するためには多くの事務的処理が必要でした。

ある時、松居先生は蟻の街の人々や区役所の反対者たちにほとほと嫌気がさして、もっと良い事をするためにここから出て行く、と怜子に言い渡しました。彼は愚かな人は愚かなりにやるしかないと、彼らを見放そうとしていました。夜には会合が予定されており、この話を聞いた時、怜子は病重く床についていましたが、同情を込めて理解を示しました。夜、松居先生が集会の中にずかずかと入って行くと、怜子は他の人々と共に座っていました。頑固な馬鹿者は寝ていれば良いのに、と独言を言いながら怜子の所へ近づきます。怜子は金属製の十字架を彼の手に押しつけ、じっと目を見つめて言いました。「あなたのために祈っていました」その十字架の熱さに松居先生は仰天しました。彼は仕事を放り出すのを断念しました。会合の後、怜子の熱を計るよう人に頼みますと、なんと四十度もあったのです。

一粒の小さな麦

一九五七年の十二月も暮れる頃、来年の一月に蟻の街を焼き払い、共同体を解散させる決定が事実上なされたというニュースが自治体内部のシンパを通して松居先生に伝わってきました。廃品回収によって生計がたてられる見込みのある都心に近い場所が与えられるなら、蟻の街の住民は喜んで隅田公園から出て行く用意がある、と松居先生はしばしばその筋に語っていました。今、凍てつく冬のさなかに、住民の申し立てに対し突然の決定が下されたようでした。

松居先生は、もはや誰もが彼の肩を持ってくれないと思うと、むらむらと怒りがこみ上げて来ました。古くからの盟友であるジャーナリスト用の新聞ダネもありません。九年に及ぶすばらしい社会的な試みは、あらゆる障害を乗りこえて来たのですが、それは戦後の日本の絶望的な状況からバタヤたちを救い上げた会長や、怜子、塚本やその妻慶子、そして他の多くの人々の厖大な個人的負担においてなされたのでした。この善良な人々とその子供たちは、都市の発展の名のもとに追い払われようとしています。

会長を怜子の部屋に呼んだ松居先生は暗い面持でこの知らせを伝え始めますと、怜子がまた同じことをくり返すので、彼はうろたえました。神様は、どんな時も助けて下さいました。ですから今度もきっとまた助けて下さるでしょう、と。「神様は、正義のために働いている人の側にいつもついていて下さいます」松居先生は怜子に、日本のみならず世界中の弱者が不正によって押しつぶされてゆく、その現場を、もっと目をしっかり見開いて見たらどうだ、と言い出しました。そして敬虔な決まり文句にうんざりした松居先生は議論を荒々しく打ち切りました。

彼はもっと現実的な考えを持つ人を求めて蟻の街を飛び出して行ったのですが、一日は空しく過ぎて、夜遅く心底疲れ切って帰って来ました。そこに区役所からの手紙が彼を待ち受けていました。その手紙の内容は好意的なものではなく、なぜ何百人もの人が認可もなく公営公園の大部分を占有して居住しているかを説明しに、明朝課長のもとに出頭するよう命じていました。彼は罵りながらその手紙を床に投げつけました。昼から何も口に入れていなかったにも拘らず、怒りで食欲までが失せていました。

彼はガタガタの机の前にすわると、猛烈な勢いで、地方自治体はこれらの人々に対する責任を感じていないのか、と抗議文を書き始めました。東京の浮浪者の数と、都会のゴミから回収業者が生み出したお金の額については、松居は怜子と共同であらかじめ資料を集めていました。蟻の街こそ、東京の貧困者の問題解決に何をなすべきかを示しています。よって賞讃と感謝を受けるに値するものであります、と。

松居先生は、これが最後のチャンスであることを認識していました。彼は文章を書きなぐり、書き直し、ページを破り捨てては又書き始めるのでした。満足のいく書類が出来上ったのは、夜も大分更けてからでした。筆と墨で清書する前に、気付けの一杯を飲もうとウイスキーをなみなみとついで飲み干しました。火のような感情が鎮り、緊張がほぐれて心地良く体が火照ってくると、松居先生は一服しようと机に頭をもたせかけました。

彼は朝六時半に始まる共同体の祈りの時間が告げられてはっと目を覚ましました！最初に松居先生が気付いたのは、彼の貴重な書類が失せていることでした。彼は会長が多分居ると思われる怜子の部屋へと飛んで行きました。会長はいつも他の誰よりも早起きし、怜子を朝の祈りの十分前に訪ねるのを常としていたのです。怜子がその日も無事であるのを確かめ、怜子の微笑みが「その日を気持良く過させてくれる」からでした。

松居先生は会長が床の中の怜子と語り合っている声を聞きながら、苦り切った顔で部屋に入りました。口を開こうとした時、彼は怜子の蒲団際の畳の上に、その書類が置いてあるのに気付きました。書類の写しはまぎれもなく特徴ある怜子の筆跡でした。彼がわけを尋ねますと怜子が言うには、夜遅く松居先生の部屋に明かりがついているのが見えました。会長から書類のことは聞いていましたし、筆で正式な清書をする方がよいとわかっていたので、部屋へ持って帰って仕上げました、と。かなり長い文章はきれいに書き直され、綴じてあったのです。「昨夜はほとんど徹夜だったのではないですか。体のことを考えたら無茶だとは思わなかったのですか」怜子は、すでに松居先生の激しい芸術家肌の性格を見抜いていましたので、彼の気分が揺れ動くことに驚いたりとまどったりしませんでした。それよりも、松居先生が個人的な報酬がほとんど得られない仕事についたために味わった失望の数々を知っていただけに、むしろ同情していたのです。そこでただ微笑みを浮かべると、ここに住む人たちのために松居先生が骨身をけずって働いたことに比べれば、睡眠を少々割いてその埋め合せをすることなど容易なことだ、と言ったのでした。長い間寝込んでいるのが厄介なことで、少ししか眠らないことなどは問題ではありません、といって怜子は笑い、会長も高笑いをしました。面白くなんかありゃしない。今日、係長はきっと彼の案をしりぞけて、その後は自分たちも老人も子供も皆街にほうり出される可能性が大いにあるというのに。

怜子は蒲団に起き上って深く頭を下げ、こんな重大な日に軽卒な言葉を吐いて気分を害したことを謝りました。彼女は枕元から取り出したロザリオを彼の手に渡すと、自分の手をその上に重ねました。「先生、このロザリオを今日持っていらして下さい。これは教皇様が祝福して下さった上に、ルルドにまで旅したロザリオです。私は今日あなたが区役所からお帰りになるまで、ずっとマリア様にお祈りしておりましょう。マリア様はいつも私たちを助けて下さいましたから、このような時も手をさしのべて下さいますわ。どうか、あちらでどんな事が起っても穏やかに対応なさって、くれぐれも口論にならないようにして下さい」

区役所へ向かうバスの中で、松居先生は美しく清書された陳情書を読みました。しかし、最後の部分を読んだ彼は仰天しました。怜子の私信が係長宛につけ加えてあったのです。もし仮に当局が共同体に替え地を当てがわずに、蟻の街から人々を追放するならば、自分は蟻の街の人々が住む土地を見つけるまで、あるいは自分が死ぬまで、祈りながら区役所の前でハンストをするつもりであります、と。松居先生は雷に打たれたようになりました。

松居先生は片手に怜子のロザリオを握りしめ、他方に書類カバンを下げて、大股で課長の部屋へ入って行きました。固い礼をすると彼は早速に陳情に入りました。「私は身分の高い区のお役人と議論するため、たまたま選ばれて蟻の街の代表として来たのではありません。貴方と私は神の摂理によってここに共に居合せることになったのです。私はまず始めに、ここで率直に申し上げたいことは、蟻の街の人々の代替地を獲得するためには自分の命を捧げる覚悟であるということです。私がこう決意するに至ったのは、蟻の街には貴方へ伝言を書いた一人の若い女性がいるからであります。その人は蟻の街のために死ぬまで断食を続ける、と真剣に決意しています。その人は北原怜子という女性で、この『蟻の街の子供たち』を書きました。この本をこちらへ置いていきます」

「私たちが命を投げだそうとしているのは、蟻の街の人々のためだけではありません。私たちはあらゆる所にいる貧しくて無力な人々のために苦しみ死ぬ覚悟であります。貴方は私共を浮浪者の集りで社会の屑だと考え、そんな大それた要求を支援する力もない、正に何一つ成しとげることのできない人たちである、と軽蔑なさっても差支えありません」

彼は語るのを止め、注意深くそのロザリオを役人の机の上に置きました。「十字架像のついたこのロザリオは、私たちがキリスト教者であるのを意味するだけではありません。いや、それは蟻の街の人々を愛する余り、死ぬまで断食しようとしている若い婦人のロザリオです。彼女の大きな愛の力で私たちの共同体は世界でも類いまれな存在になっているのです。いつの日か、その名は必ず世界中に知れ渡ると断言してもよろしい。その人の模範によって、どの地域の貧しい人々も自主性をもつようになるでしょう」

松居先生はロザリオを取り、こぶしの中に再びしっかりと握り込みました。そして書類カバンをパチンと開けると、昨夜怜子の書き直した陳情書を取り出し、まるで国際会議に出席した人々を前にするように読み始めました。

「七百万都市の東京には、七千人の浮浪者がおります。その他七十万人は貧困者です。行政当局はこれについて、何等解決策を示しておりません。蟻の街の人々は一つの解決策を編み出しました。ゴミとして捨てられたものの中にです。もし東京のゴミの、たった二〇％が有効利用できれば、毎年何兆円もの利益をあげることが出来ます。蟻の街の新しい居住地を買うのに必要な、そして東京の七千人の家のない人々に住む所を与える金はすぐ目の前にあるのです。どうか私たちの街を簡単に焼き払わないで下さい。どうか我々の自活を助けて下さい。廃品回収をしながら、まっとうな生活をするために新しい居住地を見つけて下さい。そのために役所が動いて下さい。そして家のない他の人々を私共の所に送って下されば、暮しの立て方を教えます」

「もし援助しないとおっしゃるなら、その婦人はこの役所の前へ来て、死ぬまで祈りながら断食する決心です。皆さんが、たかが浮浪者だと言って立ち退かせようとしているこの罪のない人々の世話をしているからです。一人の病身の婦人が、皆さんのような土地を動かす権利のある、いわゆる公僕に立ち向かおうとしているのです。お願いですから、貴方の決定がどんなに大きな社会的問題であるかをよく考えてみて下さい」

読んでくれることを期待して、怜子の書いた本を課長の机の上に置くと、松居先生は立ち上り堅苦しく一礼して立ち去りました。

数日たったある夜、蟻の街の住人は九回目のクリスマスを祝いました。松居先生はバタヤたちの歌う「聖しこの夜」を悲し気に聞いていました。歌詞はやさしさに充ちています。

蟻の街のクリスマス（中央 怜子）

「神のひとり子は　み母の胸に　眠りたもう　やすらかに」

ろうそくを持つ手は荒れ、灯りに照らし出された赤ら顔は、芸術家の想像する聖母マリアと幼子キリストとは似ても似つかぬものでした。ある顔はマンガ本の中から出てきた諷刺画に登場する人物の顔のようであったり、昔の中国の話に登場する山賊や魔女の顔のようでありました。かわいい顔もあります。子供の中には「青い鳥」の美しい童話の中から出て来たかと思わせる者もいました。これら並居る顔の中に白い薄いヴェールを被った怜子の顔が、一際目立っていました。

行列が始りました。怜子に縫ってもらったサンタクロースの衣を着て、プレゼントの一杯詰った袋を担いだ会長が、先頭を歩きます。行列は蟻の街をうねるように進み、ルルドの洞窟の前で止りました。そこには等身大の張子の羊飼いが、飼葉桶に寝かされた幼子イエズスを拝みながら、跪いています。ボール紙の羊や兎や小鳥たちが、ゆりかごの様にうずくまっています。

松居先生は暗がりの中に少し離れて立つ、身なりの良い二人連れが誰なのかと、目を凝らしました。あゝ、怜子の両親です。暗黙の諒解を重んじて、両親はほとんど娘に会いに来ることがありませんでした。松居先生は語ります。「蟻の街の住人の中には、いざという時に頼れる『正常な』家族のない人々が数多くいました。彼らの感じ易さもおもんばかって、怜子と両親はお互にほとんど会うことがありませんでした。ほんの二言三言娘と言葉を交し、その夜も両親は帰って行きました。二人は私を見ると、おじぎをして言いました。『私たちはただ、あの子がどうしているか見たかっただけなのです。あの子は大変幸せです。娘が回復したのは、皆様方のご親切のおかげです』」松居先生は蟻の街の門まで二人を送って行きました。

もし区役所が蟻の街を焼き払ったら皆はどんなに困るだろうかと思うと、松居先生は急に背筋が寒くなりました。怜子が区役所の前に坐って断食するのは、疑う余地もありません。この寒空に彼女は十日も持たないだろう。役人たちの心を変えるのに、怜子の死が要求されるのだろうか。

両親の別れの言葉で、彼の幻想は破れました。「娘にいろいろとして下さってありがとうございました。ありがとうございました」二人は深々と頭を下げ、隅田公園の暗がりへと消えて行きました。彼は立ったまま、誰に言うでもなく自分に向かって囁いていました。「人もしわがあとに来たらんと欲せば、おのれを捨て、日々おのが十字架を取りてわれに従うべし」（ルカ九章二十三節）

「われよりも父もしくは母を愛する人は、われにふさわず、われよりも子もしくは娘を愛する人は、われにふさわず、また、おのが十字架を取りて、われに従わざる人は、われにふさわざるなり」（マタイ十章三十六〜三十八節）

彼は古典的な文語体訳で引用しました。彼が現代語訳よりこの方を好んだのは、幼少より親しんだ歌舞伎のように、高貴で、非現実的であるからです。区役所と蟻の街の間の大団円は、古典歌舞伎の悲劇にみられる、さまざまな情念の世界をほうふつとさせました。怜子の断食による死、両親の悲嘆、そして自分自身の立場。これらのことを思いめぐらすと悪寒が走ります。怜子の死は、とりもなおさず自分の死でもあったのでした。怜子の断食を共にしないとなれば、松居先生は男ではないのですから。

球根が干からびるように

一月の初めに彼らを追い出して焼き払ってしまおう、という都庁の計画を耳にした怜子は懸命に祈りました。死を賭けても断食をしようと決心するまでには、苦しい葛藤があったのです。命が尽きるまで断食をすることは自殺行為になるのだろうか。そんなことはない、と彼女は判断したのです。イエズス様が、最後の晩餐の席で友のために命を捨てるほど大きな愛はない、と言っているからです。松居先生の話では、怜子に大きな感銘を与え、イエズスのこの言葉を深く考えさせたのは、アウシュヴィッツでのコルベ神父の死であったということです。怜子が初めてゼノ修道士に会った時、彼はコルベ神父のことが書かれてあるパンフレットを手渡して、自分自身の経験や、コルベ神父の仲間のフランシスコ会の修道士、さらにアウシュヴィッツに収容されていた人々の経験などを生々しく語ってくれたのです。ここで怜子に重大な影響を与えたコルベ神父の英雄的な物語をかいつまんでもう一度述べたいと思います。

一九三六年、コルベ神父は、一九二〇年代に彼が創立していた大規模なポーランドの修道院と出版事業の責任者となるために、日本から呼び戻されました。一九三七年、教皇ピオ十一世は、回勅『Mit Brennender Sorge』を発表して、カトリックの教義とナチズムとは妥協出来ないものであると述べました。コルベ神父は広範囲にいきわたっている彼の新聞や雑誌、ラジオ放送局を使ってポーランド語で教皇のメッセージを広めます。一九三九年九月一日、ヒトラーがポーランドを侵略して一ケ月もたたないうちに、ナチスドイツの秘密国家警察であるゲシュタポが、コルベ神父を逮捕し、一九四一年五月二十八日、アウシュヴィッツの収容所に囚人番号一六六七〇として移したのでした。

一九四一年七月の最後の日に、第十四号獄舎から一人の収容者が逃走しました。収容所副所長、カール・フリッツは、収容者を皆殺しにするためにチクロンBガスを初めて使った人ですが、第十四号獄舎に入っている全員を並ばせると、囚人たちに、逃走者が出た時に行われていた報復措置を言い渡しました。囚人のうち十人が、衣服を剝ぎ取られ、食べ物も水も与えられずに、「チューリップの球根のように干からびてしまうまで」地下壕に閉じ込められたのです。フリッツが彼の警棒で無雑作に指した人が、壊滅したポーランド軍の軍曹、フランチシェク・ガヨヴィニチェクでした。彼は、ポーランドが降伏した後、地下組織に加わっていたのですが、通報者に裏切られてナチスに引き渡され、アウシュヴィッツに送られてきていたのです。

「可哀想な妻と子供たちよ！」とガヨヴィニチェクは、列から銃で強く突き出された時、大声で叫びました。すると突然、コルベ神父が進み出て、ゆっくりとガヨヴィニチェクの方に歩んで行ったのです。コルベ神父はひどく衰弱していて、目は窪み、体には鞭打ちと靴で蹴られた跡がありましたが、見張りの兵士たちは彼に銃を向け、他の囚人たちは、信じられないというような面持ちで、じっと見つめていました。これまで誰一人として列を割る勇気のある者はいなかったからです。

「このポーランドの豚めは、何をしたがっているのだろう」と、フリッツは指をポキポキ鳴らしながら不思議がりました。

「私はカトリックの司祭です。妻子のいる、あの人に代って死にたいのです。私は年寄りで家族もいません」とコルベ神父は答えました。収容所副所長は、神父の望み通りにさせました。コルベ神父と他の九人は、着物を剝がれ、銃で突かれて、地下の餓死監房へと入って行きました。第十三獄舎の地下室です。厳しく暑い真夏のことでした。

ナチスの親衛隊ＳＳが死体運搬の役目をさせていたブルーノ・ボルゴヴィッツは、毎日見張り人の後について餓死監房に行っていました。彼は、一九七一年、教皇パウロ六世によって行われたコルベ神父を聖人に加えるかどうかの審議をする過程で、次のような宣誓証言をしました。「コルベ神父様は、受刑者たちを指導して、熱心な祈りを捧げ、聖母マリアに賛歌を歌っていました。時には、祈りに没頭する余り見張り人が入ってくるのに気付かないこともありました。七日が過ぎると、受刑者たちは衰弱して、小声で祈ることしかできなくなりました。他の人たちが体を床に横たえるようになっても、神父様は立つかあるいは、跪いておられました。落着いた穏やかな表情を浮かべて……。立ち聞きしたことですが、見張りの一人は『こんな人を見たことがない』と言っていました。時には私も、あたかも聖堂にいるような気分になったものでした」

意志力が弱まってきた囚人たちは、獄吏たちに水を少し欲しいと懇願しました。彼らが貰えたのは、またのつけ根を蹴られることだけだったのです。コルベ神父には、このような人たちを慰める特別な力がありました。絶望して悲鳴をあげたり毒づき始めたりする人がいると、神父は彼らの気持を落着かせたのでした。

獄吏たちは、みんなに祈りを止めるように声高かに叫びましたが、何の効果もありませんでした。それどころか、コルベ神父が彼らの気持をかき乱して不安にさせたのです。神父が獄吏たちを見ると、彼らは叫んだのです。「地面の方に目を向けておけ。こっちを見るな」と。

十四日後、まだ命があったのはわずかに四人で、コルベ神父だけが意識を保っていました。獄吏にとって、その監房は他の受刑者たちを入れるために必要でした。ＳＳが釈放して病舎の係をさせていたドイツ人の囚人、ハンス・ボフが送り込まれてきました。彼がフェノールを注射して、彼らにとどめを刺しました。一九四一年八月十四日の午後のことです。その日は、カトリックの暦では、聖母マリアの被昇天の祭日の前日に当り、その祭日は、コルベ神父の大好きな祝日でした。

信仰と愛を持って死んでいく全ての人々は、この聖母被昇天（天に上げられること）にあやかれるのだと神父はよく説教の中で話していました。アウシュヴィッツが解放された後、仲間のポーランド人の捕虜たちは、餓死監房から聞えてきた祈りと賛美歌がどんなに大きな影響を与えたかを語っています。その一人、有名な作家Jan Szczepanskiは、コルベ神父の英雄的な行為をこのように書き著しました。「長い死の苦悶が、畏敬の業になった。フリッツは、暴力の世界が一つの行為の前に崩れ去ったことに気付くには、あまりにも心が狭すぎたのだ」と。

アウシュヴィッツのコルベ神父

松や竹のように

元日は日本の暦の上でとても大切な祝日なので、よほどの事がないかぎり一月一日から三日までは仕事をしないことになっています。あらゆる会社、官公庁、学校、そして家庭では大晦日までに徹底的に掃き清めて、片付けをすまさなければなりません。何にでも効くとされているお風呂、即ちふいごで炊く深い湯槽に入って準備完了となります。大晦日の除夜の鐘が響く頃から元日の夕刻にかけて、人口の三分の二以上の人たちが神社に参拝します。かなりの人たちが初日の出を拝むために、夜中寝ないで待ったり、あるいは夜明け前に起き出すのです。多くの家庭、会社、官公庁の表には門松が飾られます。門松は新しい松の枝と切ったばかりの三本の竹を組み合わせた活花のような飾りです。中国や日本における松は、忍耐、忠誠、生活力を表し、針状の葉はたとえ夏の焼けつくような暑さでも、厳しい冬の寒さでも深い緑色と鋭い張りを留めています。

竹は忍耐と忠実のシンボルで、容赦なく突風に打たれ、また雪の重みで曲がっても、決して折れることはありません。猛り狂った嵐が過ぎ去った後、竹は嵐の前と少しも変わらず優雅な姿で立っています。そのたたずまいはたくましくて優しい理想の女性を象徴しています。

東京都の担当部長は松居先生から、怜子の書いた「蟻の街の子供たち」の本を貰っていましたが十二月三十一日までは忙しくてどうしても読む事が出来ませんでした。一月一日と二日は大勢訪ねてくる年賀客の応対におおわらわでしたが、三日になってようやく怜子の本を読み始めました。中断されながらも心引かれるままに読み続け、終わった時は夜も更けていました。突然、部長はバタヤの課税について疑問を抱きました。おそらくバタヤが公衆衛生を乱す法律違反者というわけでもなく、自分自身の妻や子供や両親と、なんら変わらぬ人間であり、大切な人たちなのかも知れない。彼にとって非常に心を打つ物語を集めた本でした。しかし、書いてある事は事実だったのか、それとも政府の所有地に居住することを合法化する宣伝だったのかと疑問を持ちました。自ら行って確かめようと決心した部長は、松居先生に電話して次の日に蟻の街で会うことにしました。

部長はおかかえの車を隅田公園へと走らせている間に、妙に心惹かれた怜子の本の数ページを読み返しました。それは吉田恵子という十代半ばの少女の話の箇所で、恵子の家族がどんなに苦労したかが簡潔に書かれていました。

恵子が母や兄たちと、瀬戸内海の尾道にいる祖母の所で暮らしている間、恵子の父は満州で戦っていました。戦争が終わった翌年、ひょっこりと父が戻り皆大喜びでした。恵子の父は精力的に仕事を探し始めました。官吏だった昔の仕事はもうすでになく、ふるいブロマイド、食料、雑貨などあらゆる品物を扱う行商をすることにしました。どんなに遅くまで一生懸命働いても、ほんのわずかしか収入はなく、家族を養うのに足りないのは目に見えていました。東京の方がまだましだろうと愚かにも上京を決意しましたが、判断がいかに甘かったかに気付いたのは、持ち金がほとんど無くなった時でした。転々と移って行く間に泊まる所はどんどんみすぼらしくなり、遂に一銭もなくなり、食べ物もなく路頭に迷う身となりました。行く当てもなくなり、やって来た所は上野のある墓地でした。そこには空襲で亡くなった名も知れない犠牲者が埋葬されていました。その墓地に人々は墓標や瓦で掘っ立て小屋を建てていたのです。恵子の一家も犬小屋のようなところに落ち着いた矢先、どしゃぶりの雨が三日間も降り続きました。何もかもずぶ濡れになり、これ以上ここに居ると発狂するのではないかと思う程でした。一家は空腹の重い足どりで隅田川までやって来ました。その時もまだ食べ物はなく、言問橋の下に身を寄せたものの、凍りつくような夜でした。恵子の父は中国の戦場で亡くなった多くの戦友のように死んでいたらなあと思いながらも、悲惨な目にあっている妻や子供たちを見ては悲嘆にくれるのでした。

その橋も実際の避難小屋にはなり得ず、また別の場所へと移動するのでした。その時恵子の母が蟻の街の掘っ立て小屋の外に干してあるおしめに気づき「お父さん、見て下さい。あそこに子供たちが住んでいるわ。私たちも住まわせて貰えるかどうか、見に行きましょう」と、興奮しながら言いました。とっさに返答ができないでいる恵子の父をおいて、母の方が泥道の中をどんどん歩いて行きました。

会長の小沢さんはわなわなと震えながら訴えている吉田さんの奥さんの悲しい身の上話を聞き、この家庭のためにも手をうたなければならないと思いました。まだ十歳にもなっていない恵子は、空腹で気を失いかけていた時に食べ物を貰い、布団に手足を伸ばせた時の嬉しさを記しています。その翌日、行く学校がなかった恵子は、会長が数人のバタヤに縄拾いを教えてやるように言ってくれていたので、両親や兄たちと一緒にバタヤを始め、お金を稼ぐ事ができました。恵子の家族にとってバタヤになることはとても恥ずかしく思われましたが、たとえどのような事でも餓死するよりはずっとよかったのです。恵子はその夜、にこにこと微笑みかけてくれた美しい怜子に会うまでおどおどとしていましたが、自分の身の上話を聞いて貰った後は気持ちもほぐれていきました。

それ以来、学校へ通うようになり、夏休みには箱根へ旅行にでかけたこと、屑拾いに参加して赤い羽根の共同募金のために一万二千円分を集めたこと、それを知った安井東京都知事が都庁に恵子たちを招き、褒めてくれたことがあったなどとも恵子は書いています。

最初、恵子の両親は適当な住居を見つけ次第、早く蟻の街のバタヤから足を洗いたいと話していましたが、蟻の街が怜子の影響を受けて変わっていくのを見る中に、恵子の家族も考えが変わっていきました。そして、そこに住んでいる二百人の中に本当の友人を見つけていったのです。恵子の母は便所掃除のような汚れる仕事をかって出ました。恵子の父は、新たに蟻の街を設立して家のない人々を助けたいとさえ言うようになりました。怜子先生の影響を受けて家族全員が日曜日のミサに行くようになり、公教要理を教わって、洗礼を受けました。洗礼名として恵子は音楽の守護聖人であるセシリアという名を選びました。

恵子は次のような文章を祈りを込めて書き終えています。「蟻の街には私たちと同じような境遇の人が毎日のように入って来ます。蟻の街へ来たお陰で貧しいながら安心して学校へも通えるし、街の中に共同のお風呂があったり、皆の共同の勉強場所も、食堂も、娯楽場もあり、病気の時には一銭の心配もなしに、病院に通う事が出来ると言って、皆たいへん喜んでいます。それだというのに近いうちに、『蟻の街』を焼き払って追放するとか、『蟻の街』の商売をさせなくするというわさがよく耳に入るので、そのたびにお父さんも、お母さんも、夜遅くまでそのうわさをしてはため息をついています。私たちは今よりもっと立派な家に住もうとか、もっと贅沢な生活をしたいなどとは思いません。ただ、今のままで結構ですから、本当に仲のいい人同士が一つになって、毎日仲良く祈りながら、楽しい労働を続けたいと、お父さんもお母さんも言っています。

どうか北原先生、私たちのために、また私たちと同じような運命の人たちのために、いつまでも蟻の街の今の楽しい生活が続けられるよう天主様にお祈り下さい。そしてこの世の中に私たちよりも、もっと不幸な人がありませんように、どうかマリア様にお祈りして上げて下さい。私たちもまた、北原先生がいつまでもお元気でいて下さるよう、そして世の中の多くの困っている人たちのために働いて下さるように、心からお祈りしています」（「蟻の街の子供たち」より）

運転手はぴかぴかの都庁の車を、どんよりとした冬の日差しの中で、とても薄汚く見えるがたがたの宿所にできるだけ近づけて止めました。部長は車から降りて、磨きあげた上等な靴をぬかるみにそっとおろして極めて慎重にぐらぐらの塀まで歩いていきました。彼は松と竹の雅やかな門松を見てびっくりしました。その本によると、蟻の街の住民は怠けているとか、環境に順応しないとか、政治に不満をもっている人たちではなく、戦争によって家や土地を根こそぎ剝がれたとは言え、まともな人たちなのです。著者の北原怜子は、共同体という社会的試みが極めて成功を納めたのが蟻の街だとし、ゴミ回収業は、ある面で生態学上に大きな貢献をしていると主張していました。

緊張した松居先生は部長に挨拶しました。自分の管轄地域にやって来た部長は、このバタヤのぼろぼろの建物の中で、たとえ一日かけても実態を調べ上げるつもりでした。彼は「これは非常に感動的な物語だが、どの程度が作り話なのですかね」と無遠慮に聞きただしながら松居先生に本を返しました。いつも役人に信じてもらえない事に慣れている松居先生は「百パーセント本当ですよ」と、つっけんどんに言い返します。

「そうなんですか。わかりましたよ、松居さん。ではこの本に書いている恵子という女の子は何処にいるんですかね」

松居先生は笑って「それでは恵子に会いに行きましょう。向こうの方で廃品を分類しているのが恵子のお母さんです」都庁の役人はじっと吉田さんを見ました。必死になって生きようとして、「あそこにおしめが干してあるわ。……きっと私たちだって住めない筈はない」と言った恵子のお母さんです。吉田さんが廃品をすばやく、きちんと分類しているのを注意深く見た部長は、吉田さんの顔をまじまじと観察しました。そのバタヤの女性は、どこか揺るぎない品のよさを残している中年の婦人でした。松居先生は「恵子や他に会いたいと思っている人たちと話をする前に、お茶を差し上げたいのですが」と部長をお茶に誘いました。

刺すような北東からの冷たい風が隅田川を横切り、吹きさらしの中でオーバーを着込んだ部長は、松居先生の奇妙な宿舎に入れたことでやれやれと思っていました。

お茶を飲んでほっとした時、部長はオルガンの音と幼い歌声に気がつきました。「誰が歌っているんですか」と部長が尋ねました。

松居先生が「子供たちですよ。彼らは学校が休みの日に、いろいろな歌を歌うんです」

音楽がわかる来客は一心に聴いています。「みんな上手ですね」と感心しています。「そうなんです」と相づちをうちながら「おそらくオルガンを弾いているのが恵子でしょう。怜子先生が恵子に熱心に教えていましたからね。行って子供たちに会ってやって下さい」と松居先生が続けました。

予定通り朝のうちに、その担当役人は恵子たちや怜子先生と話を交わしました。蟻の街を内側から観察した彼は、本の中に書いてある事柄に嘘、偽りの無いことが分かりました。役人は、松居先生と二人きりになった時、手をとると、ぎゅっと力強く握りしめて言いました。「心から感動しましたよ。ここで素晴らしい事が起こっていたのを、私は知りませんでした。この土地が都の公園に吸収される時には、あなたがたのために全力をつくして替わりの土地を見つける事を約束します。私は国の役人として、全責任を負っておりますが、みんなに喜んでもらえる血の通った解決に向けて精一杯がんばるつもりです」

松居先生はいつもの頑なさを捨てて、深々とお辞儀をして都庁の車を見送りました。それから会長や怜子先生の所に真っ直ぐに戻り、直面していた危機がとりあえず避けられたことを報告したのです。怜子先生の目から涙が溢れました。思わずゼノ修道士そっくりの恰好でロザリオを手に取り松居先生に向かって高く上げて答えるのでした。そしてうやうやしく頭を垂れると十字架に口づけしました。

新しい土地を目指して

クリスマスの後、風邪をこじらせた怜子の病状はどんどん悪くなっていきました。新年の挨拶として年賀状を送るという日本の昔からのならわしを守れなかったのは怜子の人生の中で初めてのことでした。それでも怜子は新しい移転先について具体的な解決案として、わずか六キロしか離れていない東京湾の埋め立て地はどうかと、都庁あてに手紙を書いたのでした。東京都は無計画に土地を広げていたので、地方自治体の役人は、ゴミであってもおかまいなしに東京湾の西側の埋め立てに使っていました。そのおかげで羽田空港の拡張も可能となったわけです。怜子の嘆願書は、蟻の街の住人をその埋め立て地の一角に住まわせて貰いたいというものでした。

蟻の街の新しい友人となった担当部長は、埋め立て地の管轄課に接触を図ったところ、丁度埋め立てされたばかりの八号埋め立て地が、蟻の街から南へそれほど遠くないところにある上に、二百人がゆうに住めるので斡旋してくれたというのです。その埋め立て地を東京都が安く譲るつもりらしいのです。それもただではなく二千五百万円です。それは約二万五千ドルに相当の金額ですが今換算するともっと高いことになるでしょう。松居先生は驚いて言いました。「信じられない程素晴らしい用地だが、実現不可能な夢だ。我々はエジプト人から追われたイスラエル人のようだが、東京湾が二つに割れて我々の脱出に奇蹟をもたらしてはくれないだろう」怜子は羽織をきちんとはおって身体を起こしました。墨を手にしてすずりに水を注ぎ、墨をすりました。それから筆をとって弐千五百萬円と紙に書くと、それを板壁に貼りつけたのです。怜子は寝床に戻り松居先生の方へロザリオを高くあげて、「神様はもう決して私たちをどん底には落としません。二千五百万円がいただけるように祈りましょう」といいました。

ゼノ修道士は怜子の容態がかんばしくないとの知らせでやってきました。すぐに怜子の小さな部屋にゼノ修道士の笑い声が響きわたりました。真顔になって、怜子にどんな具合かとたずねるゼノ修道士に「ゼノさま、お分かりのようにまだ天国行きの切符は来ません。まだまだ一杯しなければいけない事があり、自分に課せられた仕事を放り出したくありません。でも、神様のお召しがあればすぐにも、みもとに行く準備は出来ております」と答えました。怜子はゼノ修道士に二千五百万円のことを打ち明けると、彼はそのお金を手に入れられるように一緒に祈りましょうと言ってくれました。怜子はゼノ修道士にお礼を述べ、お母さんにも感謝の気持ちを伝えました。母親は娘の健康が、だんだん悪くなっていることを聞いてすぐに駆けつけてくれたのです。

怜子のお母さんは娘が深刻な状態であることを察知し、怜子に結核患者専門の病院へ連れて行って貰うように言い含めました。怜子はお母さんの心遣いを有り難く思いましたが、蟻の街にはそのような専門病院に行けない病人が他にもいることをお母さんにわかって貰いました。その病人たちは外来患者用の病院で並んで待つことを甘んじなければならなかったのです。怜子は薬は飲んでいましたが、蟻の街の他の住人たちが受けられないような特別な治療をしてもらうことは、彼女の意に反することだったのでしょう。しかし、お母さんには好きなだけ来て貰う事にしましたが、これは今までとは違う変化でした。

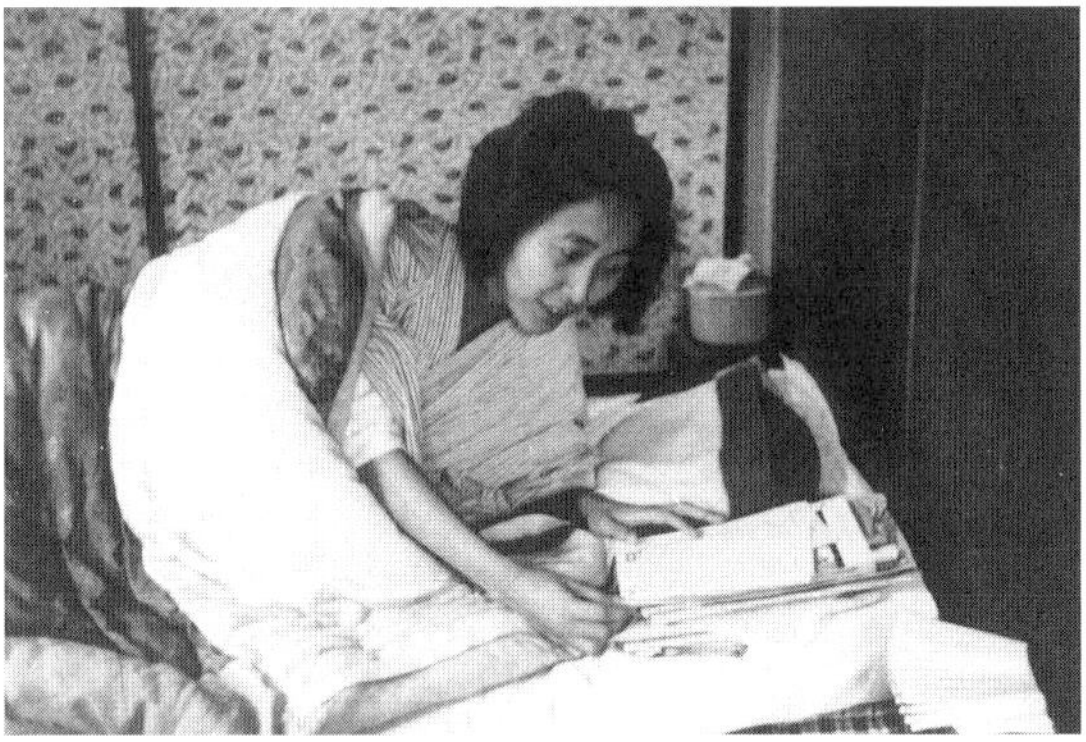
病床の怜子

千葉神父が怜子に御聖体を持って来ました。怜子が床についている時には、千葉神父か助任司祭の宮内神父のどちらかが定期的に御聖体を運んでいたのです。年月が経った後も宮内神父は、祈っている時の怜子の周りには何か特別な超自然的雰囲気が漂っていたと話しています。怜子に御聖体を運ぶことは神父自身の信仰生活の励みでもあったのです。怜子には他の訪問者がありました。新興宗教会員の訪問です。彼らは、もし入信すれば、奇蹟的な快癒が望めるというのでした。怜子のお母さんはその強引な訪問に困りはてていましたが、怜子がその人たちの話に最後まで辛抱強く耳を傾け、しかも自分への心遣いに感謝しているのには驚くばかりでした。怜子はその人たちの信仰に敬意を表し、全ての誠実な信仰には崇高な動機があると言い添えました。しかし、自分自身がイエズスの僕であることに心から満足していたのです。

台所から怜子のところへ運ばれてくる食事は、いつもとても質素だったのがお母さんの心配の種でした。しかし怜子は、蟻の街の皆が食べているものを食べることにこだわっていました。蟻の街にいる病人と同じ事をしたいと思っていたのです。親戚の佐藤さんや友達がケーキやお菓子あるいは果物などを持って来てくれた時には感謝を込めて頂くのですが、皆が帰ると蟻の街の「まだまだ育ち盛りで余分の栄養の必要な」子供たちにそのお土産を分けてあげるのでした。怜子に病気の回復の兆しが少しもみられなかったので、お母さんはこれから毎晩怜子のそばで寝てやりたい、と会長に許可を申し出たのは一月十八日のことでした。怜子が大好きで崇拝さえしていた会長は、即座に同意したのは言うまでもありません。一月二十二日になって担当部長から松居先生のところへ電話があり、大切な話があるので会いに来るようにとのことでした。松居先生はただならぬものを感じたので、まず怜子に話そうと部屋を訪ねました。怜子はこのところ眠れない夜が続き、話す事さえ困難な状態でした。松居先生は喋るのを止めてお祈りをしてくださいと言うと、怜子は微笑んで、今ではいつも手にかけているロザリオを高く掲げました。

担当の役人は晴れやかな顔で松居先生を出迎えました。埋め立て地の担当課は、殆ど半値近くまで価格を引き下げることに応じたのでした。東京のカトリック大司教管区や名門大学の数校が蟻の街に関心を寄せていました。もし会長や松居先生が適切な価格で移転地を見つけるならば、財政上の協力を惜しまないと約束してくれていました。埋め立て地担当係官管轄課はこのことを聞いて、支払期限を蟻の街の都合に合わせてくれることになりました。

松居先生は価格の値引きと支払い期限の延長を聞き、信じられない思いでした。急いで蟻の街に戻り、まっすぐ怜子の部屋に駆けつけました。「やりましたよ、怜子さん。あなたのお祈りのおかげで私たちの希望がかなったんです。さあ、今、あなたがしなければならないのはあなた自身が快くなるように神様にお願いすることだけです。そうなれば新しい蟻の街の計画を立てて、移転ができるんですよ。あなたが少しでも快くなればすぐにでも誰かに車を頼んで、その新しい場所に連れて行って貰いましょう」

怜子はゆっくりと落ち着いて答えました。「いいえ、その必要はありません。神様は私たちがお願いした事は全て叶えてくださいました。それだけで充分です」

松居先生が答えました。「神様は、私たちの願いはみんな聴いてくださった。だから、いま、あなたがもう一度元気になる事を神様にお願いするのです」

お母さんとお医者さんも怜子のいる部屋に一緒に居合わせていました。三人は怜子がいいえと言っていたのを聞き漏らしませんでした。しばらくして、それぞれが怜子の言葉から受けた印象を話し合いました。蟻の街の共同体のために神様に命を捧げていた怜子は、自分の回復など望んでいなかったのです。その医者は特に宗教をもっていたわけではありませんでしたが、怜子が示したこの態度に深く感じ入ったのでした。

怜子が病気の間、学校や屑拾いから戻って来る子供たちは、部屋の窓の外に立って中に怜子の姿を見つけると、いろいろと話しかけます。怜子はそのつど答えを返し、まだ子供たちに直接会えなくても、一人一人の事をいつも心にかけていました。叔母の京子が呼ばれてやってきたのは、その同じ日の一月二十二日でした。怜子の声はだんだん弱々しくなってはいましたが、そんなに悪化しているとは誰も予測出来ませんでした。

和子もやって来て、髪を洗い、身体を拭いてやりました。スポンジで身体を洗い始めた時、もしや葬儀のために怜子の身体を清めているのではないかと、悪い予感が突然わき上がりました。何とか堪えようとしましたが、頬から涙がとめどなく流れ始めます。怜子はその様子を見て「お姉さん、どんな小さなお祈りでもみんな叶えて貰ったのよ。私はとても幸せ」それを聞いた和子は安心して、嫌な予感を拭い去ることができたのでした。

お姉さんが手伝いを終えて帰り支度を始めた時、怜子は泊まって欲しいといい出しました。たぶん寝るだけのことかも知れないけれど、その晩はお母さんと一緒にこの部屋で泊まっていって欲しいと頼んだのでした。妹がそのような願いごとをするなんて変だなと思いましたが、主人や子供たちに夕食や朝食を作らないといけないので、とても泊まることは出来ないが、明日ならば泊まれるかもしれないと言って分かって貰う事にしました。怜子はお姉さんにお礼を言って、お義兄さんにも会わせて欲しいと頼みました。つづいて大学の会議からお父さんはいつ帰るのかしらと言うのが聞こえました。お父さんは当時高崎経済大学の学長でした。

怜子のお母さんも同じようにお父さんが学会から帰って来るのを待っていました。数日前、怜子が日記をちぎって細かく破いているのを見たお母さんは不安でなりません。理由を尋ねましたが、怜子はただ「もう、役に立たないから」と言っただけでした。お母さんの不安がもっとつのったのは松居先生が、健康が戻るよう神に頼むことを熱心に勧めても、断って従わなかった時でした。姨というお母さんの名前は女性の美徳を表しています。その慎み深さが非常に発揮されたのは、怜子と同じ信仰を持っていたわけではなかった母が、世俗的には理に合わない事をやりとおした怜子のそばでじっと黙って見守ってあげたことでした。

怜子はその晩、よく眠れませんでしたが、お母さんも同じでした。夜中の一時頃、怜子が見てみると、お母さんは起きて小声でつぶやいています。「お父さんここに来て下さるのかしら。心細くてもう耐えられないわ」

朝の七時頃に朝食の支度をしようと、そっと部屋を出ようとしたお母さんに怜子はお水を一杯頼みました。少しでしたがとても美味しそうに飲みました。お母さんが怜子の熱を計ってみると驚くほど高くなっています。ちょっとごめんね、と言って松居先生の部屋へ駆けつけ、司祭とお医者さんに電話をかけてくれるよう頼みました。お母さんが部屋へ戻ると、怜子は息も絶え絶えにロザリオの祈りを唱えていました。八時十分頃、昏睡状態に陥った怜子は、数分もたたない内に息を引き取りました。

千葉神父が駆けつけ、怜子に終油の秘跡を授けました。医者も来て、怜子の死亡診断書を作りました。原因は腎臓疾患でおそらくは結核が引き金となって起きた腎炎によるものでした。

叔母の佐藤京子さんは、怜子の母親が家から持って来た純白のドレスを怜子に着せて納棺の準備をしました。そのドレスは怜子が洗礼を受ける時に身に付けたもので、それを着てキリストの花嫁としてメルセス会に入るのが望みだったのです。京子さんはお棺のまわりを真っ白な百合で飾りました。百合の花は昔からキリスト教で童貞を象徴しています。

驚きで呆然とした蟻の街の人々は、怜子の家族にお通夜とお葬式を彼らの手で執り行うことを許して欲しいと願い出ました。日本ではお通夜は一般的に大事な儀式です。遺体は、襖がはずされた家に安置され、お参りにやってきた弔問者の列が、彼岸を信じる証の線香を上げて家族を慰めるのです。会葬者は近所の人たちや遺族に間係のあるいろいろの団体、学校、仕事関係の代表者です。北原教授のように学長という立派な公人は、自宅あるいは大きな会館を使ってしめやかに通夜を執り行うのが常識でしょう。しかし、北原さんの家族は、蟻の街こそが怜子にとって本当の家であると思っていましたので、葬儀が蟻の街で行われるのには賛成でした。

蟻の街は大きな衝撃を受けましたが、深いやすらぎもありました。死という日本語の表意文字はこのことを的確に表しています。死という文字は三つの部分から構成されていて、はもともとのことで足が弱くなって歩き廻れずに座っている年老いた人のことを表します。は死んだ老人が土に埋葬されていることを意味しています。は月を省略した表意文字です。丁度、太陽が消えると、世界が闇に閉ざされるように、死はその犠牲者を闇に放り込むのです。しかしその時、月が上がり、新しい美しい光で地球を照らすのです。あたかも光の国へ向かう死人の魂のように。

怜子の突然の死で蟻の街は悲しみに沈みましたが、怜子が天国に帰ったのだという確信がみんなの救いとなりました。

その頃日本のカトリックでは、教会の外で追悼ミサを行うことに厳しい規制がありました。千葉神父が土井大司教に、蟻の街の敷地内で葬儀ミサがあげられるかどうか打診したところ司教の承諾を得たばかりではなく、司教自身が出席するとの返事がありました。その小柄ながら身分の高い聖職者は、怜子に敬意を払いました。司教が怜子に会ったのは怜子が蟻の街にやって来た直後と、松居先生が書いた「蟻の街に教会を建てたゼノ神父」を紹介する記事が初めて朝日新聞にとりあげられた後でした。ゼノ修道士の上司たちは、ゼノ修道士の奇妙なやり方には慣れてはいましたが、今回、正式に許可がおりていないこの教会でミサを執り行うことについて、司教区から厳しい質問があびせられると覚悟していたのです。ゼノ修道士が大司教の所へ行って、自分が神父と呼ばれていることを釈明する時に、怜子もおともをして行きました。ゼノ修道士は自分はただの無知な修道士にすぎないのに、皆から神父と呼ばれているのは申し訳ない、と謝りました。大司教は微笑んで、ゼノ修道士や怜子のしている事は神の喜ばれるところであり、貧しい人から神父と呼ばれても、それは一向に構わない、むしろ我々よりも神父と呼ばれるにふさわしいことなのだからと言い添えてくれたのでした。

追悼ミサは一月二十三日土曜日午前十一時、蟻の街のルルドの洞穴の前で執り行われました。二百人のバタヤたちが怜子の両親、姉妹、親戚と一緒に前列に並んでいました。空は雲で覆い隠され、刺すような冷たい日でしたが、外部からもおおよそ四百人の参列者がありました。

怜子の葬儀ミサで悲しむ蟻の街の人々

怜子の葬儀で泣く妹肇子（手前）

修道女たちは日本で悪名高いやくざの隣の席についています。松居先生の映画界の友人で、今や有名な映画スターとなっている人たちも姿を見せていました。多くの弔電の中には東京都知事や国民的大スターの森繁久彌の名前もあります。報道機関の人たちが一挙にやってきました。マスコミの関係者はおこりっぽい松居さんのことはあまり相手にはしていませんでしたが、怜子は真の聖人であると思っていました。怜子はアフリカのシュバイツァー博士に匹敵するほどの人物であると評したところもあります。又別の新聞では、台頭してきた利己主義と物質主義に日本が侵されつつあるなかで、それに立ち向かった英雄的な証人であると述べていました。

怜子は東京の霊園墓地（多摩霊園）の兄や姉のそばに埋葬されました。司祭をはじめ宗教関係者、そしてクリスチャンでない人たちも怜子に祈るようになり、天国にいる怜子の取り次ぎで、ひどく重い病気の全快を願う人たちもいました。一九七五年に東京の白柳大司教は、怜子が聖なる人であったという評判に基づいて公式に調査を開始しました。貧しい群衆の一団に本気で取り組んで身を捧げたごく普通のカトリック信者が、もし聖人の位に上げられるならば大きな励みになる、と多くの人たちは信じています。日本の信者は一億二千万人の人口の内百万人にも達しませんが、怜子は日本女性の鑑ともいえる人なので、このように取り扱われることは格別嬉しいことです。

バタヤをしている司祭のバラード神父は、怜子をカトリック教会が貧しい人たちと一体であるという教会本来の精神に、信者を呼び戻した大使ともいえると言っています。怜子は修道女や修道士そして司祭たちを批判しているわけではありません。しかし立派な建物に住み、たとえ修道服であっても上等な衣服をまとっている人たちは、バタヤとか、ごく普通の社会から衣食にも事欠く状態で追い出されている人たちとのギャップを埋めることは出来ないことに、はっきり気づいていたのでした。

侘《わ》び・無・福音

怜子が亡くなると、国中のあちこちで礼賛の声が上がりました。宗教色のあるなしを問わず、多くの新聞雑誌をはじめ、劇団公演、放送劇、教科書から、さてはマンガ本まで、彼女に気高さの鑑として特別の座を与えました。死後わずかひと月の間に、大手映画会社「松竹」が、全国で上映する映画の準備段階に入りました。「蟻の街のマリア」と題されたこの作品は、いくつもの国際映画賞を獲得することになるのです。社会的評価の高い知識人雑誌「文芸春秋」は一九九〇年二月号で「昭和を熱くした女性五十人」の横顔を特集しましたが、怜子はその中にも名を連ねていました。怜子のように頭の天辺からつま先までキリスト教に染まった女性が、クリスチャンは一パーセント以下、カトリックとなると〇・五パーセントに満たないこの国で、なぜこんなに人気があるのでしょう？

没後一周年に除幕された怜子の像
蟻の街で（1959年1月23日）

　その答えの一端を探れば、怜子の生と死が、「わび」と呼ばれる日本的な風趣に満たされているからだという事実に思い当たります。このわびという言葉を同じ意味の他国語におき換えることは、おそらく不可能でしょう。日本人の口からも、わびは理解できるものではなく、心で「悟る」べきものだときいています。わびに当てられる表意文字は、その意味を解く上に重要なカギを握るものです。「侘」という字は三つの表意文字の組み合わせで、「」は人を表し、から出たは家の屋根を表しています。（はるか三千年前中国で最初の表意文字が考え出された頃、家の屋根は平たく、その上には大きな留め石か丸太が置かれていたのです）屋根の下、つまり家の中には「」がいますが、これはもともとは「」と書かれ、坐っている人間を意味します。歩きまわることが出来なくなって坐っている老いた人を表現するのにこの形が選ばれたことは、既に「死」の表意文字についての箇所で指摘した通りです。このように、わびの表意文字は、家に閉じこもった弱い老人を眺めている人間の感情を表したものです。こんな意味合いから、日本語で形容詞「侘びしい」というと、みすぼらしい、みじめな、さびれたなどということになります。しかしながら日本の中世詩人たちは、わびという名詞をはやくも高尚な精神的な意味に用い始めていました。とどのつまり、眺めている相手の老人が最愛の祖父母である場合を想定してみると、しぼんだか弱い肉体にかくされた、素晴らしいうちなる美を人は見出すと言うことなのです。今やわびというものは、人間や自然の現象に内在する光彩とでもいうべきもので、それと悟らぬ輩の目には、ただの哀れさにしか映らぬ類のものです。

怜子の人生に影響を及ぼしたわびの「人間的」な面のみを取り上げて、私はその解明を試みてみようと思います。このすこぶる美的で深遠、日本を肌で味わわせる実体とでもいうべきわびを、充分に明らかにするには紙面も足りず、そんな自信もありません。が、当今の解説者鈴木大拙によれば、わびの風情の一例として、十三世紀に生きた藤原家隆の歌を引用しています。

花をのみ待らん人に山里の
雪間の草の春を見せばや

華やかな美しさしか目にとまらない人たちは、雪に覆われた景色など見る影もない淋しさと見過ごすでしょうが、そんな人たちは「冬の荒涼たる最中にも生の衝動」と鈴木氏が指摘している、微かながら気高い美を取り逃がしているのです。

俳人芭蕉は、隅田川岸の草庵でわびに徹した句を作りました。彼の目に入る自然のたたずまいは荒れ果て、悲惨でさえあったのです。吹きさらしの荒野を嵐が狂い、冷たいぬか雨の降る日には若猿も身を震わせ、孤独な烏《からす》は秋のたそがれ枯枝に身を寄せ、冬の海原には波が騒いでいました。芭蕉とて若い日にはこの光景に心乱れ、塞ぎ込んだものなのです。それらが悲しくも暗示しているのは、自然のすべて、人生のすべてが移ろいやすく、又、そこはかとなくはかないということでした。さくら花も散り急ぎ、その束の間の姿が心に焼き付いているばかりでした。

心の静寂を求める切なる思いにかられた芭蕉は、十二世紀の世に刀を捨てて仏門に入った西行法師が詠んだ形而上界に触れる歌などを読むうち、自らも禅僧仏頂の修業の場に身を託すことにしました。これらの聖《ひじり》たちから、「心眼」により物象すべてに隠れ潜む「絶対」を見ることを芭蕉は教わったのです。絶対は名づけられることなく定義も下されないものでした。高《たか》の知れた人知をもってしては、限りあるものしか掴み得ないからです。仏門の師たちは絶対を時に法といい、或いは又、無と呼びました。絶対は我々のいう「物」をはるかに超えた存在で、「何もない」のとは全く違います。なぜなら我々は絶対の中へ永久に流れ込んでいくことが出来、底を知ることはあり得ないからです。そんなわけで無限の天になぞらえ「空」という語も用いられたのでした。

この絶対、言い換えれば真の法の源であり、慈悲そのものともいえる実在を悟った時、芭蕉の心は安らぎと喜びであふれんばかりでした。人生につきものの悲哀や落胆、そしてまわりの自然にも漂っていた無常が、ある超越した意味とまとまりをもちはじめました。すべてのものが聖なる光を帯びたのです。思えば苦しみと心の渇きを背負いつつ、孤独できびしい旅をしてきたものでした。が、突如として、その旅が存在意義をもち、素晴らしいものに映ったのです。旅が困難であっただけ、芭蕉の心にはこの世を旅する仲間たちに対するいとしさが募っていたのでした。

芭蕉は傑作「奥の細道」の一頁をさいて、北への旅の途上、とある宿ですごした一夜のことを記しています。うすい障子の仕切りを通して、芭蕉は隣室の二人の遊女がその身の運命を嘆き悲しむのを耳にし、「定めなき契り、日々の業因、いかにつたなしと物云うを」きいて悲しみに襲われました。翌朝、隣の宿泊客が仏僧とみた遊女たちは、涙ながらに伊勢参宮に連れて行って欲しいと頼みます。不憫ではありましたがこれを断り、「神明の加護」に委せるように言ったものの、「哀れさしばらくやまざりけらし」と色蕉は続けています。

芭蕉は筆をとり一句したためます。

一家《ひとつや》に遊女もねたり萩と月

萩というのは小さな灌木です。その花は秋に咲きますがまたたく間に、冬を告げる木枯らしにやられてしまいます。そんな訳で萩ははかなさ、弱々しさ、無力――遊女の生涯を不幸にしているもの――の詩的シンボルになりました。一方、この悲しさ、みじめさ、はかなさの上を穏やかに音もなく動いていくのが、比類のない中秋の名月で、これは慈悲そのもの、すべてをまとめる不変絶対のしるしでした。こんな風に沈思黙考していくにつれ芭蕉は、襲われていた寄るべのない侘びしさから心が解き放たれていくのを覚えたのでした。三世紀を経て同じ場所に怜子が住みついた頃、隅田川はみじめなスラムを通って流れていました。共に生きるバタヤの子等は、かつて芭蕉の生きた時代に売春宿に売られた貧農の娘たちと同様、ののしられ侮られていました。かの俳人のように怜子も、見かけは汚れた子供たちの、愛を受け入れる謙虚な心の輝きを見抜くことが出来る人でした。その洞察が怜子の心に平安を保たせ、決意を強めさせたのです。

クリスマスの逸話の中に大いなるわびの趣を見出した怜子は、松居氏や会長、それに子供たちも、そのわびの美しさを見つけるよう仕向けました。寄るべのなかった御子と聖母の中にこそ、永遠の住処へと通じる道があったのです。ゼノ雲水に導かれて怜子は、今、目の前に起こっている真実の話としてクリスマスを祝うすべを蟻の街に教えました。そこで皆は羊飼いになり、或いは隅田川のほとりに聖母子を見つける賢人にもなったのです。ほど遠くない東京カルメル会では、日本人のシスターたちが、同じく「人となられた神の御子のメッセージ」を手描きのクリスマス・カードで静かにひろめていました。日本人の顔とアーモンド型の瞳をもつ聖家族が、わびの美しさみなぎる雪の丘や百姓家を望んでおられる様子が描かれていたのです。

怜子にとって蟻の街のルルドの小さな洞穴は、カトリックの教会というものに初めて足をふみ入れ、ベルナデッタと言葉を交わしているマリア像に激しく心を揺さぶられた横浜教会での思い出にまさるものでした。これもゼノ修道士の導きで、怜子はルルドで起ったことをクリスマスの出来事の、近世における再現だと思うようになっていたのです。神の御母が、無学でゼンソク持ちで貧しさそのものに生きていたベルナデッタに方言で語りかけた岩窟は、現代のベツレヘムの洞でした。ルルドの洞穴の輝きは、ベツレヘムの洞の光から出たものでした。それは怜子にとって、先祖にあたる神主や巫女たちに備わるわびの美の探求を完成させるものでもありました。ベルナデッタに劣らず怜子も病身でしたが、二人共自ら癒されることを求めず、他人の快癒を祈る心に迷いはありませんでした。この二人の女性にとって、病も心の闇も早逝も、何ら恐れるに足りないものになっていました。実にこれらすべてが、最初は暗くみじめに見えたところ——つまりゴルゴタ（キリストが十字架にかけられ処刑された丘）から輝き出た光の中で、稀なる精神美を帯びていったのです。

松居氏は歌舞伎の劇作家として名を成していた父君を通し、年若い頃よりわびの心をたしなんできた人でした。それで蟻の街の掘っ立て小屋に怜子の起居する部屋を用意するにあたり、間口三メートル、奥行三メートルという、茶室とぴったり同じ広さのものにしたのです。それは偶然の一致ではありませんでした。中世初期に書かれた平家物語の中に、皇太后が隠棲された庵についての叙述があります。十三世紀の鴨長明は、仏教隠者が世を捨て独り庵に移り住むというのが当時理想とされていたと、その著作「方丈記」に記しています。十六世紀になると、この趣向は茶室の中に取り入れられました。即ち茶人たちによって「山里の数奇屋《すきや》」と呼ばれる由縁です。茶道は、昔から今に至るまで日本の雅趣に深い影響を及ぼしていますが、これは本質的には精神的体験なのです。ほとんど飾りのない茶室に入るのは、心の中の高慢、怒り、不純、乱れを追い出すため――「心の目を洗う」ためなのです。こうすることでわびへの直観力が身につき、これは茶室の中にとどまらず、浮世の日常にも及びます。簡素な茶碗に点てられた一服のお茶を家族と共に楽しむ時、それは美しくも尊くもなり得るのです。

芭蕉はこの哲学、というより神学を、大いに玩味した人でした。十六世紀にわび茶の茶室をひろめた千利休にもふれ、芭蕉はこういっています。この「道」が人に教えるには、「造化に随《したが》ひて四時を友とす。見る処花にあらずといふ事なし。……像《かたち》花にあらざる時は夷狄《いてき》にひとし」芭蕉が好んだ隅田川岸の草庵は句作の場所であり、その句はあらゆる処に存在する絶対なるものを見出す道を、多くの人間に示してきました。それでも芭蕉自身は「うすものの風に破れやすい」ことを愛して、自ら「風羅坊」と名のっていました。怜子はとみると、芭蕉と同様自らのつまらなさを喜びとしながら、同じ川岸の小さな「庵」で過ごしたのです。「神の国はあなたがたの間にあるのだ」と悟らせてくれた聖書の中に、自分を育んできた日本文化の粋が全うされていることを知った怜子の喜びは、たとえようもありませんでした。

一九七三年、劇作家高木史朗氏が自作脚本のオペレッタを演出したのは、大阪空港から遠くない有名な宝塚歌劇の舞台でした。一時間半をかけて十六場を演じたその劇は、「星のふる街」と題され、怜子の生と死に基づいたものです。連日観衆の大喝采を浴びた公演を語る記者インタビューで高木氏は、「宝塚歌劇と共に歩んだわたしの三十年の中で、演ずる者たちがこれほど感激に気持ちごと巻き込まれる様子を見たのはこれが初めてです」との感想を述べています。

ゼノ修道士（左から二人目）と高木史朗氏（右端）

高木氏のキリスト教への関心は、極めて不本意にやって来ました。何年か前、ヨーロッパへ旅立つ折に当時十一歳だったお嬢さんに何でも好きなお土産を買ってきてあげると言った時の、お嬢さんの答えがこうでした。「ルルドのお水が一瓶欲しいの」面食らった高木氏は、およそあらゆる子供向きの欧州土産を勧めてみましたがだめでした。お嬢さんの欲しいものはそれだけだったのです。

そこで高木氏はフランスでの日程を変更、気分が乗らない自分を引きずるようにして、わざわざルルドに立ち寄りました。これが思いがけない結果を生んだのです。「生まれて初めて私は祈りました。そしてその祈りは、私にとって奇蹟としか思えない方法によって叶えられました。それでもまだ数年間は、神様との間に一定の距離をおきながら、いつの日か受洗しますと約束をくりかえすにとどめていたのでしたが、ある時イエズス会の武宮神父から、インテリの高慢で、ぐずぐずしているだけだと言われたのがきっかけで、受洗への道を走り出したのです」

高木氏はカトリックの教義を学び、受洗しました。それを後悔はしていません。が、ある強い不満を持っているのも事実です。「日本のキリスト教は西洋文化をそのまま背負っている」この点で高木氏は、怜子の生涯にすがすがしい魅力を感じました。怜子は日本人そのものだったのです。オペレッタの作者として行った長い調査の中で、怜子が大きな短所——裕福な知識階級の育ちに付き物といっていいインテリの思い上がりや、虚栄心といった類の——を、はじめは一杯持ちながら、やがて聖人の域に達していったのが分かったことも、高木氏を大変喜ばせたということです。怜子が長い苦闘の末、これらの欠点から自分を解放した暁には、その古風な育ちが、正に日本独自の聖女を創り上げる役目を果たしたのです。バタヤになったバラード神父は、高木氏のオペレッタ調査に手をかしましたが、神父もこの点で同じ考えでした。即ち儒教や神道、それに仏教のバックグラウンドが、怜子の中で、キリスト教の種のための肥沃な土壌となったというのです。このあたりに、「なぜ日本人にはキリスト信者が少ないか」の問題解明に辿りつくための、無視できない核心がありそうです。

教皇ヨハネ二十三世が、歴史を知らない人は記憶を持たない人のようだと言われたのは、人間として不完全だということです。かつてギリシャやローマをキリスト教に改心させた（それより十三世紀のキリスト教世界への地ならしをした）伝道者たちは、偉大なギリシャ哲学者たちと、その注釈に力を注いだローマ人たちに関し、楽観的な見方をしていました。キリスト教の宣教師たちは、彼らの中に大いなる真と善が既に存在しているのを知って喜び、これを真理と善の源である神から出たものとして受け入れました。聖ユスティーはその良い例です。キリスト教徒でないギリシャ人の両親から生まれたこの人は、エフェソで古典ギリシャ哲学者の研究をしていました。聖書との出会いは紀元一三五年になろうとする頃でしたが、彼は傾倒していたプラトン哲学から仕込んだ真理を、そっくり洗礼の水の中に持ち込みました。そしてそのキリスト教以前の真理を「ロゴスの種」と呼んだのです。因みにロゴスとは神の御子のことです。聖ユスチノは紀元一六五年にローマで殉教しましたが、キリスト教信仰にとって指導的役割を演じる人材を、たくさん味方に送り込んだのです。揺籃期のキリスト教会に生まれ出た偉大な教父たちの多くが、この聖人の範に倣いました。

これにあたることが極東においても、イエズス会マテオ・リッチの下で起こっていました。にもかかわらず、西欧文化を背負ったままの原理主義者たちが勝利して、リッチの隆盛な中国伝道は台無しにされました。第二ヴァチカン公会議に於いて、リッチの（そしてユスチノの）伝道法がカトリック教会にとって確かな方法であったことは疑う余地がなくなりました。このことは、高木氏が語っていたことと通じるものです。

一九七九年三月、東アジアのカトリック司教会議が東京で行われた折、第二ヴァチカン公会議の新しい考え方が熟し、キリスト教でない同胞たちの中へ次のような態度で出て行くようにと信徒たちは求められました。「不断の思慮深い対話……そして祈りの中で、他教徒から受けることのできるもの、他教派の本の中で聖霊が驚くほどさまざまな形で著者に語らせていることを、教えられるのです。――形が我々のものと異っても、父なる神に心を上げよとの勧めをその中に聞くことは、我々にも出来ます。と同時に、キリスト教の伝統がもつ宝を、彼らと分かち合う機会を見出すことになるのです」

ヨハネ・パウロ2世に謁見する怜子の母と姉の和子

二十年ほど前、プロテスタントとカトリックの対話が急ピッチで進められた頃、カトリック信者は英国国教会やプロテスタントの人々から多くを学びました。聖書を読むことにもっと主眼を置くことなどは、教えられた数多い中の一つでしょう。メソジスト派の聖職者ジョセフ・ネビィル・ウオード師は、英国に於ける教会一致運動に大変興味を示し、他教派を理解するのに最も有効な手立ては、他教派の人々と同じ方法で祈ろうと努めることだと考えました。

彼はロザリオで試してみたところ、それが実に聖書を体現する祈りとなることに驚いたのです。こうして彼は、「五の悲しみ、十の喜び」と言うロザリオについての切れ味の良い著作を残しました。

最近では大勢のプロテスタントや英国国教会の信徒たちが、ルルドやメジュゴリエの聖マリア聖堂へ巡礼に行き、ロザリオの祈りを日常の祈りに加え始めています。キリストの証し人となった怜子の生涯が、聖霊の働きの実りであったと同時に、聖マリアへの祈り、とりわけロザリオに濃く彩られていたことを、皆様に考えていただきたいというのが、著者の願いです。

参考文献

北原金司著「マリア怜子を偲びて」（北原怜子著「蟻の街の子供たち」を含む）八重岳書房

松井桃樓著「蟻の街のマリア」、「ゼノ、死ぬひまない」春秋社

毎日新聞社「昭和史」

Japan, The Offical Guide. Japan Travel Bureau.　Bush, Lewis. *Japanalia*. Okuyama.

Morita, Akio. *Made in Japan. Signet* (N.A.L. Penguin)

Reischauer, Edwin O. *Japan, Past and Present*. Charles E. Tuttle.　Toland, John. *The Rising Sun*. Bantam.

Seven Stories of Modern Japan. WidePeony.　Story, Richard. *A History of Modern Japan*. Penguin.

We Japanese. Fujiya Hotel, Hakone. 1950

Suzuki, Daisetz. *Zen and Japanese Culture*. Bollinger Seriees, University Press.

Bashoo, Matsuo. *The Narrow Road to the North*. Transl by Nobuyuki Yuasa. Penguin.

Ueda, Makoto. *Matsuo. Bashoo*. Kodansha International Paperback.

Hammitzsch, Horst. *Zen in the Art of the Tea Ceremony*. E.P. Dutton.

Tea in Japan. Edited by Valey / Kamakura. University of Hawaii Press.

Allyn, John. *The 47 Ronin*. Charles E. Tuttle.　Sen XV Soshitsu. *Tea Life, Tea Mind*. Weatherhill.

de Roo, Joseph R. *2001 Kanji*. O.F.M. Language School. Roppongi.

Inoguchi / Nakajima / Pineau. *The Divine Wind*. Bantam.

Millot / Bair. *Divine Thunder*. Mayflower Books. St. Albans.

Naito, Hatsuho. *Thunder Gods*. Kodansha International.

Guillain, Robert. *I Saw Tokyo Burning*. John Murray.

Brackman, Arnold C. *The Other Nuremberg. Tokyo War Crimes Trials*. Quill.

Hammarksjld, Dag. *Markings*. Knopf.　Ono, Sokyo. *Shinto: The Kami Way*. Charles E. Tuttle.

Lyons, Phyllis I. *The Saga of Dazai Osamu*. Stanford University Press.

Schurhammer, Georg *Francis Xavier*, Vol. Japan Jesuit Historical Institute.
Cronin, Vincent .*The Wise Man From The West*. Readers Union.
Ravier, Andr. *Lourdes; Land of The Gospel* L'Oeuvre de la Grotte.
Chesterton, G. K. *St. Francis of Assisi*. Hodder and Stoughton.
Chesterton, G. K. *The Everlasting Man*. Image Books, Doubleday.
Hardy, Richard P. *The Life of St. John of the Cros*. Darton, Longman and Todd.
Ward, Joseph Neville. *Five for Joy*. Cowlcy Press. Cambridge.
Bessing / Nogosek / O'Leary *The Enneagram* Dimenslow Books.
Macquarie, John. *Mary for all Christians*. Wm. Eerdmans.

《著　者》

パウロ・アロイジウス・グリン（Paul Aloisius Glynn）

マリスト修道会司祭。1928年 オーストラリア・リズモア市生まれ、1953年 司祭叙階。1955年来日。以後、滞日21年、カトリック大和高田教会、カトリック奈良教会を経て、カトリック大和八木教会の主任司祭を務める。帰国後. シドニー、セントジョセフ・カレッジに勤務。現在、シドニーにて執筆活動と黙想指導に携わっている。

邦訳された著書に「長崎の歌」、「癒された人々」、「和解」、「サムライの如く−トニ・グリン物語−」がある。尚、原書および翻訳書から得られた収益は、貧しい人々、困難な生活を強いられている人々に贈り続けられている。

《訳　者》

朝海多恵子／今枝　直子／岡田　訓子／菊地　周子／久保　佳子／下里　幸子
鈴木　庸子／鈴木由紀子／佃　　朋子／長嶋　恭子／中山富美子／雛波　佑子
野村　尚子／橋本　芳子／松岡　玲子／水田ムツミ／大和　幸子／渡辺寿恵子

《カバー写真》

笹本 恒子〔日本写真家協会 名誉会員〕

※本書は1995年10月、カトリック登美が丘教会 発行の「蟻の街の微笑」を
　復刻、再版したものです。

蟻の街の微笑み　蟻の街に生きたマリア北原怜子

パウロ・グリン 著／大和幸子 編

2016年2月11日　発行

発 行 者：赤 尾 満 治

発 行 所：聖母の騎士社

〒850-0012 長崎市本河内 2-2-1
TEL 095-824-2080/FAX 095-823-5340
E-mail: info@seibonokishi-sha.or.jp
http://www.seibonokishi-sha.or.jp/

製版・印刷：聖母の騎士社

製　　本：隆成紙工業

Printed in Japan

落丁本・乱丁本は小社あてにお送りください。送料は小社負担にてお取り替えします。

ISBN978-4-88216-367-1 C0016

聖母文庫

北原怜子

蟻の街の子供たち

戦後まもない東京・隅田川の畔で貧しい子どもたちに青春を捧げた《蟻の街のマリア》のメモワール。

価格500円(税別)

桑原一利

天使のゼノさん

日本二十六聖人の祈り

終戦直後から高度成長時代まで、日本全国を歩いて愛の奉仕を続けた天衣無縫の修道士がいた。その名はゼノさん。

価格600円(税別)

マリア・ヴィノフスカ＝著　岳野慶作＝訳

アウシュビッツの聖者コルベ神父

現代の栄光と苦悩に生き、最も20世紀的な聖人と呼ばれるコルベ神父の生涯を女性作家が描く。フランス・アカデミー賞受賞作。

価格500円(税別)

セルギウス・ペシェク

無原罪の聖母

マキシミリアノ・コルベ神父が、聖母の騎士（M・I）運動、修道生活について同僚たちに残したことばを集めた一冊。

価格500円(税別)

アントニオ・リッチャルディ＝著　西山達也＝訳

聖者マキシミリアノ・コルベ

聖コルベの生と死、信仰と愛、思想と活動の全貌を、列福調査資料を駆使して克明にまとめ上げた必読の書。

価格1000円(税別)

聖母文庫

聖母文庫

木鎌耕一郎
津軽のマリア川村郁

一九五〇年代津軽地方の開拓地で、教育から見放された子供達に生涯を捧げた女性がいた。もう一人の蟻の町のマリア、川村郁の物語。

価格500円(税別)

曾野綾子
落葉の声

アウシュビッツのコルベ神父の最期を描いた「落葉の声」を含む、著者が選んだ短編集。

価格500円(税別)

水浦久之
金鍔次兵衛物語

徳川幕府のキリシタン弾圧の時代、マカオに追放されフィリピンで司祭に叙階。武士に変装して長崎に潜入した金鍔神父の人生を描く。

価格500円(税別)

佐藤正明・根岸美智子＝共編共著
あの笑顔が甦った
シエラレオネ支援で起きた愛の奇跡

西アフリカの小国シエラレオネの子どもたちの教育に取り組む日本人シスターと、支援するサポーターの心あたたまる物語。

価格1000円(税別)

木村　晟
神への讃歌
ヴォーリズと満喜子の祈りと実践の記

W・メレル・ヴォーリズが紡いだ讃歌の言葉から浮かび上がる篤い信仰を見つめながら、宣教・教育活動を振りかえる。

価格800円(税別)

聖母文庫

安部明郎
私のキリシタン史
人と物との出会いを通して

人間には、そのために死んでもいいというような向があるときにこそ、喜んで生きることができる。キリシタンたちに、それがあったのだ。（ペトロ・ネメシェギ）　価格８００円（税別）

水浦征男
教皇訪日物語

前教皇 故ヨハネパウロⅡ世が訪日された当時、カトリック中央協議会で広報に携わった神父が、この「教皇訪日」を振り返る。　価格５００円（税別）

場﨑 洋
キリスト教 小噺・ジョーク集

この書で紹介するものは実際に宣教師から聞いたジョークを集めて綴ったものですが、それ以外にも日本で生まれたジョークや笑い話、小噺を載せてみました。　価格６００円（税別）

場﨑 洋
イエスのたとえ話
私たちへの問いかけ

歴史的事例や人物、詩などを取り上げながら私たちが生きている現代社会へ問い掛けているイエスのメッセージに耳を傾けていきたいと思います。　価格８００円（税別）

森本 繁
ルイス・デ・アルメイダ

本書は、アルメイダの苦難に満ちた医療と伝道のあとを辿り、ルイス・フロイスとの友情や、さまざまな人たちとの人間的な交流を綴ったものである。　価格６００円（税別）

聖母文庫

ホセ・ヨンパルト
「笑う」と「考える」・「考える」と「笑う」
人間は笑うだけでは幸せになれませんが、考えることによって幸せになることができます。

価格500円(税別)

ルイス・カンガス
イエス伝
イエスよ、あなたはだれですか
男も女も彼のために、全てをささげ命さえ捧げました。この不思議なイエス・キリストとはどのような方でしょうか。
価格1000円(税別)

ミゲル・スアレス
キリスト者であることの喜び
現代教会についての識別と証しの書
第二バチカン公会議に従って刷新された教会からもたらされる喜びに出会いましょう。
価格800円(税別)

水浦征男
この人
月刊「聖母の騎士」に掲載されたコラム(「スポット・ライト」、「この人」)より1970年代から1980年代にかけて掲載された人物を紹介する。

価格800円(税別)

木村　晟
すべては主の御手に委ねて
ヴォーリズと満喜子の信仰と自由
キリスト者達は皆、真理を実践して真の自由を手にしている。近江兄弟社学園の創設者ヴォーリズと妻満喜子も、平和を愛する信仰の勇者なのであった。
価格1000円(税別)

聖母文庫

森本　繁
南蛮キリシタン女医　明石レジーナ

江戸時代初期に南蛮医学に情熱を燃やし、外科治療に献身した女性が存在した。実証歴史作家が描くレジーナ明石亜矢の物語。

価格800円（税別）

伊従信子＝編著
わたしは神をみたい　いのりの道をゆく
マリー・エウジェンヌ神父とともに

マリー・エウジェンヌ神父は、神が、多くの人々を神との一致にまで導くように、自分を召されたことを自覚していました。

価格600円（税別）

高橋テレサ＝編著　鈴木宣明＝監修
アビラの聖女テレサと家族

離れがたい結びつきは夫婦・血縁に限ったことではない。縁あって交わることのできた一人一人との絆が大切なのである。それを私は家族と呼びたい。

価格500円（税別）

レジーヌ・ペルヌー＝著　門脇輝夫＝訳
現代に響く声　ビンゲンのヒルデガルト
12世紀の預言者修道女

音楽、医学他多様な才能に恵まれたヒルデガルト。本書は、読者が著者と同じく彼女に惹かれ、親しみを持てるような研究に取り組むものである。

価格800円（税別）

崎濱宏美
石蕗の詩（つわぶきのうた）

叙階25周年を迎えた著者は、長崎県五島生まれ。著者が係わりを持った方々への感謝を込め、故郷から現在に至る体験をエッセイや詩で綴る。

価格500円（税別）

聖母文庫

ボグスワフ・ノヴァク
真の愛への道
人間の癒しの源であるキリストの受難と復活

名古屋・南山教会主任を務める神言会のポーランド人司祭が著した愛についての考察。愛をまっとうされたイエスの姿から、人間の愛し方を問う。　価格500円(税別)

水浦久之
愛の騎士道

長崎で上演されたコルベ神父物語をはじめ、大浦天主堂での奇跡的出会いを描いたシナリオが甦る。在世フランシスコ会の機関誌に寄せたエッセイも収録。　価格600円(税別)

水浦征男
教皇ヨハネ・パウロ物語
「聖母の騎士」誌22記事再録

教皇ヨハネ・パウロ一世は、あっという間に姿を消されたため、その印象は一般にあまり残っていない。わずかな思い出を、本書の記事で辿っていただければ幸いである。　価格500円(税別)

山内清海
「コヘレト」を読む

「空しい」という言葉の連続で埋め尽くされた書が、なぜ『聖書』に収められているのだろうか？　コヘレトの言う「空しさ」の真の意味を探る一冊。　価格500円(税別)

ジョン・A・シュグ＝著　甲斐睦興＝訳　木鎌安雄＝監訳
ピオ神父の生涯

2002年に聖人の位にあげられたカルメル会司祭ピオ神父は、主イエスの傷と同じ五つの聖痕を持っていた。神秘に満ちた生涯を文庫サイズで紹介。　価格800円(税別)

聖母文庫

ハビエル・ガラルダ
こころのティースプーン（上）
ガラルダ神父の教話集

東京・雙葉学園の保護者に向けてガラルダ神父がされた講話をまとめました。心の底に沈んでいる「よいもの」をかき回して、生き方に溢れ出しましょう。　価格500円（税別）

ハビエル・ガラルダ
こころのティースプーン（下）
ガラルダ神父の教話集

イエズス会司祭ガラルダ神父が雙葉学園の保護者に向けて語られた講演録第二弾。心の底に沈んでいる「よいもの」をかき回して、喜びに満ちた生活へ。　価格500円（税別）

田端美恵子
八十路の春

八十路を歩む一老女が、人生の峠に立って永久に広がる光の世界を見つめ、多くの人が神の愛に目覚めてくれることを願いつつ、祈りを尽くして綴った随想。　価格500円（税別）

駿河勝己
がらしやの里

日々の信仰を大切にし、御旨のうちに生きる御恵みを祈り、ガラシャの歩まれた永遠の生命への道を訪ねながら…。　価格500円（税別）

ムンシ　ロジェ　ヴァンジラ
村上茂の生涯
カトリックへ復帰した外海・黒崎かくれキリシタンの指導者

彼の生涯の一面を具体的に描写することが私の意図であり、私は彼に敬意を払い、また彼の魂の遍歴も私たち自身を照らすことができるように思います。　価格500円（税別）